ANNALENA THOMAS

ON YOUR OWN

Gemeinsam wachsen
und ankommen

ANNALENA THOMAS

ON YOUR OWN

GEMEINSAM WACHSEN
UND ANKOMMEN

LYX in der Bastei Lübbe AG

Die Bastei Lübbe AG verfolgt eine nachhaltige Buchproduktion. Wir verwenden Papiere aus nachhaltiger Forstwirtschaft und verzichten darauf, Bücher einzeln in Folie zu verpacken. Wir stellen unsere Bücher in Deutschland und Europa (EU) her und arbeiten mit den Druckereien kontinuierlich an einer positiven Ökobilanz.

MIX
Papier | Fördert
gute Waldnutzung
FSC FSC® C109273

Originalausgabe:
Copyright © 2023 by
Bastei Lübbe AG, Schanzenstraße 6–20, 51063 Köln
Copyright © 2023 by Annalena Thomas

Textredaktion: Ulrike Gerstner
Umschlaggestaltung: © Jeannine Schmelzer, Bastei Lübbe AG
unter Verwendung von Motiven von © Shutterstock (Net Vector)
Layout, Satz und Illustrationen: fuxbux, Berlin
Gesetzt aus der Rooney und der Brandon
Druck und Verarbeitung: Druk-Intro SA

Printed in Poland
ISBN 978-3-7363-1886-1

1   3   5   7   6   4   2

Weitere Informationen unter:
lyx-verlag.de
luebbe.de | lesejury.de

FÜR EUCH

INHALT

DU MEINE SCHÖNE DARFST WACHSEN,
AUFBLÜHN,
ANKOMMEN.
DEINE STIMME DARF LAUT WERDEN,
DICH LEITEN,
UNS ALLE BEREICHERN.

EINLEITUNG

»Wie soll ich das jemals schaffen?« Ich weiß noch genau, wie ich nach meinem Schulabschluss bei uns im Feld stand, in die Weite blickte, diese Unsicherheit zum zigsten Mal in meinem Kopf aufploppte, und ich mich einfach nur überwältigt fühlte. So viele Gedanken, Optionen, Fragezeichen und irgendwie noch keine stimmigen Antworten in Sicht. Die Zeit nach der Schule kann sich wunderbar und gleichzeitig so verunsichernd für uns anfühlen.

Auf einmal gehst du von einer völlig fremdbestimmten Zeit das erste Mal in eine gänzlich freie und selbstbestimmte Zukunft, und dabei gibt es unzählige Möglichkeiten und Entscheidungen, die zu treffen sind. Der neue Lebensabschnitt wartet darauf, dass du ihn gestaltest. Aber »Wie?« und »Wodurch?« sind nur zwei der vielen Fragen, die dabei auf dich zukommen.

Ich kenne keinen jungen Menschen, der sich in diesem Lebensabschnitt nicht ab und an überfordert und verunsichert fühlt, zahlreiche Gefühle gleichzeitig empfindet und verschiedene Gedanken auf einmal hat.

Viele von euch fühlen sich auf diesen Moment unzureichend vorbereitet, gerade, was all die Emotionen und Unsicherheiten anbelangt, denn die haben wenig Platz in eurem vollen und oft anforderungsstarken Alltag. Die Schulzeit und auch der Lebensabschnitt danach ist für die meisten eine stressige Zeit, und unser Leistungssystem bringt uns vor allem eines bei: »Streng dich an, werde besser, mach keine Fehler und sei dir sicher, dass du immer die richtige Antwort kennst.« Du wirst permanent anhand eines bestimmten Leistungsanspruchs bewertet und mit anderen verglichen. Dazu kommen zahlreiche Bilder auf Social Media, die zusätzlichen Perfektionsstress erzeugen.

Wir alle kennen die unzähligen Botschaften und Erwartungen, die mit dem Erwachsenwerden und einem »erfolgreichen und guten Leben« scheinbar einhergehen. Viele von uns haben das Narrativ verinnerlicht, dass wir uns »permanent anstrengen müssen, um akzeptiert, wertvoll und gut zu sein, und dass wir den richtigen Weg am besten schon vor dem Gehen kennen«. All das verunsichert und erzeugt extrem viel Druck.

Wenn dir Perfektionsstress, Overthinking und pausenloses Vergleichen mit anderen bekannt vorkommen. Wenn du die Angst verspürst, Fehler zu machen, zu versagen, dich falsch zu entscheiden. Oder wenn du dich fragst, ob du überhaupt richtig bist, wie du bist, dann lass dir gleich zu Anfang des Buches von Herzen zugesprochen sein: Nichts an dir ist falsch! Alle deine Gefühle und Gedanken sind absolut okay und erlaubt. Und du bist mit all deinen Unsicherheiten nicht alleine. Du bist wertvoll und wichtig – unabhängig von deiner Leistung, deiner Fehlerquote und irgendwelchen anderen Idealen!

Dein Leben darf mehr sein als irgendein Performance-Akt oder »Social-Media-Perfect-Picture«, und du darfst dich fernab von all den Idealen entdecken und deine Erfahrungen sammeln. Du darfst Fehler machen, Aufs und Abs erleben, dich entscheiden und wieder umentscheiden. Du darfst dich unterwegs verloren und unsicher fühlen und bei all dem liebevoll mit dir umgehen und dir dein volles Mitgefühl entgegenbringen. Du darfst deine Wünsche, Bedürfnisse, Werte und Stärken kennenlernen und deinen ganz eigenen Weg für dich herausfinden und gehen.

Und weil das alles viel leichter gesagt ist, als getan, ich selbst damit unfassbar lange gestruggelt habe und mir so viele junge Menschen in den letzten fünfzehn Jahren meiner Arbeit begegnet sind, die auch damit kämpfen, habe ich dieses Buch für euch geschrieben.

Ich durfte durch meine Arbeit als Psychotherapeutin und auch im Persönlichen so viele Tools, Konzepte und Techniken kennenlernen, die mich unfassbar gestärkt haben. Viele davon hätte ich mir bereits zu meiner Schulzeit und in der Zeit kurz danach gewünscht. Denn all diese Tools können uns dabei unterstützen, uns selbst besser zu verstehen und kennenzulernen, unser Nervensystem auszugleichen, Sicherheit in uns zu finden und Mitgefühl und Verständnis für uns zu entwickeln. Und wer bitte braucht das nicht? :)

Dieses Buch ist kein Buch zur Selbstoptimierung, und ich sage dir auch nicht, was du machen kannst, um »noch besser zu werden« oder dich nicht mehr unsicher zu fühlen. Denn du bist gut, genau so, wie du bist, und alle deine Unsicherheiten und auch Erfahrungen sind absolut okay und erlaubt.

Ich habe dieses Buch vielmehr geschrieben, um dir einen alternativen Weg zu zeigen, wie du mit all deinen Gedanken, Gefühlen und Erfahrungen liebevoll umgehen kannst, anstatt dich selbst kleinzumachen. Es soll dich dabei unterstützen, aufbauend mit Stress und Erwartungsdruck umzugehen und stimmige Entscheidungen für dich zu treffen.

Darüber hinaus ist meine Intention für dieses Buch, dich zu ermutigen, deine innere Stimme, deine Begabungen, Ideen und Fähigkeiten zu entdecken und für dich und andere einzusetzen und zu dir zu stehen.

On your Own – Gemeinsam wachsen und ankommen soll dich in dieser besonderen Lebensphase mit all ihren Herausforderungen, Entscheidungen und Aufgaben begleiten. Es soll dir Mut machen, eine Beziehung zu dir zu entwickeln, die auf Mitgefühl und Verständnis für dich beruht und nicht auf *Selbstperfektion*.

Ich zeige dir in diesem Buch, wie dich Yoga, Breathwork (Atemtechniken), Journaling und Wissen aus der Psychotherapieforschung dabei unterstützen können, dich durch Unsicherheiten, Selbstzweifel und herausfordernde Gefühle zu navigieren und deine mentale Gesundheit zu fördern. Denn auch diese findet in eurem viel zu vollen Alltag, zwischen all den Anforderungen kaum Platz und wird noch immer zu wenig berücksichtigt.

Dieses Buch begleitet dich von der Schulzeit – denn dort beginnt bereits der meiste Stress – durch all die Phasen, die nach deinem Schulabschluss auf dich warten.

Du wirst am Anfang jedes Kapitels einen Erfahrungsbericht von Gleichaltrigen finden, die all diese Verunsicherungen, Gedanken und Gefühle kennen und die dich darin bestärken wollen, deinen ganz eigenen Weg zu gehen. Du bist in dieser Zeit eigenständig, aber nicht alleine, und wir sehen dich!

Dich unsicher zu fühlen, deine Fähigkeiten, Entscheidungen oder deinen Lebensweg infrage zu stellen, ist völlig menschlich und okay. Wir alle kennen diese Momente und Phasen. Doch es kann einen Riesenunterschied machen, wenn wir uns selbst Mitgefühl und Verständnis entgegenbringen und wissen, was wir brauchen und tun können, um uns sicher zu fühlen. Ich wünsche dir, dass du dich stets sicher in dir und mit dir fühlst. Denn das Wichtigste, das du auf deinem Weg finden und bei dir haben kannst, bist du selbst und die Fähigkeit, dir zuhören zu können, dich immer besser kennenzulernen und dir zu vertrauen. Und du kannst dir vertrauen und darfst deine innere Stimme kennen und zu dir stehen!

On your Own – Gemeinsam wachsen und ankommen will dich ermutigen, trösten und vor allem eines sagen: Du bist wertvoll und wichtig, du darfst jederzeit bei dir ankommen und an dich glauben!

Deine

ch selbst kenne Unsicherheiten und Selbstzweifel ziemlich gut. Vor allem in meiner Teenagerzeit und im Übergang zu meinen Zwanzigern waren sie ständige Begleiter. Äußerlich wirkte ich meist selbstbewusst und selbstbestimmt, ich war stets bemüht, mir meine Unsicherheiten nicht allzu sehr anmerken zu lassen. Doch innerlich platzte ich oft vor Sorgen, Zweifeln und zu vielen angestauten Gefühlen. Ich wusste seit meiner Kindheit zwar ungefähr, was ich beruflich machen wollte, und kannte meine innere Stimme. Trotzdem war mir überhaupt nicht klar, wie ich dabei mit mir, zu viel Stress und Verunsicherungen hilfreich und liebevoll umgehen konnte – anstatt mich zusätzlich zu verunsichern und permanent infrage zu stellen.

Ich fühlte mich so oft zerrissen zwischen dem, was ich wollte, wusste und angeblich konnte, und dem, was ich dabei fühlte, wenn ich Aufgaben erledigte und mich Herausforderungen stellte. Ich wollte kreativ arbeiten und Menschen begegnen. Das war klar, seitdem ich denken konnte. Mich faszinierte unser Menschsein mit all unseren Erfahrungen, Gefühlen und Geschichten. Meine Ideen und Vorstellungen von meinem beruflichen Ich waren vielfältig, aber sie hatten alle eines gemeinsam: Ich wollte mit und für Menschen arbeiten.

Warum ich mich dann für Kinder- und Jugendlichenpsychotherapie und die eigene Praxis entschied, hatte viel mit meiner eigenen Geschichte und meinen Erfahrungen als Teenagerin und Jugendliche zu tun. Ich selbst kannte es nur zu gut, sowohl mich als auch meine Gedanken und Gefühle ständig zu bewerten und zu kontrollieren. Da ich seit meiner Kindheit tanzte, kannte ich durch den Unterricht und die Wettkämpfe, aber auch durch die Schule Botschaften und Kommentare wie:»Du musst dich noch mehr anstrengen«,»Du kannst noch besser sein. Du gibst nicht alles«,»Es ist egal, wie es sich anfühlt, du musst es einfach nur wollen«,»Halte durch, du kannst dich durchbeißen. Du bist so stark.« Wir alle kennen solche Aussagen, und sie sind so tief in unserem Leistungssystem verankert, dass wir sie manchmal gar nicht bewusst wahrnehmen und richtig zuordnen können. Die meisten Jugendlichen und jungen Erwachsenen, die ich durch meine Arbeit kennenlernen darf, beziehen sie – genauso wie ich damals – auf sich selbst und spüren dadurch den permanenten Druck,»sich noch mehr anstrengen zu müssen, um gut und wertvoll zu sein« und sich»nur in einem bestimmten Licht zeigen zu dürfen.« All diese Botschaften waren auch für mich ein so fester und alltäglicher Bestandteil meines Lebens, dass sie einen Großteil von dem prägten, wie ich über mich selbst dachte und mit mir umging. Und das, ohne dass ich es bewusst wahrnahm. Ich biss mich durch, strengte mich an, fand immer wieder Lösungen für Herausforderungen, egal wie sehr mein Körper und meine Seele bereits»Stopp« riefen. Jahrelang ging ich über meine Grenzen und versuchte dabei, alles leicht aussehen zu lassen.»Bloß den eingeschlagenen Weg schaffen.« Das war lange Zeit meine Devise, die ich innerlich wie ein Mantra aufsagte, das mir endlich die Sicherheit und das Wohlgefühl geben sollte, die ich mir so sehr wünschte.

So wie ich mit mir umging, kostete es mich ziemlich viele Nerven und brachte Verunsicherungen, Anstrengung und vor allem eine Härte mir selbst gegenüber, die keinen Platz für Mitgefühl und Entlastung oder gar ernsthaft gefühlte Ermutigung zuließ.

Mein Wendepunkt

Ich war einundzwanzig, als ich etwas völlig anderes und Wertvolles kennenlernte. Etwas, das sich von meinem bisherigen Umgang mit Gedanken und Gefühlen und all den Bewertungen und dem Leistungsdruck deutlich unterschied. Ich stolperte eher zufällig in meinem damaligen Fitnessstudio in eine Yogastunde. Was ich in dieser Stunde und auch der Zeit danach erlebte, war völliges Neuland für mich.

Anstelle von Sätzen wie: »Geh noch tiefer«, »Du musst dich mehr anstrengen« oder »Es ist egal, wie du dich heute fühlst, du musst alles geben« hörte ich: »Es ist okay, wenn du heute nicht mehr kannst. Du darfst jederzeit in die Haltung des Kindes kommen, dich ablegen und dich liebevoll umarmen und für dich atmen« und auch »Deine Grenzen zu kennen und zu respektieren ist wichtig. Du darfst deine Grenzen haben und dann Pausen machen, durchatmen und wenn du willst von vorne anfangen oder auch aufhören«. Diese Stunden und die Stimme meiner damaligen Lehrerin waren Balsam für meine Seele, meinen Kopf und meinen Körper. Yoga war fordernd, dynamisch, liebevoll, umarmend und vor allem eines: eine Möglichkeit, zurück zu mir nach Hause zu kommen und mich in meinem Körper und mit meinen Gedanken und Emotionen sicher zu fühlen.

Lange Zeit hatte ich mich so sehr angestrengt, um gut zu sein, meine Ängste und Unsicherheiten wegzurationalisieren, zu verstecken und so zu tun, als wäre alles okay. Die Beziehung zu mir und mein Körpergefühl litten darunter sehr. Viele junge Menschen, mit denen ich zusammenarbeiten darf, kennen dieses Gefühl und teilen ähnliche Erfahrungen durch die Schulzeit hindurch.

Was ich beim Yoga lernte, war das ganze Gegenteil davon.

Ich erfuhr, was ich vorher zwar vom Kopf her wusste, jedoch nie empfunden hatte: dass es okay ist, all das zu fühlen, was ich eben fühle. Zu wollen, was ich will oder nicht will. Zu erleben, was ich erlebe. Ohne es ständig zu bewerten oder in »gut« und »schlecht« zu kategorisieren.

Yoga und Breathwork (Atemtechniken) zeigten mir, wie ich eine Beziehung zu mir und anderen führen kann, die liebevoll, wertschätzend und bestärkend ist, ohne mich dabei ständig zu vergleichen oder verbessern zu wollen. Ich war mir sicher, dass mir all dieses Wissen und die Tools in meiner Teenagerzeit und dem Übergang von der Schule in die Zeit danach sehr geholfen hätten. Ich wollte diese Erfahrung an euch weitergeben und gründete dafür dayā.

Mitgefühl mit dir haben – Warum ich dayā gegründet habe

Dayā stammt aus dem Sanskrit (altindische Sprache), bedeutet *Mitgefühl* und kann auch übersetzt werden als *Liebe zu dir selbst*. Ich habe dayā gegründet, um vor allem weiblich identifizierte junge Menschen auf ihrem Weg und in ihrer mentalen Gesundheit zu bestärken. Denn weiblich gelesene Menschen werden nach wie vor häufig diskriminiert. Doch wir alle brauchen Zusammenhalt und Unterstützung, damit wir offen für Veränderungen eintreten können.

Bei dayā durfte ich in den letzten Jahren so viele junge Menschen aufblühen sehen. Und das bedeutet nicht, dass sie alle gar keine Ängste, Unsicherheiten oder Zweifel mehr in sich tragen, sondern dass sie fühlen, dass es menschlich und okay ist, all das zu empfinden. Und dann wissen, was ihnen guttut und wie sie Verständnis und Mitgefühl mit sich und anderen haben können. Dayā ist eine Community. Du findest bei uns Sessions und Onlinekurse, in denen ich euch Tools wie Breathwork, Journaling und Yoga an die Hand gebe. Außerdem werden Wissen zum Thema mentale Gesundheit sowie jede Menge passende Beiträge dazu in unserem Onlinemagazin geteilt. Gemeinsam mit Hannah Nele Uehlinger habe ich zudem den Podcast »Seelenschnack« ins Leben gerufen, um euch zu ermutigen und vor allem zu entlasten. Mein Herzensanliegen ist es, euch immer wieder zuzusprechen und daran zu erinnern: dass ihr dayā, euer volles Mitgefühl, verdient habt! Und die Erfahrung macht, dass ihr mit euren Herausforderungen nicht alleine seid und vor allem nicht die Einzigen, die Selbstunsicherheiten erleben, und euch gegenseitig bestärken könnt. Denn unsere Erfahrungen und Geschichten miteinander zu teilen, macht Mut und ist heilsam.

MEINE GRUNDÜBERZEUGUNGEN – ZEIT FÜR NEUE NARRATIVE

Wir leben in einer Welt, die uns unablässig sagt, was wir machen müssen und wie wir zu sein haben, um *gut*, *wertvoll* und *zugehörig* oder gar *erfolgreich* zu sein.

Noch immer fehlt Chancengleichheit, nach wie vor werden *Herkunft* und *sozialer Status* über *Gesundheit* und *Wohlergehen* gestellt. Da ist es leicht, den Glauben an uns selbst und die Überzeugung, dass *wir so, wie wir sind, wichtig und wertvoll sind,* zu verlieren.

Du hörst von klein auf so viele Botschaften über dich und andere. Selbst über deine Berufswahl oder Lebensentwürfe werden dir beim Heranwachsen so viele Bilder, Vorstellungen und Narrative vermittelt, dass es schwerfallen kann, dich selbst in all dem noch zu erkennen, an dich zu glauben und dich bedingungslos zu unterstützen.

Unsere Gesellschaft besteht noch immer aus diversen Vorstellungen davon, welche Jobs, Menschen und Lebensentwürfe wertvoll und gut sind und welche nicht. Unsere Herkunft und auch unser Geschlecht bestimmen zu einem Großteil unsere Chancen im Hinblick auf Ausbildungswege und Lebensentwürfe. Rassismus und Marginalisierung stecken so tief in unserem System, dass nicht jede:r von uns dieselben Möglichkeiten, Startvoraussetzungen und Ressourcen hat. All das beeinflusst deinen Blick auf dich und deinen Selbstwert sowie deinen Mut, mit deinen Fähigkeiten und Begabungen hinaus in die Welt zu gehen und für deine Bedürfnisse, Werte und Visionen einzustehen. Wir müssen diese Dinge immer wieder klar ansprechen und für Veränderung eintreten. Nichts an dir ist falsch, unser System ist das, was falsch ist.

Ich habe in meiner Arbeit so oft die Erfahrung gemacht, dass einer unserer größten Leidensfaktoren und der Kern vieler daraus resultierender Konsequenzen ein Mangel an *Wertschätzung* für uns und andere ist. Wenn wir nicht glauben und fühlen, dass wir wertvoll und richtig sind, wie wir sind, dann zweifeln wir an uns, streben nach Perfektion oder trauen uns nicht, mit all unserem Sein und unseren Erfahrungen sichtbar zu werden. Dann strengen wir uns unaufhörlich an, um »richtiger zu werden«, und glauben den vielen Botschaften über uns.

Doch ich bin fest davon überzeugt, dass tief in unserem Inneren immer ein starker Kern ist, der sich liebt und danach sehnt, dies anzuerkennen. Deshalb liebe ich das Konzept um Mitgefühl und *dayā* in seiner Bedeutung so sehr. Denn es sagt genau das aus und hilft uns dabei, wieder zu einem *ge-*

sunden Selbstwert zurückzufinden, der unabhängig von Leistung, sozialem Status, Herkunft, sexueller Orientierung und Geschlecht Bestand hat.

Du bist wertvoll und richtig, genau so wie du bist, mit allem, was zu dir gehört! Egal woher du kommst und wohin du gehst, du darfst dich und deinen Wert kennen und deine Begabungen für dich und andere einsetzen!

Du darfst den Kern, der in dir schlummert und darauf wartet, lauter werden zu dürfen, freilegen und dann mit anderen teilen. Und auch andere dabei bestärken, dasselbe für sich zu tun. Genau darum wird es in diesem Buch gehen. Denn wenn wir alle diese Möglichkeit erhalten, kann Wunderschönes daraus wachsen.

PRIVILEGIEN, BENACHTEILIGUNGEN UND ALLYSHIP

Unsere Gesellschaft und unser Bildungssystem sind noch lange nicht fair und chancengleich, sondern beinhalten unzählige Diskriminierungen, Marginalisierungen und Rassismus. Dadurch entsteht bei vielen das Gefühl, »wertlos, unwichtig oder falsch« zu sein. Zudem kommt es zu faktisch erschwerten Ausbildungsbedingungen, während andere deshalb wiederum gewisse Privilegien erhalten.

Ein Privileg ist ein Vorteil, der bestimmten Personengruppen oder einer Person zugutekommt. Diese Vorteile können eine bevorzugte Behandlung, bessere Startbedingungen, bessere Bildungschancen, mehr finanzielle und gesundheitliche Ressourcen und auch nicht erfahrene Diskriminierung sein. Sie alle kommen durch Faktoren wie beispielsweise die Herkunft, Hautfarbe, sexuelle Orientierung, das Geschlecht oder den sozialen Status zustande.

Wir können nicht über Lebensentwürfe und Selbstentfaltung sprechen, ohne dabei Privilegien, Diskriminierungen, fehlende Chancengleichheit und Marginalisierungen anzusprechen. Denn genau die existieren in unserer Welt und haben einen enormen Einfluss auf unsere Entwicklung, unsere Möglichkeiten und unseren Weg. Sie alle beeinflussen neben den Bildungs- und Berufschancen auch das eigene Selbstbewusstsein, Selbstvertrauen und Selbstwertgefühl in die eine oder andere Richtung.

Weiße Privilegien sind gesellschaftliche Vorteile, die weiße Menschen gegenüber nicht weißen Menschen (BIPoC Black, Indigenous and People of Color) begünstigen. Patriarchale und heteronormative Strukturen bevorteilen das männliche Geschlecht und cis-heterosexuelle Personen. Es gibt viele solcher Diskriminierungen, die zur Verdrängung verschiedener Individuen und Personengruppen an den Rand unserer Gesellschaft führen. In vielen Bereichen, wie beispielsweise auch in der Schule, werden diese strukturellen Benachteiligungen noch immer zu wenig berücksichtigt oder sogar fortgeführt. Als weißer und straighter Mensch ist es wichtig, sich diese Strukturen und eigenen Privilegien bewusst zu machen, sich zu bilden und umzulernen, den Betroffenen zuzuhören, ihnen Raum zu geben und aktiv zu werden, ohne sich dabei in den Vordergrund zu drängen. Diese Unterstützung und Verbündung wird **Allyship** genannt. Denn nur durch Bewusstsein und Aktion können Veränderung, Solidarität und Chancengleichheit gefördert werden.

1.
DEIN START – WAS WIR LERNEN UND VERLERNEN DÜRFEN

n diesem ersten Kapitel spreche ich mit dir über die Beziehung zu dir selbst, denn diese ist eines der wichtigsten Fundamente, auf dem wir unseren Lebensweg aufbauen. Wenn wir uns vertrauen und an uns glauben, gehen wir mutige Schritte und entscheiden uns öfter für das, was uns guttut und was wir wirklich wollen. Wenn wir uns wertschätzen und akzeptieren, erlauben wir uns unsere Gefühle und Gedanken, verzeihen uns schneller und bringen uns Mitgefühl entgegen, anstatt uns permanent abzuwerten.

Die Beziehung zu uns ist dabei keine Einbahnstraße, die gerade und immer nur in eine Richtung verläuft. Sie ist von vielen Faktoren und Erfahrungen beeinflusst, und oft ist uns gar nicht bewusst, was wir alles über uns denken und wie sehr gesellschaftliche Narrative unsere Perspektive auf uns prägen. Gerade in deinem Lebensabschnitt bist du mit so vielen verschiedenen Botschaften und Erwartungen konfrontiert. Deshalb starte ich mit dir genau hier – in der Beziehung zu dir selbst. Denn dabei dürfen wir einiges wieder verlernen und anderes neu lernen.

LUCIANO (19)
ER/IHN

In meinen letzten Jahren an der Schule wurde mir
mehr als zuvor das Gefühl vermittelt, dass ich nicht willkommen war. Ich zwang mich dazu, diese Zeit durchzustehen, doch es war unfassbar schwer, mich zusammen-
zureißen. Ich fühlte mich nie respektiert oder auch nur
wahrgenommen, man wollte mich einfach nicht daha-
ben und hörte mir die meiste Zeit über nicht zu. Als ich
für mich erkannt habe, dass ich nicht ins System passe,
hatte ich auch schon den Entschluss gefasst, die Schule
zu verlassen. Ich wusste nie, wie mein Weg aussehen
würde, und zwei weitere Jahre an der Schule zu verbringen kam für mich nicht infrage. Obwohl ich mich an der
Schule nie wohlgefühlt habe, war es gruselig, diesen
Schritt zu gehen. Auch wenn ich heute davon überzeugt
bin, dass es die richtige Entscheidung war. Ich wusste
nicht, wie es weitergehen sollte, ich hatte keine Perspektive und musste dennoch schnell eine finden. So kam es,
dass ich mich mit einer Person zusammensetzte, der ich
bis heute unfassbar dankbar bin und die mich damals
dazu einlud, in einem Start-up-Unternehmen als Prak-
tikant zu arbeiten.

Die Arbeit hat Spaß gemacht, und ich lernte viele
Dinge, und die Zeit, die ich dort verbracht habe, hat
mein Mindset bis zum heutigen Tag geprägt. Das Einzige, was mir dabei im Weg stand, war wieder das Schul-

system. Da ich nämlich zu jung war, um meinen eigenen Weg zu gehen, musste ich mich zwangsläufig mit einer weiteren Schule auseinandersetzen. Man drohte mir beinahe täglich mit rechtlichen Schritten, wenn ich nicht mein Praktikum vernachlässigte, um an dem Unterricht teilzunehmen, und das, obwohl die Schulleitung mit mir vereinbarte, dass ich nach wie vor meinem Praktikum nachgehen durfte. Somit war bis dahin alles, was mich noch mit der Schule verbunden hatte, eine ständige psychische Belastung. Ich weiß nicht, ob ich es alleine durch diese Zeit geschafft hätte, doch hinter mir stand eine Gruppe von Menschen, die mich verstand, mit voller Kraft unterstützte und die ich jedem anderen Menschen in einer ähnlichen Lage wünsche. Nach dem Lockdown war meine Schulzeit vorbei und damit auch die Anstrengungen meiner Lehrenden, mich in den Unterricht zu klagen. Danach verlängerte ich mein Praktikum, und beim zweiten Mal war die Zusammenarbeit sehr viel produktiver und stressfreier.

Ich weiß noch nicht, wohin meine Reise führt, aber ich weiß, dass diese prägende Zeit mich darauf vorbereitet hat, sie auf meine eigene Weise anzutreten. Das halte ich für das Wichtigste, was mir jemals beigebracht wurde – und das will ich jedem gerne mitgeben.

ch kann mich noch so gut an meine Grundschulzeit erinnern und den Satz:»Annalena liest zu langsam und noch nicht flüssig genug.« Bis dahin hatte ich Spaß am Lesenlernen gehabt und mir überhaupt keinen Stress gemacht, geschweige denn irgendwelche Gedanken darüber. Ich las einfach.

Auch Sätze wie:»Du redest zu viel und zu schnell« oder »Annalena ist sehr empfindlich« fielen des Öfteren. Sie alle summierten sich über die Jahre und fanden ihren Höhepunkt in der Aussage:»Sie sind so dumm, Sie werden Ihr Abitur eh nicht schaffen.« Besagter Lehrer entschuldigte sich im Anschluss zwar, und ich wusste, dass seine Worte seinem Stress und meiner Unlust geschuldet waren, doch verletzt haben mich all diese Bemerkungen trotzdem.

Die vielen Abwertungen bei scheinbaren Fehlern oder Fehlverhalten prägten jedoch nicht nur meine Einstellung zur Schule und zum Lernen, sondern auch zu mir. Über die Zeit versuchte ich entweder, mich anzustrengen, um es »richtig zu machen« und »besser zu werden«, oder zweifelte an mir und meinen Fähigkeiten. Ich verlor in vielen Fächern den Spaß am Lernen. Aber, viel schlimmer noch, ich büßte auch die Überzeugung ein, dass ich einfach lernen und meine Erfahrungen sammeln darf und dabei gut bin, so wie ich bin, selbst wenn ich mal langsamer lese, zu schnell oder zu viel spreche oder eben Fehler mache.

Auch die vielen Vergleiche anhand vorgegebener Leistungsskalen und mit anderen setzten mir in manchen Phasen zu. Im Sportunterricht gab ich mit fünfzehn völlig auf, und Mathematik war ein ständiges Auf und Ab aus Selbstzweifeln,

Vorwürfen und dem Gefühl, »es eh nicht richtig machen zu können«.

Am Ende der Schulzeit haben wir alle ein Bild davon, »wer wir angeblich sind und was unsere Stärken und Schwächen« ausmacht. Wenn dieses Bild nicht auf Wertschätzung und unseren tatsächlichen Eigenschaften beruht, sondern auf Leistung, Vergleichen mit anderen bzw. vorgegebenen Idealen, leiden wir darunter. Unsere Beziehung zu uns leidet unter unserem Schulsystem. Und auch die Beziehung zu anderen leidet unter unserem Schulsystem. Denn wir alle stehen in ständigen sozialen Vergleichen und unter erheblichem Bewertungsdruck. Selbst wenn wir uns anstrengen, intime und wertschätzende Beziehungen aufzubauen, und Lehrende haben, die uns bedingungslos unterstützen, stehen wir durch unser von Leistung und Normen geprägtes System permanent in Konkurrenz. Dieses System ist so tief in unserer Gesellschaft und dadurch auch in uns verankert, dass wir gar nicht bewusst wahrnehmen, wie sehr es unseren Blick auf uns, andere und unser Leben prägt und beeinflusst. Doch wir alle fühlen, dass wir darunter leiden. Wir alle dürfen unser Konkurrenzdenken ablegen, eigene Stärken erkennen, andere fördern, unterstützen und füreinander einstehen.

Du darfst dich fernab von all den Meinungen, Vergleichen und Bemerkungen über dich entdecken und wertschätzen. Du darfst deine Stärken erkennen und all deine Seiten an dir annehmen. All das gehört zu dir und macht dich zu dem Menschen, der du bist.

DAS SCHULSYSTEM

Wir alle erleben während der Schulzeit und durch das Leistungssystem verschiedene Verunsicherungen. Diese sehen ganz unterschiedlich aus und fühlen sich für jede:n von uns anders an. Du darfst dir beim Lesen dieses Buches Raum lassen für deine eigenen Erfahrungen und auch jederzeit Pausen machen und dein Tempo gehen. Ich teile meine Erfahrungen mit dir in dem Bewusstsein, dass ich als weiße, able-bodied cis-Frau viele Privilegien hatte und vor allem keine Diskriminierungen aufgrund meiner Herkunft, Hautfarbe, sexuellen Orientierung oder einer körperlichen Beeinträchtigung erlebt habe. Es ist wichtig, anhaltende Diskriminierungen und Benachteiligungen immer wieder klar zu benennen. Denn all das ist falsch, und wir alle haben diese Strukturen unbewusst verinnerlicht. Als ich zur Schule ging, wurde über diese wichtigen Themen noch nicht gesprochen, und erst langsam verändert sich unser Bewusstsein. Es ist wichtig, dass wir alle gemeinsam gegen Benachteiligungen und Diskriminierungen eintreten. Und ich bin der festen Überzeugung, dass Yoga, Breathwork und Journaling sowohl mehr Bewusstsein für dich als auch für andere schaffen und dadurch Veränderung bewirken können. Und das ist das, was wir alle dringend brauchen und voranbringen können.

Ideale und Perfektionsdruck

So viele Teenager:innen und junge Erwachsene haben während der Schulzeit das Gefühl, dass mit ihnen irgendetwas »nicht stimmt« und sie nicht »gut genug sind, so wie sie sind«. Als Heranwachsende sind wir mit so vielen Botschaften, Leistungsvergleichen, Anforderungen und Idealen konfrontiert, gleichzeitig verändern wir uns unfassbar stark in dieser Entwicklungszeit, formen unser Selbstbewusstsein, unser Vertrauen in uns, unser Zugehörigkeits- und unser Selbstwertgefühl. Das ist ganz schön viel auf einmal. Für viele von uns resultiert daraus ein unbewusstes, permanentes Vergleichen mit anderen. Wir checken gegenseitig unsere Körper, unser Aussehen, unsere Fähigkeiten und unser Auftreten und bewerten uns daraufhin. Sowohl online als auch offline.

Ob du dich als »gut« oder eher »ausbaufähig« oder gar »schlecht und unzureichend« empfindest, hat mit all diesen Erfahrungen und Narrativen zu tun, die du bereits verinnerlicht hast und täglich erlebst. Wir alle kennen die Botschaften, in denen die scheinbar hübschesten, schlanksten, sportlichsten, privilegiertesten, intelligentesten, gesündesten und extrovertiertesten Personen die beliebtesten sind. Wir alle erleben diese Narrative in unserem Alltag, morgens auf dem Weg zur Schule, beim Gang über den Schulflur, auf Partys oder wenn wir online gehen. Medien offerieren uns gleichzeitig unzählige Lösungen und Produkte, um »besser«, »schöner« und »glücklicher« zu werden. Ich begegne täglich so vielen vor allem weiblich gelesenen jungen Menschen – und auch ich kenne dieses Gefühl aus meiner Teenagerzeit noch gut –, die ohne Make-up nie vor die Tür gehen würden, geschweige denn in die Schule, weil sie denken, dass sie nicht »hübsch genug« sind.

Selbst das Bild von *Selbstliebe* und *Self-Care* ist in den Medien mittlerweile ziemlich eindeutig: Wenn es dir schlecht geht, musst du dir Zeit für dich nehmen, Workouts machen, eine Maske auftragen und gesund essen, damit es »dir besser geht« und du »dich besser fühlst«. Bewegung, Auszeiten und eine ausgewogene Ernährung können uns guttun, wenn sie aus Liebe passieren. Aber oftmals setzen wir uns durch all diese Bilder und Botschaften so sehr unter Druck, dass wir sogar unsere Selbstfürsorge *gegen uns* anstatt *für uns* einsetzen.

All diese Ideale und Normen sind dabei immer noch viel zu häufig von heteronormativen und patriarchalen Botschaften geprägt, wodurch viele Menschen das Gefühl haben, »falsch«, »nicht schön genug«, »zu viel« oder auch »zu emotional« zu sein, wenn sie sich zeigen, wie sie sind.

Raum mit der eigenen Persönlichkeit, den eigenen Gefühlen und Gedanken, den eigenen Erfahrungen und dem eigenen Aussehen einzunehmen, kann unfassbar beängstigend und verunsichernd sein, wenn wir nicht willkommen und repräsentiert sind oder das Gefühl haben, nicht gut genug zu sein, so wie wir sind. Wenn wir glauben, dass wir »falsch« oder »schlecht« sind, leben wir im Kampf mit uns und haben ständig das Gefühl, uns verändern zu müssen, um liebenswert zu sein, akzeptiert zu werden und uns zeigen zu dürfen. Wirklich viele von uns kennen dieses Gefühl. Daher möchte ich dich ermutigen: Du darfst fernab von irgendwelchen Idealen, Normen und Botschaften Freundschaft mit dir schließen und dich bedingungslos bestärken. Du darfst eine Beziehung zu dir entwickeln, die auf Interesse, Verständnis und Mitgefühl für dich gründet, und du darfst dich unabhängig davon, wie es dir geht, was du ablieferst oder erreichst, akzeptieren und wertschätzen. Und weil das alles andere als leicht und manchmal sogar völlig verwirrend und verunsichernd sein kann, möchte ich dir zeigen, wie du dich dabei liebevoll an die Hand nehmen kannst. Was du dafür brauchst? Einzig und allein dich selbst.

Deine Beziehung zu dir darf unabhängig von anderen und frei von irgendwelchen Idealen, Normen oder deiner Performance sein! Du musst dich dabei auch nicht immer »gut« fühlen oder irgendein konkretes Ziel erreichen. Du darfst Freundschaft mit dir schließen und dich bedingungslos unterstützen.

DU DARFST FREUNDSCHAFT MIT DIR SCHLIESSEN

Eine Beziehung zu dir zu führen und zu pflegen, die fernab von irgendwelchen Ansprüchen, Erwartungen und Vorgaben funktioniert, kann ganz schön herausfordernd sein. Vor allem bedeutet es erst mal, dass du umlernen darfst, was dir bisher durch unser Leistungssystem und all die Ideale und Normen beigebracht wurde. Ideale und falsche Botschaften über uns abzulegen ist Arbeit und kann sich anfangs ungewohnt und schwierig – oder gar unmöglich machbar – anfühlen. Gerade wenn wir jahrelang etwas anderes gelernt haben. Daher brauchen wir alle immer wieder liebevolle Ermutigung und hilfreiche Tools, die uns dabei unterstützen und die Verbindung zu uns stärken. **Yoga, Journaling** und **Breathwork** können diese Tools für dich sein. Sie helfen dir, deine Gedanken und Gefühle bewusst wahrzunehmen und eine Verbindung zu dir aufzubauen, die fernab von irgendwelchen Idealen und Normen funktioniert. Ihre Wirksamkeit ist mittlerweile durch zahlreiche Studien belegt (siehe Seite 319).

Bewusst zu atmen und dich zu bewegen, aber dir auch Dinge von der Seele zu schreiben beruhigt dein Nervensystem und unterstützt die Verbindung zwischen deinem Körper (Body), deinem Geist (Mind) und deinen Gefühlen. Diese Verbindung wird auch **Mind-Body-Connection** genannt, und die **Embodimentforschung** ist sich ziemlich sicher, dass unser Körper, unser Gehirn und unsere Seele eng zusammenarbeiten und sich gegenseitig beeinflussen. Du kennst das garantiert aus deinem Alltag: An einem Tag fühlst du dich traurig, lässt den Kopf hängen oder bist zu müde, um dich überhaupt aufzurichten und zu motivieren. Andersrum fühlst du dich an »guten Tagen« beschwingt, hast Lust, dich zu zeigen, und schaust offen in die Welt.

Auch unsere Gedanken unterscheiden sich an solchen Tagen. Wenn wir uns »beschwingt fühlen«, sind unsere Denkmuster meist hoffnungsvoller und zuversichtlicher. Wenn wir uns deprimiert fühlen, wird alles »schwarz«. Diesen Effekt können wir für uns nutzen, um uns zu bestärken.

Yoga, dein Atem, Journaling und Wissen um dein Nervensystem helfen dir dabei, immer wieder bei dir anzukommen, dir selbst zuzuhören und Freundschaft mit dir zu schließen. Du brauchst dafür nichts weiter als ein offenes Ohr für dich, Mut, in dich hineinzufühlen und dir Mitgefühl, Interesse, Neugier und Fürsorge entgegenzubringen.

Du darfst dich dabei ausprobieren, es gibt kein »Richtig« und kein »Falsch« und auch keinen Leistungsdruck. Du darfst ganz entspannt schauen, was dir Spaß macht, dir guttut und dich unterstützt und was vielleicht auch nicht. Du bist Expert:in für dich und darfst dir vertrauen.

WAS IST EMBODIMENT?

Embodiment ist ein neueres Forschungsfeld der **Kognitionswissenschaften**. Diese Wissenschaft befasst sich mit dem Zusammenspiel aus Körper, Psyche und unserer Umwelt. Sie geht davon aus, dass alles, was wir erleben, in unserem Gehirn und unserem Körper gespeichert wird und sich beide gegenseitig austauschen und beeinflussen. Embodied heißt verkörpert. Wir alle haben einen Körper, durch den wir sichtbar werden, mit dem wir Erfahrungen sammeln und unsere Emotionen und Bedürfnisse fühlen und ausdrücken können. Manchmal fällt genau das jedoch durch Konditionierungen und Normen schwer. Und wir alle kennen die Momente, in denen wir in den Kopf wandern, unser Verhalten zerdenken und uns bewerten. Embodiment hilft dir, fernab von irgendwelchen Idealen und Narrativen, zurück in deinen Körper zu kommen, dich sicherer zu fühlen und mit deinen Gefühlen und Erfahrungen umzugehen. Du kannst dafür jede Art von Bewegung sowie Yoga und Breathwork für dich nutzen. Alle Übungen, die ich dir in diesem Buch zeige, beruhen auf diesem Konzept.

DEIN ATEM

Dein Atem hilft dir dabei, die Beziehung zu dir zu stärken, aber auch deine mentale und körperliche Gesundheit wird dadurch unterstützt. Dein Atem ist immer bei dir und das direkteste Tool, um dir nah zu sein und etwas Gutes für dich zu tun. In unseren Sessions sage ich immer:»Du bist dein schönstes Tool«, denn um zu atmen, brauchst du nur dich. Wenn du dir deinen Atem bewusst machst, fühlst du dich.

Du spürst deinen Körper durch die Bewegung, die bei der Ein- und Ausatmung entsteht. Du wanderst »aus dem Kopf in den Körper« und hilfst dir dadurch, emotional und gedanklich zur Ruhe zu kommen, Vertrauen und Sicherheit zu finden sowie Antrieb und Kraft. Bewusst für dich zu atmen, fördert deine Stoffwechselprozesse, versorgt dich mit Sauerstoff und reguliert Stress in deinem Nervensystem. Ich liebe unseren Atem und Breathwork aus all diesen Gründen.

Für dich zu atmen, ist der schönste Akt der Selbstliebe, Selbstfürsorge und Bestärkung, den du dir schenken kannst.

Wie du mit Breathwork anfangen kannst

Mit Breathwork und verschiedenen Atemtechniken anzufangen und sie regelmäßig für dich zu nutzen, kann schwerfallen. Wie bei allem, das mit Übung und Ausdauer zu tun hat, braucht es etwas selbstfürsorgliche Disziplin und Commitment von dir. Doch deine Breathwork darf wirklich frei von Perfektion sein. Sie darf der Schlüssel zu dir sein und das Tool, das dich in deinem Leben, und ganz besonders in dieser Lebensphase, begleitet. Du kannst dir Zeit lassen, dich einfach ausprobieren und vor allem Freude daran finden. Ich zeige dir in diesem Buch ganz viele Atemtechniken, die dich auf verschiedene Weisen bestärken. Die folgende Übung liebe ich, um Breathwork kennenzulernen und damit zu starten. Denn sie ist die einfachste und schnellste Möglichkeit, um dir selbst nah zu sein und wieder bei dir anzukommen. Du brauchst dafür nur dich und einen Mini-Moment Zeit!

Check-in bei dir

1 Leg deine Hände auf deinen Körper. Wenn du magst, eine Hand auf dein Herz und eine auf deinen Bauch.

2 Beginne deine Aufmerksamkeit auf deinen Atem zu lenken und spüre, wie sich deine Hände und dein Körper durch deine Atmung heben und senken.

3 Atme bewusst in deinen Bauch und deine Rippen. Lass deinen Oberkörper mit der Einatmung voll und weit werden, auch dein Rücken darf sich hierbei mit ausdehnen. Werde mit der Ausatmung wieder leer.

4 Zähle bei der Einatmung bis 4, halte deinen Atem kurz, atme aus und zähle dabei bis 6.

5 Wiederhole das für 5–10 Runden. Wenn du merkst, dass du zu deinen Gedanken wanderst oder unruhig wirst, ist das vollkommen in Ordnung. Du kannst jederzeit mit deinem Fokus zurück zu deinen Händen, deinen Zählzeiten und deiner Atmung kommen.

6 Lass deinen Atem wieder los und spür kurz nach, wie du dich fühlst, ohne dich dafür zu bewerten.

DU KANNST DIESE ÜBUNG JEDERZEIT UND AN JEDEM ORT MACHEN, SO WIE ES DIR GUTTUT.

Sie hilft dir auch bei Overthinking und in Momenten von emotionaler Unruhe, die wir alle gerade in hohen Anforderungsphasen erleben.

Selbstfürsorge-Atmung

**Wenn du deine Breathwork vertiefen willst,
kannst du die folgende Übung für dich nutzen.**

1 Komm in einen bequemen Sitz. Schließe deine Augen
oder richte deinen Blick auf einen Fixpunkt, der vor dir
auf dem Boden liegt. Lege deine Hände entspannt auf
deinen Beinen ab.

2 Lenke deine Aufmerksamkeit auf deinen Atem und spür
nach, wie er sich jetzt gerade anfühlt. Wo kannst du ihn
im Körper wahrnehmen? Ist er eng oder weit, fließend
oder stockend? Schnell oder langsam? Können sich dein
Brustkorb und deine Bauchdecke mit der Einatmung
weiten oder bleiben sie flach? Ganz egal, wie sich dein
Atem gerade anfühlt, es ist okay. Nimm ihn neugierig
und offen wahr, ohne dich dabei zu bewerten.

3 Beginne jetzt, tief durch die Nase einzuatmen, zähle
dabei bis 5, lass deinen Brustkorb und Bauch weit
werden und sich richtig füllen. Mache eine kurze
Atempause. Atme durch die Nase aus, zähle dabei bis 7.
Entspanne deinen Kiefer, deine Schultern und deinen
ganzen Körper. Lass alles weich und locker werden.
Beginne von vorne.

4 Atme für 5–10 Minuten in diesem Rhythmus weiter
und lass deinen Atem dann los.

5 Atme zum Abschluss noch mal tief ein, zieh deine Arme
dabei über die Seiten bis hoch über den Kopf, halte

deinen Atem kurz an der obersten Spitze und atme tief durch geöffnete Lippen aus, lass die Arme dabei fallen. Wiederhole das 2–3 Mal.

6 Mach jetzt alle Bewegungen, die dir guttun, und öffne deine Augen, wenn sie geschlossen waren, oder hebe deinen Blick.

Spür im Anschluss kurz nach, wie du dich fühlst. Vielleicht merkst du mehr Entspannung? Vielleicht fühlst du dich ruhiger und nimmst deinen Körper stärker wahr? Manchmal spüren wir erst durch die Übung, wie angespannt und unruhig wir sind. Das ist völlig okay. Bei dieser Atemübung geht es nicht darum, dass du dich danach auf eine ganz bestimmte Art und Weise fühlst, sondern dass du in Kontakt mit dir kommst. Du kannst sie jederzeit für dich nutzen und einfach ausprobieren. Regelmäßige Breathwork-Übungen zu machen, kann am Anfang schwerfallen, doch sie stärken dein Selbstvertrauen, und mit der Zeit wird es leichter und immer vertrauter, bewusst für dich zu atmen.

WARUM BREATHWORK?

Durch Breathwork und Atemübungen richtest du deine Aufmerksamkeit bewusst für einen Moment, und manchmal auch in einem bestimmten Rhythmus, auf deine Atmung. Dadurch kannst du verschiedene Effekte erzielen. Beispielsweise kannst du dich entspannen, wenn du länger aus- als einatmest. Dich aber auch aktivieren, wenn du kurz und stoßweise atmest. Deinen Atem bewusst wahrzunehmen und einen Augenblick für dich zu atmen, reguliert dein Nervensystem und baut Stresshormone ab. Du fühlst dich dadurch verbundener mit dir selbst und stärkst dein Gefühl für Sicherheit. Durch Breathwork kannst du wieder bei dir ankommen!

DU DARFST WISSEN, WER DU BIST

Zu wissen, wer du selbst bist oder auch sein willst, fernab von irgendwelchen Erwartungen, Normen und Idealen, ist eine wunderschöne und großartige Ressource und eine lebenslange Aufgabe. Deine Persönlichkeit und Identität formen sich aus so vielen Charakterzügen und Erfahrungen, aus deinem Temperament, deinen Werten, deiner Geschichte und Überzeugungen, aber auch deine Begabungen und Träume sind dabei wichtig. Du veränderst dich im Laufe deines Lebens immer wieder, und gerade die Zeit um deinen Schulabschluss kann ganz schön intensiv sein und viele Veränderungen auf einmal beinhalten. Manchmal fühlen wir uns in diesen besonderen Entwicklungsjahren und auch in dem Übergang nach der Schule orientierungslos; wir wissen nicht so recht, was wir wollen, wie wir unseren Weg gehen sollen oder wer wir überhaupt sind.

Die Frage, »Wer bin ich?«, ist eine zutiefst spirituelle, die wir uns immer wieder auf unserem Weg stellen. **Yoga** und die **Psychologie** wollen uns dabei helfen und geben uns Tools an die Hand, um uns selbst mehr und mehr zu entdecken. Als Heranwachsende beginnen wir, uns in einem größeren Kontext zu definieren und zu identifizieren. Wir denken viel bewusster über uns, andere und das Weltgeschehen nach. Wir legen fest, wer wir sein wollen, was wir ausdrücken und erreichen wollen und wann und wozu wir uns zugehörig fühlen und wozu auch nicht. Dir in deiner aktuellen Lebensphase die Frage zu stellen: »Wer bin ich wirklich?« und vielleicht auch »Wer will ich eigentlich sein?«, ist daher völlig verständlich und auch wichtig.

Neben der Schule, allen Prüfungsanforderungen und Lern-zeiten sowie der Organisation für die Zeit nach deinem Schul-abschluss ist wenig Freiraum und meist auch wenig Energie da, um dich mit diesen wichtigen Fragen, fernab von irgend-welchen Erwartungen und Idealen, auseinanderzusetzen. Eines meiner Haupt- und Herzensanliegen ist daher, euch immer wieder den Raum, die Freiheit und die Tools zu geben, euch mit diesen Fragen zu befassen und eigene Antworten zu finden. Ich selbst liebe **Journaling** für all diese »großen Fragen«. Denn Journaling hilft uns dabei, uns auszudrücken, unsere Gedanken, Gefühle und Eindrücke raus aus dem Kopf aufs Papier zu bringen, sie zu sortieren, an ihnen weiterzu-arbeiten und unsere innere Stimme zu entdecken.

Warum Journaling?!

Journaling begleitet mich selbst, seit ich etwa acht Jahre alt war. Es ist zudem ein fester Bestandteil in unseren dayā-Sessions, und ich bewundere immer wieder die Bestärkung, die dadurch entsteht. Journaling, und gerade **Freewriting**, können uns dabei helfen, herauszufinden und auszudrücken, was wir denken, fühlen, wollen, erleben und brauchen.

Freewriting ist eine Technik aus dem kreativen Schreiben, bei der du alles so frei und ungezwungen aufschreibst, wie es dir gerade in den Sinn kommt. Du bewertest dich dabei nicht und darfst dich zwanglos ausdrücken. Dadurch gibst du dir selbst die Möglichkeit, Freiheit zu finden, dich selbst zu entdecken und Selbstbewusstsein zu entwickeln. Ich liebe Freewriting sehr, denn es unterstützt uns dabei, uns emotio-nal näherzukommen und uns besser zu verstehen.

Es gibt zwei Arten, die ich beim Freewriting für mich selbst und auch in unseren Sessions nutze:

1. Du kannst mit Journaling-Prompts schreiben. Das sind kleine, liebevolle Aufforderungen in Form von Fragen oder Aussagen, die dich inspirieren, bestärken, trösten, ermutigen, reflektieren und entlasten können.

2. Du kannst aber auch ohne Prompt einfach drauflosschreiben und deine aktuellen Gedanken und Gefühle ausdrücken. Du kannst dabei ganze Sätze formulieren, einzelne Wörter oder Symbole kritzeln, kreuz und quer oder geordnet schreiben und auch zeichnen.

Beim Journaling ist alles erlaubt, und es gibt keine Regel, außer, dass du dir selbst Raum gibst, dich auszudrücken und zu spüren. Du kannst dir einen Timer stellen und dir dadurch mehr Struktur geben oder einfach ohne jegliche Vorgabe starten. Mach es so, wie es für dich gerade stimmig ist.

Ich möchte gleich zum Auftakt dieses Buches eine meiner Lieblings-Journaling-Übungen mit dir teilen. Ich nutze sie oft in dayā-Sessions, denn sie hilft dir dabei, dich BESSER KENNEN-ZULERNEN und von irgendwelchen Vorgaben, Erwartungen und Idealen zu LÖSEN.

Du darfst dich kennen

WER BIN ICH, WENN DIE WELT NICHT ZUSIEHT?

Starte mit *Ich bin* … und schreibe alles auf, was dir gerade in den Sinn kommt, wenn du an dich denkst. Wer bist du? Welche Eigenschaften, Wesenszüge und Merkmale siehst du an dir? Was magst du an dir? Was fällt dir schwer, anzunehmen? Welche Talente, Gaben und Stärken kannst du an dir entdecken? Hier ist alles willkommen und erlaubt, und es geht, wie bei allen Übungen in diesem Buch, nicht darum, dass du irgendetwas Bestimmtes erreichst. Es ist nur wichtig, dass du dir selbst immer wieder den Raum und die Freiheit schenkst, dich auszudrücken, wahrzunehmen und dadurch deine Beziehung zu dir zu stärken.

ICH BIN …

_____

_____

_____

_____

_____

_____

Antworten auf diese wichtige und für uns oft so schwierige Frage zu finden, ist spannend, herausfordernd und manchmal auch überfordernd. Du darfst sie dir immer wieder stellen und herausfinden, was deine Antworten im Leben darauf sind.

Dich der Welt so zu zeigen, wie du bist, ohne dich dabei zu verstellen oder zu verstecken, ist absolut mutig und für viele durch Stigmatisierungen, Diskriminierungen und Marginalisierungen noch immer geradezu unmöglich. Dir selbst immer wieder den Zuspruch zu geben, du selbst sein zu dürfen und dich zu kennen, ist daher das Bestärkendste und Wichtigste, was du im Leben für dich und auch andere tun kannst!

Du darfst wissen, wer du bist, fernab von allen Idealen, Erwartungen und Botschaften, und darfst dich der Welt so zeigen, wie du bist!

SELBSTBEWUSSTSEIN bedeutet für mich in dayā-Manier nicht, dass du ständig selbstsicher, cool, energiegeladen und positiv sein musst, sondern dass du dich kennst, deine Stärken und Begabungen wahrnimmst, genauso wie deine Eigenheiten und die Eigenschaften, die du herausfordernd an dir findest. Denn beides gehört zu dir, macht dich menschlich und auch liebenswert. Es bedeutet, dass du dir erlaubst, deine Emotionen und Unsicherheiten zu fühlen und deine Gedanken zu denken. Es bedeutet, dass du dir bestärkend und mitfühlend beiseitestehen kannst, egal was passiert und welche Herausforderungen auf dich warten. Denn das, was dein Leben wirklich verändern und erfüllen wird, ist eine Beziehung zu dir und anderen, die auf Wertschätzung, Bewusstsein für dich, Respekt und liebevollem Mitgefühl basiert. Das wünsche ich dir von Herzen! Du bist wichtig und wertvoll. Daran wird sich nichts ändern, egal was du tust, denkst, fühlst und erlebst, für was du dich entscheidest oder ob du dich umentscheidest.

SELBSTAKZEPTANZ, SELBST-ZWEIFEL UND SELBSTVERTRAUEN – TRIGGERWARNUNG

Wir alle kennen Phasen, in denen wir uns irgendwie näher sind, und dann wiederum solche, in denen wir uns überhaupt nicht ausstehen können. Uns selbst zu akzeptieren, wie wir sind, ist schwer, wenn wir tief in unserem Inneren glauben und von früh an beigebracht bekommen, dass unser Wert über unsere Produktivität, unser Aussehen, unsere Herkunft, unseren Erfolg und unsere Geschlechtsidentität definiert wird. Schlecht über uns selbst zu denken und uns abzuwerten, ist in unserer Zeit manchmal gefühlt so viel leichter, als uns in all unseren Empfindungen, Gedanken, Bedürfnissen, unserem Aussehen, Gefühlen und Facetten zu akzeptieren.

Wir alle kommen nicht selbstzweifelnd und uns infrage stellend auf die Welt! Wir alle machen beim Heranwachsen verschiedene Erfahrungen, erleben Schönes, Bestärkendes, aber auch Verunsicherndes auf unserem Weg. Neben den ganzen Schönheits- und Leistungsidealen prägen auch unsere Beziehungserfahrungen mit Freund:innen und Kontakte zu Gleichaltrigen und Erwachsenen unsere Einstellung und Beziehung zu uns selbst.

Nicht alle Bindungserfahrungen, die wir sammeln, sind gut und beruhen auf Wertschätzung, Mitgefühl und Respekt füreinander. Manche Beziehungen vermitteln uns, dass unser Auftreten, unser Aussehen, unsere Erfolge und Leistung wichtiger sind als wir selbst, oder verunsichern uns durch Worte und Verhaltensweisen.

Verunsicherungen können sich richtig fies und fürchterlich anfühlen. Das kann ein wiederkehrendes Lachen deiner

Mitschüler:innen im Unterricht sein, verletzende Bemerkungen, Blicke, nicht eingeladen oder auch ausgeladen und ignoriert zu werden. Eine Freundin, die plötzlich nicht mehr mit dir spricht und sich anderen zuwendet, ohne irgendetwas zu klären. Auch massive Mobbingerfahrungen – wie gezielte Kommentare, Drohungen, körperliche Gewalt und Übergriffe –, diskriminierende und sexuelle Bemerkungen und Taten oder auch gender-diskriminierende und rassistische Verhaltensweisen und Angriffe sind absolut falsch, verletzend und zutiefst unrecht.

Wir alle versuchen, irgendwie mit Verunsicherungen und Verletzungen zurechtzukommen und trotzdem »reinzupassen«, und du kannst dir sicher sein, du gibst immer dein Bestes. Oft entwickeln sich aus diesen Erfahrungen nachhaltig Ängste und Selbstunsicherheiten oder auch selbstabwertende Gedanken und Verhaltensweisen.

Um zu heilen, brauchen wir Mitgefühl, Verständnis und liebevolle Bestärkung von uns, aber auch anderen. Was viele von uns jedoch stattdessen lernen, ist, dass wir »cool drüberstehen« sollten und uns am besten nichts anmerken lassen. »Unsere Wirkung ist wichtiger als unser Empfinden«, das sagt zumindest die Leistungsgesellschaft. Wir brauchen hier unbedingt Veränderung und darüber hinaus einen bewussten Umgang mit seelischen Verletzungen und mehr Raum für all diese Erfahrungen sowie *praktiziertes Mitgefühl*. Gerade in den Schulen und Ausbildungssystemen.

Dir selbst Mitgefühl und Verständnis für deine Verunsicherungen und Erfahrungen entgegenzubringen und diese klar zu benennen, ist ein wichtiger Schritt, um dich selbst anzunehmen. Du darfst für dich einstehen, darfst durch und durch fühlen und erkennen, dass nichts an dir falsch ist, sondern dass Erfahrungen und Verhaltensweisen oder auch

Botschaften falsch waren. Das kann gerade am Anfang beängstigend und völliges Neuland sein. Du darfst dir hierbei Zeit lassen und vor allem Unterstützung holen. Alle Tools, die ich dir in diesem Buch zeige, sind neben Psychotherapie tolle Möglichkeiten, um einen *Safe Space* für dich zu kreieren, in dem du deine Erfahrungen anerkennen und dadurch etwas Heilsames erleben kannst.

Du darfst deinen Safe Space in dir finden und anerkennen, dass du durch und durch wertvoll und gut bist, und Verletzungen in dir heilen.

Wir alle brauchen GEGENSEITIGE BESTÄRKUNG und die Erinnerung, dass wir schon längst »gut« und »vollständig« sind. Wir dürfen uns voneinander unterscheiden und wissen, wer wir sind. Wir alle können uns dazu ermutigen, Ideale abzulegen, und können uns jederzeit neu entscheiden, wie wir mit uns und anderen umgehen.

Ich durfte schon oft erleben, welche Kraft es hat, wenn wir miteinander Räume öffnen, in denen wir uns zeigen dürfen, und zwar so, wie wir sind, mit all unserer Unsicherheit, aber auch Stärke. Wir alle brauchen *Safe Spaces*, in denen wir wir selbst sein können, und dürfen diese miteinander kreieren.

Wie kann Selbstvertrauen wachsen

Ich bin der festen Überzeugung, dass wirkliches Selbstvertrauen nur wachsen kann, wenn wir unseren Körper miteinbeziehen. Denn wir wohnen in unserem Körper und speichern auch dort alle unsere Erfahrungen und Grundüberzeugungen.

Wenn wir denken, fühlen oder auch erleben, dass wir nicht sicher und gut sind, wie wir sind, strengen wir uns an, sind angespannt, beginnen uns »kleinzumachen« und zu »verstecken« oder »laufen permanent davon«. Das kann ganz unterschiedlich aussehen. Manche von uns werden »laut« und »setzen eine Maske auf«, die freudig, gut gelaunt und cool erscheint, egal wie es im Innern aussieht. Andere machen sich körperlich geradezu »unsichtbar«, ziehen sich immer mehr zurück und werden »still«. Die Anspannung in unserem Körper und Nervensystem ist bei beiden Varianten hoch.

Unser Körper fühlt alles, er leitet uns und versucht, uns vor Angriffen zu bewahren. Egal ob diese wirklich auftreten oder wir sie fürchten. Vieles davon ist uns nicht bewusst, doch wir spüren es. Du kannst es zum Beispiel daran merken, dass du dich in der Gegenwart von anderen besonders anstrengst oder auch angespannt, unruhig und unsicher wirst. Aber selbst wenn wir allein mit uns sind, kann diese Anspannung noch immer körperlich vorhanden sein, und wir fühlen uns irgendwie unruhig und »unverbunden« mit uns selbst.

Wie soll tiefes Selbstvertrauen in uns wachsen, wenn wir uns unsicher fühlen und permanent anstrengen, um »gut genug zu sein«? Wie soll Selbstakzeptanz für uns entstehen, wenn wir das Gefühl haben, uns nicht zeigen zu dürfen, wie wir sind? Zu fühlen, dass wir sicher sind, uns vertrauen können und zeigen dürfen, ist eine Aufgabe, die wir bei uns beginnen können und wofür wir alle gemeinsam einstehen müssen. Insbesondere für die unter uns, die keinen sicheren Raum von unserer Gesellschaft bekommen, um für sich einzustehen (siehe dazu auch Seite 22).

Yoga und Breathwork helfen dir dabei, *gefühlte Sicherheit in dir* zu finden. Die bewusste Bewegung und dein fokussierter Atem unterstützen dich dabei, deine Gedanken, Ängste und Anspannung zu regulieren, dich selbst zu beruhigen und »hinter all den Ängsten« zu entdecken. Mit der Zeit und regelmäßiger Praxis ergibt sich dadurch ein neues Gefühl von Sicherheit in deinem Körper, das du fühlen und in deinen Alltag transportieren kannst.

Du darfst dich annehmen, dich sicher in dir fühlen und entfalten, und zwar in deiner vollen Pracht, samt all deiner Stärken, Verletzlichkeit und Unsicherheiten! Du kannst andere jederzeit dazu ermutigen, genau dasselbe zu tun!

Ich will dir zeigen, wie Yoga dich dabei bestärken und unterstützen kann.

Was ist Yoga?

Vielleicht kennst du Yoga durch Instagram-Reels oder YouTube-Videos. Manchmal können diese Bilder in uns das Gefühl erzeugen, dass es dabei um Gelenkigkeit, tolle Posen, Workouts und hübsche Sport-BHs geht. Doch Yoga ist so viel mehr als das, und mir ist es wichtig, den Ursprung und auch die Herkunft zu würdigen. Yoga stammt aus Indien und ist etwa 3500 Jahre alt. Es bedeutet so viel wie *Einheit* und soll uns dabei helfen, Körper und Geist in eine harmonische Verbindung miteinander zu bringen und dadurch Freiheit zu finden.

Neben der körperlichen **Asanapraxis**, die viele von uns kennen, gibt es auch eine **mentale Praxis (Meditation), Pranayama (Atemübungen)** und die **Yogaphilosophie.** Diese wurde unter anderem von Patanjali, einem indischen Gelehrten und dem Verfasser des Yogasutra, begründet. Sie beruht auf Achtsamkeit, Bewusstsein für sich selbst und andere, aber auch auf Mitmenschlichkeit und Gewaltlosigkeit. Meditation und **Mindfulness (Achtsamkeit)** sind mittlerweile ziemlich bekannt, und die Wissenschaft konnte belegen, dass sie uns unter anderem im Umgang mit Ängsten, Depressionen und unserem Stresserleben bestärken (siehe Seite 319).

Das Yoga, das ich dir in diesem Buch vorstelle, ehrt den indischen Ursprung und hat nichts zu tun mit übermäßiger Gelenkigkeit, perfekten Posen oder absoluter Ruhe in deinem Kopf. Es ist auch keine rein körperliche Fitness, und Kalorien spielen dabei keine Rolle. Es ist vor allem eine Möglichkeit, um bei dir anzukommen, dich in dir und deinem Körper sicher zu fühlen und zu lernen, mit deinen Gedanken und Gefühlen sowie Anforderungen aus deinem Alltag mitfühlend und bewusst umzugehen und dein Nervensystem zu stärken. Yoga und tief zu atmen hat mir sehr geholfen, Ruhe in mir zu finden, mit Unsicherheiten und Herausforderungen entlastend umzugehen und zu fühlen, dass ich zu mir gehöre. Und genau das möchte ich mit euch teilen.

Ich zeige dir jetzt den ersten Yogaflow. Denn neben all den Atemübungen kannst du auch deine Bewegung für dich nutzen, um dich zu unterstützen. In dayā-Sessions sage ich oft: »Yoga hilft uns dabei, in Bewegung zu kommen, mit den dicken grauen Wolken und Gewittern am Himmel umzugehen, sie anzunehmen, da sein zu lassen oder wegzupusten. Dadurch erkennen wir, dass dahinter immer blauer Himmel und Ruhe liegen.«

Yoga Sonnengruß-Variante – Surya Namaskar

Ich zeige dir als Erstes den SONNENGRUSS, auch SURYA NAMASKAR genannt, in einer abgewandelten Form. Er bestärkt dich dabei, kurz in Bewegung zu kommen, durchzuatmen und angestauten Stress und Emotionen loszulassen. Denn das können wir alle gut gebrauchen, wenn wir zu lange sitzen, Dinge zerdenken, uns festgefahren oder auch leer fühlen.

1 Komm in den **Vierfüß-lerstand**. Dafür sind deine Hände senkrecht unterhalb deiner Schultern und deine Knie senkrecht unterhalb deiner Hüftgelenke auf dem Boden aufgestellt. Dein Fußspann liegt auf dem Boden auf.

2 Atme ein und schieb dein Brustbein nach vorne, heb deinen Kopf, lass deinen Bauch dabei weich werden. **Kuh.**

3 Atme aus, drück die Hände in den Boden, zieh deinen Bauch Richtung Wirbelsäule und mach deinen Rücken rund wie einen Katzen-buckel. **Katze.**

4 Wiederhole diese Bewegungen, **Katze** und **Kuh**, ein paarmal in deinem Tempo und atme dabei bewusst ein und aus. Lass die Atemzüge und deine Bewegungen mit der Zeit länger und dynamischer werden.

5 Mit der nächsten Aus-atmung stellst du deine Zehen auf, drückst Hände und Füße in den Boden und schiebst dein Gesäß nach hinten oben Richtung Decke. **Herabschauender Hund.** Deine Fersen kön-nen sich ruhig vom Boden abheben. Dein Kopf darf zwischen deinen Armen ruhen. Atme tief ein und bewusst, seufzend aus.

6 Atme ein und steig mit einem Fuß nach dem ande-ren zwischen deine Hände. Atme aus und verbeug deinen Oberkörper. Lass deinen Kopf hängen, deine Beine dürfen gern gebeugt sein. **Stehende Vorbeuge.**

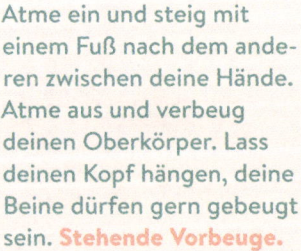

7 Atme ein, drück in deine Füße und komm mit beiden Armen weit über die Seite gestreckt nach oben zum Stehen. Deine Arme führen lang über den Kopf. **Berghaltung mit gestreckten Armen.**

8 Atme aus, führ deine Handflächen aneinander, zieh sie nach unten und fließe über vorne in deine **stehende Vorbeuge**.

9 Atme ein und tritt mit einem Fuß nach dem anderen zurück in dein **Brett**. Atme hier einmal ein und seufzend aus. Spür deine Kraft.

10 Atme ein und führe deine Knie, eins nach dem anderen, zum Boden und komm wieder in die Ausgangshaltung, den **Vierfüßlerstand**. Wiederhole den Flow so oft, wie du magst.

11 Wenn du deinen Flow beenden willst, führst du dein Gesäß aus dem Vierfüßlerstand Richtung deiner Fersen und legst deinen Oberkörper auf deinen Beinen ab. **Kindhaltung** (siehe Seite 203). Du kannst die Hände nach hinten oder vorne ausstrecken oder damit ein kleines Kissen unter deiner Stirn bilden und deinen Kopf darauf ablegen. Atme noch mal bewusst für dich ein und aus und spür nach, wie du dich fühlst.

Diese **SONNENGRUSS-VARIANTE** hilft dir dabei, dein Nervensystem auszugleichen, bewusst durchzuatmen und neue Kraft zu tanken. Ich liebe diesen kurzen Yogaflow sehr, denn er ist wie ein Neustart für uns und unser Nervensystem. Unabhängig davon, was du gerade erlebst, machst oder in deinem Leben passiert, du darfst jederzeit eine Pause machen, dich »resetten« und bei dir ankommen!

Ganz egal, ob du Yoga bereits kennst oder es völlig neu für dich ist, du darfst dich ausprobieren und immer wieder neu für dich entscheiden, wie es dir guttut und Spaß macht. Du brauchst dafür nichts weiter als dich, einen Platz, an dem du dich bewegen kannst, und bequeme Klamotten. Wenn du eine Sport- oder Yogamatte hast, kannst du sie gerne benutzen, du brauchst sie für die Flows in diesem Buch aber nicht.

DIE BESTE UND OFT SCHWERSTE SELBSTFÜRSORGE IST MITGEFÜHL

Mitgefühl mit uns selbst zu haben und liebevoll mit uns zu sprechen und umzugehen, fällt vielen von uns schwer. Während wir Freund:innen unterstützen und ihnen sagen: »Ich glaube an dich.«, »Du darfst auch einfach mal eine Pause machen und musst nicht immer hundert Prozent geben.«, »Es ist okay, dass du traurig bist. Ich bin für dich da.«, sagen wir uns selbst eher: »Warum schaffe ich das nicht.«, »Ich sollte das längst können.«, »Ich sollte nicht so traurig sein.«, »Immer stelle ich mich so an.«

Wenn sich dein innerer Dialog und Umgang mit dir eher wie Letzteres anhört, dann willkommen im Club. Ich selbst habe vor allem in meiner Teenagerzeit eher mit »der inneren Peitsche« an mir gearbeitet als mit Liebe, Verständnis und Mitgefühl. Ich kann aus eigener Erfahrung sagen, dass es der schönste und größte Unterschied ist, wenn wir wirklich anfangen, uns selbst voller Liebe und Wärme zu unterstützen, anstatt uns permanent kleinzumachen oder uns irgendwelche Empfindungen zu verbieten. In unseren Sessions sage ich oft: »Yoga ist praktiziertes Mitgefühl.« Denn dadurch lernen wir unseren inneren Selbstdialog bewusster wahrzunehmen, selbstabwertende Gedanken zu verändern und neue Umgangsweisen mit uns zu entwickeln. Und das heißt nicht, dass das einfach ist oder permanent gelingen muss. Ganz im Gegenteil. Gerade am Anfang benennen viele Menschen, dass es sich irgendwie »fake« anfühlt oder sie es »nicht fühlen können«, wenn sie beginnen, mit sich liebevoll zu sprechen. Daher möchte ich als Erstes darauf mit dir eingehen, bevor ich dir zeige, wie du *negativen Self-Talk* transformieren und *liebevolle Umgangsweisen* mit dir fördern kannst.

Unser Quälgeist

Wenn wir beginnen, mit uns in einer *liebevollen* und *mitfühlenden* Weise zu sprechen, kann sich das zu Beginn fremd und unglaubwürdig anfühlen. Manchmal meldet sich dann eine laute und oft unbewusste Stimme bei uns, die sagt: »Ich habe das nicht verdient.«

Angelehnt an eine Traumatherapieausbildung, die ich machen durfte, nenne ich diese Stimme *Quälgeist*. Viele von uns haben einen Quälgeist im Kopf, der uns reinredet, wenn wir uns eigentlich Mitgefühl und Liebe zusprechen wollen.

Du kannst deinem Quälgeist auch einen Namen geben. Manchmal hilft es uns, die »negative Stimme aus dem Kopf nach außen« zu verlagern, um sie umgänglicher für uns zu machen.

Tipp

Der Quälgeist rührt aus Verunsicherungen und oft auch tief verinnerlichten Konditionierungen und will uns im Grunde vor Enttäuschung und Ohnmachtsgefühlen schützen. Denn wenn wir »etwas falsch gemacht haben«, können wir es »korrigieren und besser machen«. Wenn sich diese Stimme jedoch häuft und unser Leistungssystem oder Umfeld auch noch in der Wunde bohren, haben wir das Gefühl, »dass wir alles falsch machen«, »kein Glück verdient haben« oder sogar »falsch sind«. Den Quälgeist in solchen Momenten oder Phasen einfach zu ignorieren oder positive Gedanken »darüberzulegen« funktioniert daher oft nicht. Positive Gedanken fühlen sich in solchen Momenten oft unglaubwürdig an und eher wie ein kleines Pflaster auf einem gebrochenen Arm.

Meiner Erfahrung nach ist es wichtig, das Prinzip dahinter zu verstehen und dir bewusst zu machen, wann dein Quälgeist sich meldet, und alternative Tools zu kennen, die dich in solchen Momenten bestärken. Ein akzeptierendes »Es ist okay, dass der Quälgeist sich gerade meldet. Ich entscheide mich, ihm nicht zu glauben und übermächtig zu werden« und kurz bewusst durchzuatmen, ist absolut hilfreich und entlastend. Es ist in solchen Momenten auch viel glaubwürdiger, als ein »Ich liebe mich und werde alles schaffen« oder auch den Anspruch zu erheben, *niemals wieder schlecht über dich zu denken.*

Es ist in Ordnung, einen Quälgeist zu haben, dafür können wir nichts, und wirklich viele von uns kennen ihn. Du darfst dich im Hier und Jetzt immer wieder neu entscheiden, liebevoll mit dir zu sprechen und umzugehen. Das ist oft mühselig und anstrengend, aber die lohnenswerteste Arbeit, die du für dich tun kannst!

Du darfst dir deinen inneren Dialog bewusst machen, deinen Quälgeist akzeptieren und deine warme und bestärkende Stimme für dich einsetzen, die dir Liebe, Fürsorge und Mitgefühl zuspricht.

SELBSTVORWÜRFE UND NEGATIVER SELF-TALK

Wenn du dich in deinem Alltag liebevoll beobachtest – auf welche Weise sprichst du innerlich mit dir? Bist du einfühlsam, ermutigend und verständnisvoll? Oder eher kritisch, machst dir Vorwürfe und bist besorgt? In welchen Situationen verändert sich die Art, wie du mit dir sprichst? Gibt es Situationen, in denen du besonders streng mit dir bist oder sogar voller Vorwürfe? Und wie fühlt sich das in deinem Körper an? Wo kannst du es spüren? Stress und Anspannung verändern, wie wir auf uns blicken und mit uns umgehen. Daher können herausfordernde Momente mit hoher Emotionalität negativen Self-Talk hervorrufen.

Mach jetzt den Gegentest. Wie fühlt es sich an, wenn du mitfühlend und liebevoll mit dir sprichst? Versuche es mit dem Satz:»Ich darf mir Zeit lassen.« Atme dabei tief ein und aus und lockere deine Schultern. Was verändert sich in deinem Körper? Wahrscheinlich wird dir ein Unterschied auffallen, den du emotional und körperlich spüren kannst. Der muss sich nicht gleich wohlig und vertraut anfühlen und darf sich von Tag zu Tag unterscheiden. Aber es macht immer einen Unterschied, wenn du deinen Körper in diese Übungen und deinen Selbstdialog miteinbeziehst. Das ist **Embodiment** (siehe Seite 35).

Weil ich selbst so lange mit diesem Thema gehadert habe, habe ich mich intensiv mit der Frage beschäftigt, warum wir als Menschen oft so **hart** mit uns sind anstatt **weich** und **warm**. Studien sprechen davon, dass die meisten Menschen sich Mitgefühl verwehren, weil sie denken, dass sie weniger erfolgreich sein werden, wenn sie »zu weich mit sich sind«. Ich finde, diese Ergebnisse sind ein Spiegel unserer Leistungsgesellschaft und erschreckend. Auch VERUNSICHERUNGEN und die Art und Weise, wie mitfühlend wir unser Umfeld erleben, spielen eine Rolle dabei, wie verständnisvoll und mitfühlend wir mit uns und anderen sprechen und umgehen. Je jünger wir sind, desto prägender ist unser Umfeld für uns.

Wenn wir Verunsicherungen erlebt haben, die nicht getröstet wurden, unser Leistungsanspruch hoch ist oder wir uns in einer Situation anhaltend unsicher fühlen, ist unser Selbstdialog oft von Selbstvorwürfen geprägt. Die Forschung sagt, dass ein Großteil unserer Gedanken unbewusst abläuft, daher können wir unsere Gedanken, und auch die Art und Weise, wie wir mit uns sprechen, nur verändern, wenn wir uns bewusst darüber sind. Wir alle brauchen unbedingt Tools, die uns dabei helfen, und sollten diese von Anfang an lernen und beigebracht bekommen.

Negativen Self-Talk abzulegen, kann superschwerfallen. Wir alle haben *automatisierte Selbstsabotagen* im Kopf, die ganz plötzlich in bestimmten Momenten oder Situationen ausgelöst werden und aufploppen. Zu akzeptieren, dass wir alle negative Gedanken über uns und einen Quälgeist oder auch ein Ego haben, das uns kritisiert, ist wichtig, um den ersten Schritt zu machen. Diese bewusst wahrzunehmen, anzuerkennen, dass nicht alles »wahr ist«, was wir über uns denken, und selbstabwertende Gedanken abzulegen, kann ein wertvoller zweiter Schritt für uns sein, um unser *wahres Ich* zu erkennen. Die folgende Übung ist genau dafür kreiert.

Negativen Self-Talk umwandeln

Schnapp dir deinen Stift und schreibe alles auf, was du fühlst, denkst und dir in den Sinn kommt, wenn du den folgenden Prompt liest.

WENN ICH ALLES ABLEGE, WAS ICH VON MIR DENKE, DANN SEHE ICH ...?

Hierbei ist alles erlaubt. Es darf ein aufrichtiger, anerkennender Blick auf dich sein mit allen deinen Stärken, Unsicherheiten, Ängsten, Wünschen, Eigenschaften, Sorgen, Verletzungen und Erfahrungen. Denn all das gehört zu dir und macht dich wunderschön. Und ich meine das ganz aufrichtig. Wir sind nicht perfekt, wir sind Menschen. Wir alle haben schöne Seiten und gute Eigenschaften an uns, genauso wie nervige, destruktive oder manchmal auch gehässige. Wir tragen Ermutigungen in uns, aber auch Verletzungen. Und das alles ist okay.

Stelle deinen Timer auf 5 Minuten und schreibe drauflos.

05:00

ICH SEHE ...

_____

_____

_____

_____

_____

60

_____

_____

_____

_____

2 Kringel im Anschluss die Attribute und Eigenschaften oder auch Erfahrungen ein, die du an dir anerkennen und wertschätzen möchtest. Das muss nicht nur »Positives« sein, alle unsere Anteile, Erfahrungen und Eigenschaften wollen akzeptiert werden.

3 Forme jetzt Sätze aus den Eigenschaften, die du gerade eingekringelt hast. Du kannst dir ein paar aussuchen oder zu allen etwas schreiben. Formuliere die Sätze dabei aus deiner *mitfühlendsten, anerkennendsten und liebevollsten Stimme.* Diese werden auch AFFIRMATIONEN genannt. Starte mit:

ICH BIN ...

Hier sind einige Beispiele:

✦ »Ich bin lebendig.«

✦ »Ich bin menschlich und darf Fehler machen. Das ist okay. Ich darf jederzeit dazulernen und umkehren.«

✦ »Ich bin mitfühlend.«

✦ »Ich bin neugierig und kreativ.«

✦ »Ich bin liebenswert und stark.«

✦ »Ich bin verletzt und fühle mich unsicher, und das ist okay. Ich versorge mich liebevoll.«

✦ »Ich bin ausdauernd.«

ICH BIN ... _____

_____

_____

_____

_____

_____

_____

_____

_____

_____

Du kennst bestimmt Content mit »I-AM-AFFIRMATIONEN«.
Diese dürfen dich supergerne inspirieren.
Affirmationen sind ermutigende Zusagen für dich
und andere. Übersetzt bedeutet das Wort Affirmation
»Versicherung«. Und genau diese darfst du dir selbst
immer wieder geben und zusprechen.

Selbstakzeptanz-Meditation

Jetzt kommt der zweite Schritt. Wir verbinden deine *ICH BIN-SÄTZE* mit deiner Atmung.

1 Komm in einen bequemen Sitz oder ins Liegen, wenn du dich dabei sicher fühlst. Leg deine Handflächen aneinander und reibe sie, bis Wärme entsteht.

2 Lege deine Hände dorthin, wo es sich gerade angenehm für dich anfühlt. Lockere deinen Kiefer und beginne liebevoll für dich zu atmen. Finde dein Tempo und lass deinen Atem tief und groß werden. Stell dir vor, dass du deinen ganzen Körper damit ausfüllen kannst.

3 Erinnere dich jetzt an deine *Ich-bin*-Sätze. Sag dir: »Ich bin« und sprich dir alles zu, worin du dich bestärken und anerkennen willst. Atme diese Eigenschaften, Ermutigungen und Zusprüche mit der Einatmung tief ein und lass sie mit der Ausatmung bei dir ankommen.

4 Spür nach, wie es sich anfühlt, dich so zu bestärken und zu spiegeln.

5 Sag dir zum Abschluss: »Ich darf all das sein.« Atme noch mal tief ein und lösend aus.

DU DARFST DICH SEHEN!

Genieße den Moment mit dir und deiner Spiegelung. Du darfst all das sein! Nichts an dir ist falsch.

Tipp

Auch *deine selbstabwertenden Gedanken* zu kennen und sie aufzuschreiben, kann dir dabei helfen, mit ihnen bewusster umzugehen und sie umzuwandeln. Alles, was wir sehen und bewusster wahrnehmen, ist leichter für uns zu verändern. Ich nutze in meinen Therapiesessions dafür **Log-Listen**.

Eine Woche lang schreibst du jedes Mal, wenn du etwas Negatives über dich denkst oder zu dir sagst, deine Bemerkung auf, sodass am Ende der Woche eine **Liste deiner selbstabwertenden Sätze** entstanden ist. Nicht erschrecken, die Liste kann bei vielen von uns ganz schön lang werden, auch wenn wir es nicht denken, und das ist okay. Nachhaltige Veränderung geht nur über Wertschätzung, Mitgefühl und Akzeptanz für uns.

Schreibe dir jetzt eine jeweils passende und bestärkende Umformulierung für deinen selbstabwertenden Satz auf. Mache zum Beispiel aus: »Ich bin dumm.« → »Ich darf lernen und Fehler machen.« Oder aus: »Ich bin hässlich.« → »Ich muss nicht immer gleich aussehen und darf mich akzeptieren, wie ich bin.« Gehe jeden Satz einzeln durch und schreib dir deine **Liste an selbstbestärkenden Sätzen**.

Bei all diesen Übungen geht es nicht darum, dass du in Zukunft keine negativen Selbstgespräche mehr führst. Das wäre völlig unrealistisch, und wir alle brauchen einen bewussten und regelmäßigen Umgang mit unseren *Selbstsabotagen*. Es geht vielmehr darum, dass du dir diese bewusst machst und lernst, ihnen etwas Bestärkendes entgegenzusetzen und sie über die Zeit zu verändern. Du kannst diese Übungen immer wieder machen. Vor allem in Phasen von starken Selbstunsicherheiten oder wenn du sehr streng mit dir bist, können sie dich entlasten.

Liebevollen Self-Talk fördern

Du kannst und darfst lernen, liebevoll, ermutigend und bestärkend mit dir zu sprechen. Diese Veränderung braucht neben besagtem Bewusstsein und einer stetigen liebevollen Erinnerung vor allem jede Menge Übung. Alle Tools, die ich dir in diesem Buch zeige, helfen dir genau dabei und machen das Training leichter und teilweise sogar freudvoll. Warum sage ich teilweise? Bis wir an den Punkt kommen, an dem wir fühlen, dass *wir gut sind, wie wir sind*, wandern wir meist durch ein ganz schönes Tal der Tränen. Denn es ist ein schmerzhafter Prozess, uns bewusst zu werden über all diese falschen Botschaften, die wir von klein auf verinnerlicht haben, alle Verunsicherungen und Verletzungen, all die Marginalisierungen sowie Diskriminierungen in der Welt. Wir dürfen dabei verletzlich sein und uns gegenseitig trösten und bestärken. Genau das kann heilsam sein. Und auch in deiner persönlichen Lebensgeschichte und in dir dürfen Verletzungen und falsche Botschaften heilen. Yoga hat mich hierbei unfassbar gestärkt, und ich bin mir sicher, dass ich ohne Yoga und meinen Glauben nicht an dem Punkt wäre, an dem ich bin. Beides hat mir sehr geholfen zu erkennen, dass ich *wertvoll*, *genug* und *vollständig* bin, ohne mich dafür verändern, anstrengen oder erst irgendetwas erreichen zu müssen. Das ist eine Freiheit, die ich dir und uns allen wünsche.

Eines der bestärkendsten Tools, die ich neben Yoga und meinem Glauben kennengelernt habe, ist die folgende Übung.

Ich bin genug

Vervollständige die folgenden Prompts, so wie es
für dich ermutigend und zusprechend ist:

ICH BIN GENUG, WEIL ...

_____

_____

_____

_____

_____

_____

ICH DARF MICH ZEIGEN, WIE ICH BIN, WEIL ...

_____

_____

_____

_____

_____

_____

ICH WILL ANDERE ERMUTIGEN, SICH SO ANZUNEHMEN WIE SIE SIND, WEIL ...

_____

_____

_____

_____

_____

_____

Du kannst dir deine Ermutigungen auch auf Post-its oder direkt an deinen Spiegel schreiben, sodass du sie möglichst oft als Bestärkung sehen kannst. Atme dabei kurz bewusst ein und aus, leg dir eine Hand auf dein Herz, sag dir deine _Ich-bin-genug-Ermutigung_ und fühle deinen Zuspruch.
Sätze bereits zu kennen und parat zu haben und diese durch Visualisierung, Breathwork und regelmäßiges Aussprechen zu trainieren, hilft uns dabei, diese auch in stressigen Momenten und wenn wir sie am meisten brauchen, zu erinnern.
Ich liebe diese Übung in dayā-Sessions. Alle Teilnehmenden schreiben für sich »die Ermutigungen auf, genug zu sein«, und im Anschluss teilen wir sie miteinander. Wer will, liest laut vor. Das sind magische Momente, die Gänsehaut bereiten und so unfassbar ermutigen und bestärken.

UNS GEGENSEITIG DARAN ZU ERINNERN UND DIE ERLAUBNIS ZUZUSPRECHEN, DASS WIR WERTVOLL UND GENUG SIND, WIE WIR SIND, IST DIE REVOLUTION, DIE WIR ALLE BRAUCHEN.

Auch *Stress* beeinflusst, wie wir mit uns umgehen und dadurch unsere Beziehung zu uns und anderen. Stress ist nicht immer negativ, doch wenn wir zu lange oder anhaltend gestresst sind, zweifeln wir an uns und dem Leben, fühlen uns überfordert und sehen nur noch die Aufgaben und Herausforderungen. Es gibt verschiedene **Stressoren** für uns. Stressoren sind dabei innere oder äußere Reize und Situationen, die eine *Stressreaktion* bei uns auslösen. Das können Gedanken, Selbstabwertungen, Prüfungsleistungen, ein lautes, stressiges Umfeld, volle Orte, Konflikte oder auch Nachrichten sein, die uns verunsichern.

Dein Lebensabschnitt mit all den Prüfungsleistungen, Bewertungen, Anforderungen und Entscheidungen geht mit jeder Menge Stress einher. Gleichzeitig wirst du mit diversen äußeren Krisen konfrontiert. Viele junge Menschen benennen, dass sie sich immer ausgelaugter fühlen und das Gefühl haben, »permanent funktionieren zu müssen«, ohne zu wissen, »wofür«. Arbeit ist ein stetiger Prozess, das war schon immer so. Doch mittlerweile gibt es keine Auszeiten und Pausen mehr. Wir können fortwährend arbeiten, online sein und Aufgaben erledigen. Wir sehen gleich morgens unseren Feed, zahlreiche Nachrichten und Eindrücke aus dem Leben anderer und der ganzen Welt. Dazu kommt, dass unsere Städte laut und oft voll sind, unsere Handys dauernd an, und selbst Netflix und Co. laufen nebenher, während wir auf Social Media sind. Jap, ich kenne das ebenfalls sehr gut.

Unsere Tage sind so durchgeplant mit Verabredungen und To-dos – was ja auch schön und wichtig ist –, aber oft fehlt die Zeit für Erholung, und zwar auf allen Ebenen: *sensorisch, körperlich, mental, emotional, sozial* und *digital*.

Wir alle wissen, wie wichtig Pausen für uns sind, doch diese einzuhalten ist unfassbar schwierig. Und selbst wenn wir uns mal ablegen und Pause haben, rattert unser Kopf oft weiter, längst vergangene Erfahrungen ploppen plötzlich auf, oder wir haben Schwierigkeiten, emotional und körperlich loszulassen. Ich bin mir sehr sicher, dass du die Momente kennst, wenn du im Bett liegst oder dich mit Freund:innen triffst und das Gefühl hast, nicht abschalten zu können, obwohl es schön ist und du gerade frei hast.

Deine Seele, dein Körper und dein Gehirn speichern im Alltag so viel ab, priorisieren »dein Durchkommen« und schieben alles scheinbar Zweitrangige erst mal beiseite. Wenn du zur Ruhe kommst, können diese Erfahrungen und Emotionen wieder an die Oberfläche wandern und wollen verarbeitet werden. Meistens versuchen wir das durch Nachdenken und Lösungen Finden. Dein Kopf rattert.

Viele von uns lernen keinen hilfreichen und unterstützenden Umgang mit Stress. In unserem Schulsystem werden kaum Tools zum **Stressmanagement** vermittelt, und auch im Schulalltag fehlen sie weitestgehend. Ihr alle leidet darunter.

Ich selbst ging jahrelang, wie viele von uns, so mit Stress um: Augen zu und durch, einfach die Luft anhalten, weitermachen und ans Ziel denken. Und dabei noch lächeln und stets motiviert sein. Erst als ich die Funktionsweise unseres Körpers, unserer Seele und unserer Stoffwechselprozesse verstand und Mitgefühl für mich entwickelte, änderte sich etwas in mir. Ich fühlte nach und nach, dass ich wirklich an mich glauben und mir vertrauen darf und mit Stress aufbauend umgehen kann. Und das unabhängig von meiner Leistung und dem, was ich tue, oder irgendeinem bestimmten Ergebnis. Ich fand Sicherheit.

Wenn du das Gefühl hast, permanent gestresst zu sein und nichts hinzubekommen, liegt das nicht an dir, sondern schlicht und einfach daran, dass du zu viel Stress hast und dein Nervensystem darauf reagiert.

Die heutige Forschung kann mittlerweile ziemlich klar benennen, was uns dabei hilft, uns *wohl* und *sicher* zu fühlen, und was uns *unwohl, unsicher* und *gestresst* werden lässt. Es gibt dabei keine schlechten Gefühle, und es geht auch nicht um »toxische Positivität« oder darum, dass du dich immer gut fühlen musst – ganz im Gegenteil. Es geht darum, dass du erkennst, was dir guttut und dich unterstützt und was dich bremst, verunsichert und kleinmacht. Du darfst Expert:in für dich sein, dich kennen und hilfreiche Tools für dich nutzen, um dich in all den schönen, aber auch herausfordernden Momenten des Lebens zu unterstützen. Dafür lohnt es sich, dein Nervensystem und Stoffwechselprozesse kennenzulernen und ihre Funktionsweise in deinem Alltag für dich einzusetzen. Denn das entlastet uns bei Selbstunsicherheit und beugt Selbstzweifeln vor.

> **Du darfst deinen Körper kennenlernen und dein Nervensystem verstehen und unterstützen. Und dir dadurch Gutes tun!**

SO WIRKT SICH STRESS AUS

Wenn wir über einen längeren Zeitraum anhaltend Stress erleben, uns nicht ausreichend sicher und entspannt fühlen oder auch einfach mal Leichtigkeit genießen, verändern sich die Stoffwechselprozesse in unserem Körper, und wir schalten in einen »ÜBERLEBENSMODUS«. Das merkst du zum Beispiel daran, dass du körperlich, emotional und gedanklich unruhig bist. Vieles über- oder auch zerdenkst, schneller aus deiner Haut fährst, dich gereizt, aufgewühlt, dauerhaft angespannt und verunsichert fühlst, schlecht schläfst und morgens immer noch erschöpft bist. Dazu kommt oft das Empfinden, »nichts kontrollieren zu können« und deinen Gefühlen und Situationen »ausgeliefert zu sein«. Overthinking kann beispielsweise eine Folge von zu viel Stress und Unsicherheit sein und der Versuch Sicherheit und Kontrolle wiederzufinden. In solchen Zeiten nehmen wir kaum die schönen Aspekte des Lebens wahr.

Auch Verdauungsprobleme, Zyklusstörungen, niedergeschlagene Stimmung und Antriebslosigkeit entstehen oft durch zu viel Stress und Druck. Daher ist es für uns alle wichtig, nicht erst zu entspannen, wenn wir völlig drüber sind, sondern insgesamt in unserem Alltag Rituale zu finden, durch die wir uns sicher fühlen und unser Nervensystem beruhigen können. Yoga, Breathwork und die Embodimentforschung setzen genau hier an und stärken die Balance und Kommunikation in deinem Nervensystem. Das kannst du daran erkennen, dass du dich überhaupt mit dir und anderen verbunden, ausgeglichener, lebenslustiger, sicherer und vor allem handlungsfähiger und im besten Fall sogar entspannter fühlst.

Dein Nervensystem und
wie du es für dich nutzen kannst

Dein Nervensystem ist super. Es gibt immer sein Bestes und versucht, dein »Überleben« und »Durchkommen« zu sichern. Dafür reagiert es blitzschnell auf alle möglichen **Stressoren** und schüttet entsprechende **Botenstoffe**, sogenannte Stresshormone, aus, damit du aktiv werden und dich auf die Situation einstellen kannst.

Dafür verantwortlich ist vor allem dein **autonomes Nervensystem**, und insbesondere dein **Sympathikus**. Dein **sympathisches Nervensystem** ist für die Leistungssteigerung in deinem Körper verantwortlich. Wenn du dich bewegst und Sport treibst oder motiviert lernst, versorgt es dich mit Energie. Es löst aber ebenso in Gefahrensituationen den »Flucht- oder Kampfmodus« aus, um dich zu retten. Dies passiert auch, wenn du anhaltenden Stress erlebst, weil alles gerade emotional, mental und körperlich zu viel ist oder du durch heftige seelische Belastungsphasen gehst. In diesen Zeiten ist unser sympathisches Nervensystem »überaktiviert«. Das kann sich anfühlen, als würdest du nie richtig präsent sein, dauernd unter Hochspannung stehen, schlecht loslassen und durchatmen können. Auch Enge in der Brust, Herzklopfen und Schlafstörungen sowie verspannte Muskeln (auch dein Kiefer) und Hitze- und Kälteempfinden können ein Zeichen dafür sein. In diesem »Modus« fühlen wir uns permanent unsicher und unruhig, und auch aufdringliche (intrusive) Gedanken wie »Ich bin schlecht. Wenn ich nicht das und das mache, dann ...« können eine Folge von zu viel unverarbeiteten Verunsicherungen und Stresserfahrungen sein.

Du hast Gott sei Dank einen Gegenspieler, das ist dein **Parasympathikus**. Dieser ist ebenso Teil deines autonomen

Nervensystems und für dein Empfinden von Sicherheit, Erholung, Verdauung, Regeneration, Wachstum und Lust zuständig. Er wird aktiviert, wenn du dich wohl, verbunden, sicher und entspannt fühlst. Aber er hilft uns auch in akuten Gefahrensituationen, indem wir »einfrieren« oder uns »tot stellen«. Wenn du beispielsweise deine Ausatmung bewusst verlängerst, aktivierst du deinen Parasympathikus.

Beide Bereiche deines autonomen Nervensystems brauchen Ausgleich und Aktivierung und sind gleich wichtig. In unserem viel zu vollen Alltag wird jedoch meist der Sympathikus aktiviert, und der Parasympathikus kommt zu kurz. Das kann uns nachhaltig schaden und uns unruhig und unsicher stimmen.

Auch dein **Zentrales Nervensystem** sowie dein **enterisches Nervensystem** gehören zu deinem Nervensystem. Ersteres ist für alle Denk- und Verarbeitungsprozesse, dein Planen, das Steuern deiner Emotionen und Gedanken, deiner Motivation und Stimmung sowie das Lösen von Aufgaben zuständig. Wenn wir zu oft und anhaltend überlastet sind, fällt es uns schwer, uns zu konzentrieren, »logisch zu denken« und uns zu fokussieren.

Dein enterisches Nervensystem liegt in deinem Magen-Darm-Trakt und ist Teil des autonomen Nervensystems. Es produziert laut neuester Forschung einen Großteil (etwa 90 Prozent) unseres Serotonins, das ist einer unserer Glücks- und Zufriedenheitsbotenstoffe.

Unser Nervensystem ist immer für uns. Daher strengt es sich permanent an, um möglichst viel Energie zu produzieren und unser Leben zu meistern. Dafür greift es irgendwann sogar auf unsere Reserven zurück und »leiht« sich von anderen Hormonen Energie. Wenn dein Körper beispielsweise nicht mehr ausreichend Cortisol produzieren kann, das ist eines deiner Stresshormone, wandelt es Progesteron (das ist ein Hormon, das in der zweiten Zyklushälfte wichtig ist) in Cortisol um. Dies kann zu Zyklusbeschwerden, Stimmungsschwankungen, Ängsten und sogar Erkrankungen führen. Auch die Produktion deiner Glückshormone wird bei anhaltendem Stress irgendwann reduziert, weil dein Nervensystem alles Mögliche versucht, um »am Laufen zu bleiben«.

Dein ganzes Nervensystem arbeitet zusammen, und du darfst es kennen und für dich nutzen.

Yoga, Breathwork und Bewegung im Allgemeinen können dich dabei unterstützen, dein Nervensystem bewusst wahrzunehmen und auszugleichen. Für mich waren diese Tools die größte Entlastung, die ich bisher in meinem Leben kennengelernt habe.

YOGA und BREATHWORK haben einen direkten Einfluss auf dein Nervensystem. Wenn du dich bewegst und gleichzeitig bewusst dabei atmest, werden dein **Parasympathikus** und **Sympathikus** angesprochen und ausbalanciert. Die Verbindung zwischen allen Bereichen deines Nervensystems wird gestärkt, Glückshormone können produziert und Stresshormone abgebaut werden.

Nach einer Runde Yoga oder auch Breathwork haben wir oft das Gefühl, klarer denken zu können, energiegeladener und gleichzeitig entspannter zu sein. Wir fühlen uns sicherer und ausgeglichener. Bewusst zu atmen und dich zu bewegen, bestärkt dich dabei, mit Stress konstruktiv umzugehen und deine Emotionen, Gedanken und dein Nervensystem hilfreich zu regulieren.

Stress-Release-Atemübung

Ich zeige dir jetzt eine meiner Lieblings-Atemübungen,
um zu viel angestauten Stress abzubauen. Du kannst
diese Übung jederzeit machen und für dich nutzen, egal
wo du gerade bist, ob du stehst, liegst oder sitzt.

1. Atme bewusst tief durch die Nase ein. Stell dir vor,
du kannst deinen Atem nach oben ziehen, dein ganzer
Körper richtet sich dabei auf und du füllst dich wie ein
Luftballon. Atme, bis du nicht mehr weiterwachsen
kannst.

2. Wenn du »oben angekommen« bist, nimmst du noch
einen weiteren ganz kurzen Einatemzug, halte dann
deinen Atem für einen Mini-Moment.

3. Öffne deinen Mund und atme laut, lang und seufzend
aus. Lass deinen Körper dabei weich werden, lass die
Schultern los, atme vollständig aus, bis du wieder »leer«
bist.

4. Wiederhole die Atemtechnik
für 10–15 Runden.

Dir einen bewussten Moment zum Durchatmen zu geben,
ist absolut wohltuend und baut jede Menge Stress ab.
Das können wir alle immer wieder gebrauchen.
Spür kurz nach, wie du dich fühlst, und sag dir Danke.

Stress und Selbstfürsorge

Wenn ich in dayā-Sessions oder auch in der Praxis frage: »Wann hast du dich das letzte Mal wirklich sicher und entspannt gefühlt?«, kommt oft die Antwort: »Ewig nicht.«

Wenn du gerade in dich hineinfühlst, was wäre deine Antwort? Was meldet dir dein Körper zurück? Wann hast du dich das letzte Mal so richtig sicher und entspannt gefühlt, als würde alles von selbst laufen und das Leben gut sein? Ganz egal, was du gerade bei der Frage wahrgenommen hast, alle deine Empfindungen sind erlaubt.

Ich weiß noch genau, wie ich während meiner Abschlusszeiten und sämtlichen Prüfungen bemüht war, alles unter einen Hut zu bekommen. Lernen, arbeiten, im Haushalt helfen, Freund:innen irgendwie noch sehen, mich trotzdem ausreichend bewegen und mich irgendwie noch um mich kümmern. Doch gerade in den letzten Monaten der Schule, und ehrlicherweise auch davor, blieb oft kaum Zeit für irgendetwas anderes als Lernen und Arbeiten.

Vor allem in stressigen und anforderungsstarken Zeiten oder wenn du neben deiner Ausbildung oder deinem Studium noch einen Nebenjob ausüben musst, gehen die Selbstfürsorge und auch der Kontakt zu uns selbst oft flöten. Wir skippen als Erstes uns selbst, wenn die To-do-Liste länger und länger wird.

Manchmal fangen wir mit der Selbstfürsorge auch gar nicht erst an, weil nur ein kurzes Zeitfenster oder überhaupt keine Ruhe vorhanden ist. Aber deine Selbstfürsorge muss nicht fancy sein und auch keine stundenlange Wellness-Session. Sie kann zudem komplett ohne finanzielle Mittel funktionieren. Das kann ein Moment sein, in dem du bei dir eincheckst, wahrnimmst, wie es dir geht und dich liebevoll fragst, was du von dir brauchst. Du brauchst dabei nicht »happy, clappy, shiny« zu sein – ja, wir alle kennen die Bilder der Wellnessbubble. Deine Selbstfürsorge darf Zeit für dich sein, in der du deine Seele, deinen Körper und deine Beziehung zu dir stärkst.

Bei dir selbst EINZUCHECKEN und wahrzunehmen, wie es dir gerade geht, was dein Nervensystem, deine Seele und dein Körper sagen, und deinen Status quo zu kennen ist wichtig, um für dich Verantwortung und Fürsorge übernehmen zu können. Du darfst auf dich achtgeben und dafür sorgen, dass du dich sicher fühlen und erholen kannst. Und das kann von Tag zu Tag und Woche zu Woche ganz unterschiedlich aussehen und sich immer anders anfühlen. Unser Nervensystem und auch unsere Verarbeitung von Stress ist kein »fixer Status«, sondern flexibel und abhängig von vielen verschiedenen Faktoren. Unser Umfeld, unsere Erfahrungen, unser Zyklus, unsere Ernährung, unsere Bewegung und unsere Gedanken und Gefühle haben alle einen Einfluss darauf. Daher ist es so wichtig, dass du immer wieder bei dir eincheckst und eine Beziehung zu dir aufbaust, die dich durch deinen Alltag trägt.

Inspiration für deine Selbstfürsorge

Du kannst alles Mögliche machen, um dir selbst etwas Gutes zu tun. Ich selbst liebe Musik, Tanzen und Bewegung, um selbstfürsorglich mit mir zu sein. Aber auch die Zeit kurz vor dem Zubettgehen ist etwas Besonderes für mich. Ich schaue jeden Abend in den Himmel, suche nach dem Mond und den Sternen und erinnere mich daran, dass ich hier bin und leben darf. Dieser Moment weckt tiefe *Dankbarkeit* und *Daseinsfreude* in mir und »shifted« mich von einem **Fear-State** in einen **Love-State**, in dem ich neues Vertrauen finde.

Hier ist eine Liste mit weiteren Self-Care-Tools, die dir wohltun können, nichts oder nicht viel kosten und unabhängig von irgendwelchen äußeren Faktoren funktionieren:

SELF-CARE-TOOLS

Tipp

✦ laut mitsingen bei deinem Lieblingslied

✦ für dich kurz bewusst atmen

✦ gleich morgens spazieren gehen

✦ dir eine kleine Gesichtsmassage geben

✦ in der Natur sein

✦ Kerzen anmachen, dich einkuscheln und einfach mal nichts tun

✦ Musik an und tanzen

✦ dich um deine Pflanzen kümmern

✦ malen und zeichnen ohne Ziel

✦ bewusst ein Glas Wasser trinken

✦ journalen

✦ Yogaflows (du findest einige tolle in diesem Buch ☺)

✦ dich daran erinnern, dass du gut bist, wie du bist

✦ eine Runde schlafen

✦ Bücher lesen, die dich inspirieren, ermutigen und trösten

Ich lade dich ein, deine eigene Liste zu erstellen und in Kapitel 2 (Seite 114) vertiefen wir diese Praxis noch. Zu wissen, was deine Go-tos sind, wenn du Energie und Regeneration brauchst, ist das A und O, um dir deine Selbstfürsorge leichter zu machen, und bestärkt dich dabei, dich immer besser kennenzulernen. Du darfst dich selbst zur Priorität machen und deine Bedürfnisse ernst nehmen. Dich selbst zu respektieren ist der bestärkendste Akt der Selbstfürsorge. Vor allem in einer Welt, die uns ständig sagt, was wir zu tun haben.

Tipp

Manchmal fällt es durch zu viel Stress und diverse Anforderungen schwer, überhaupt zu **fühlen**, wie es uns geht und was uns guttun könnte. Dir ab und an in deinem Alltag bewusst eine Hand aufs Herz zu legen und eine auf deinen Bauch, deinen Fokus auf deinen Atem zu lenken, tief ein- und dann tief auszuatmen und dich zu fragen, was du brauchst, kann einen Riesenunterschied machen.

DU DARFST ALLE DEINE GEFÜHLE FÜHLEN

Unsere Gefühle gehören zu uns und unserem Alltag, und der Umgang mit ihnen ist oft gar nicht so einfach. Gerade wenn wir gestresst sind, Verunsicherungen erleben oder an uns zweifeln.

Wir alle kennen die Unterteilung in »positive« und »negative« Gefühle, und nur wenige von uns lernen, mit *allen unseren Gefühlen liebevoll umzugehen*. Doch was macht diese Bewertung und Unterteilung mit uns? Wenn du kurz in dich hineinfühlst und dich fragst: »Erlaube ich mir, *alle Gefühle* einfach zu haben, ohne mich dafür zu bewerten?« – was wäre deine Antwort?

Ich kann dir sagen, wie meine Antwort noch vor zehn Jahren ausgefallen wäre. Ich hätte gesagt: »Wenn ich wirklich ehrlich zu mir bin – nein, auf keinen Fall.« Denn auch ich habe wie die meisten von uns gelernt und verinnerlicht, dass meine »negativen Gefühle« etwas Schlechtes sind, das ich sofort »wegmachen« oder »in den Griff bekommen« muss.

Gerade im Schulalltag und auch in der Zeit nach dem Schulabschluss, mit all der Bewertung und dem Leistungsdruck, empfinden wir Gefühle wie Wut, Trauer, Angst und Enttäuschung, aber auch Neid oft als störend oder sogar unangemessen. In deiner aktuellen Lebensphase fühlst du wahrscheinlich so viel auf einmal, dass du es phasenweise als überwältigend oder vielleicht wie eine Zwickmühle zwischen »zu viele Gefühle auf einmal« und »gar keine Gefühle mehr« wahrnimmst.

Zwischen all dem Lernstoff und den Anforderungen bleibt sowohl für Lehrende als auch für euch wenig Freiraum und Zeit, um wirklich mitfühlend und tröstend zu sein. Unsere Gefühle zu fühlen, ohne Trost, Anerkennung oder Mitgefühl zu erleben, ist fürchterlich für uns, gerade weil Emotionen so körperlich spürbar und manchmal ganz schön intensiv sind. Als Konsequenz daraus sind wir alle bemüht, sie möglichst selten und »leise« zu fühlen, sie wegzudrücken, zu ignorieren oder unser Bestes zu geben, um sie nicht sichtbar werden zu lassen. Doch *alle unsere Gefühle* gehören zu uns, und einige davon »auszuklammern« ist schlichtweg unmöglich. Der Versuch, sie permanent zu unterdrücken, raubt uns jede Menge Kraft und macht uns krank. Wir sind nicht immer »Sonnenschein« und müssen das auch nicht sein.

Wenn wir einen Großteil unserer Energie und Aufmerksamkeit unbewusst dafür aufbringen, manche Gefühle nicht zu fühlen, und uns ständig emotional manipulieren, werden wir zudem nie wissen, was wir wirklich wollen und brauchen. Wenn wir anfangen, unsere Gefühle, und zwar alle, zu fühlen, können wir lernen, uns zu navigieren. Dabei geht es nicht darum, dass du lange und intensiv in Gefühlen verharrst, sondern darum, dass du lernst zu akzeptieren, dass *alle deine Gefühle* zu dir gehören. Dass es okay ist, sie zu fühlen, wahrzunehmen und dann zu schauen, was dir guttut. Dadurch können wir mit der Zeit lernen, uns sicherer zu fühlen. Das ist alles andere als einfach. Manchmal kommt es dir vielleicht so vor, als wäre das der schwierigere Weg – und möglicherweise ist er das auch irgendwie. Denn Gefühle können, wenn wir anfangen, sie zu spüren, Angst machen, beklemmen und furchteinflößend sein, vor allem, wenn wir sie lange unterdrückt und zurückgehalten haben. Aber es ist der lohnendste Weg, den du für dich gehen kannst, weil er dich und deine Beziehung zu dir und anderen auf Dauer stärkt und dir ein neues, unabhängigeres Gefühl von Sicherheit verleiht.

Intensive Gefühle zu navigieren kann schwerfallen. Gerade, wenn wir uns einige davon verbieten. Du darfst alle deine Gefühle fühlen und liebevoll, bestärkend und entlastend mit dir umgehen und deine Beziehung zu dir und anderen dadurch stärken.

Copingstrategien – Verdrängen und weiterarbeiten

Wir alle lernen diverse Strategien und Bewältigungsmechanismen im Umgang mit unseren Gefühlen. Vielleicht kennst du das, dass du versuchst, sie »wegzudenken«, »wegzuarbeiten«, »wegzuhungern«, »wegzudrücken« oder sogar »wegzulächeln«? Uns in Arbeit und Verabredungen zu stürzen, permanent beschäftigt zu halten, um uns nicht traurig oder einsam zu fühlen, Binge Watching, aber auch Essanfälle, restriktives Essen und destruktiver Alkoholkonsum sind Versuche, mit angestauten oder intensiven Gefühlen umzugehen. Viele von uns kennen diese Strategien, und auch diverse Serienformate bilden diese als **Copingstrategien** ab. Doch all diese Bewältigungsversuche schaden uns auf Dauer. Denn wenn wir Gefühle zu lange unterdrücken, äußern sie sich unter anderem in abwertenden Gedanken uns selbst und anderen gegenüber, emotionaler Erschöpfung und auch Hoffnungslosigkeit sowie innerer Unruhe. Denn unsere Emotionen sind vor allem eines: *Energie in unserem Körper.* Ich liebe das Wort *Emotion*, weil hier das Wesen unserer Gefühle drinsteckt – *sie bewegen uns.* Wenn wir etwas fühlen, bewerten wir die Situation und Erfahrung unbewusst und schütten dadurch entsprechende Botenstoffe (Neurotransmitter) aus, die uns helfen zu reagieren. Wenn wir unsere Gefühle unterdrücken, staut sich die Energie an und findet kein Ventil. Dadurch entstehen die oben genannten »Symptome« oder auch »Gefühlsausbrüche«, bei denen wir den Eindruck haben, alles auf einmal zu fühlen, oder »Gefühlstaubheit«, bei der wir irgendwie gar nichts mehr empfinden.

Das ist der Grund, weshalb Bewegung, Yoga, Breathwork

und Journaling so guttun. Sie helfen uns, unsere Emotionen wahrzunehmen, sie auszudrücken und die Energie hilfreich zu nutzen und zu navigieren. Erst wenn wir uns sicherer im Umgang mit unseren Emotionen fühlen, können wir auch Sicherheit in uns und auf unserem Weg finden.

Wir sind nicht unsere Gefühle – Wir haben Gefühle

Als Erstes möchte ich dir einen Denkansatz vorstellen, der in den meisten, wenn nicht gar allen Psychotherapieansätzen und auch im Yoga und der Mindfulness-Lehre (Achtsamkeitslehre) einen wichtigen Part einnimmt und großen Unterschied machen kann: *Wir sind nicht unsere Gefühle. Wir haben Gefühle.*

Wir alle definieren uns immer wieder über unsere Gefühle und Empfindungen. Wenn wir zum Beispiel lustlos und müde sind, schießt uns sofort durch den Kopf:»Ich bin so erschöpft, ich bekomme das nicht hin. Ich bin einfach nur faul. Nichts kriege ich auf die Reihe.« Oder wenn wir wütend sind:»Ich sollte nicht sauer sein. Immer bin ich so empfindlich!« Dadurch, dass wir unsere Gefühle andauernd bewerten und versuchen,»negative Empfindungen nicht zu haben«, nehmen sie so viel Raum in unseren Gedanken und unserem Selbstbild ein, dass wir oftmals annehmen, wir wären unsere Gefühle. Doch wenn wir unsere *Gefühle sind,* dann versuchen wir, sie loszuwerden. Wenn wir unsere *Gefühle fühlen,* können wir sie regulieren und mit ihnen umgehen.

Unsere Gefühle wollen gefühlt und nicht bewertet werden. Und wenn wir lernen, das zu tun, indem wir sie da sein lassen, kurz wahrnehmen und uns mitfühlend begegnen, können wir uns selbst durchs Leben begleiten.

Wir sind nicht unsere Gefühle! Aber wir haben
Gefühle und dürfen sie in dem Vertrauen, dass sie uns
leiten und wir sie navigieren können, fühlen. Kein
Gefühl ist permanent, und alle Gefühle sind wichtig.

Deine Gefühle fühlen

Dich im eigenen Körper und mit all deinen Emotionen sicher
zu fühlen, kann dauern und herausfordern. Und auch dir
selbst zu erlauben, alle deine Gefühle zu fühlen, kann gerade
am Anfang schwerfallen. Wenn wir etwas jahre- oder sogar
jahrzehntelang gelernt haben, ist alles Neue erst mal ungewohnt und kostet zu Beginn viel mehr Energie und Mut als
alles Vertraute. In meinen Therapiesessions sage ich immer:
»Dir selbst die Erlaubnis zu geben, deine Gefühle zu fühlen,
auch die herausfordernden, kann sich anfühlen, als würdest
du in einem für dich fremden Land ausgesetzt werden, in
dem du dich zurechtfindest und eine neue Sprache lernen
musst.«

Mir hilft das folgende Bild, wenn ich mich daran erinnern
will, dass ich alle meine Gefühle haben darf:

Ich stelle mir ein Meer und das Wetter vor. Dort gibt es
Ebbe und Flut, mal Wellen, mal ruhige See, Stürme, die das
Wasser aufwühlen, Sonne, die die Oberfläche glitzern lässt.
Die Farben verändern sich. Regenbögen, Sonnenauf- und
-untergänge direkt über dem Wasser. Hoffnungsschimmer
und kalte Brise. Das alles entspricht unseren Gefühlen und
noch so viel mehr. Sie alle kommen und gehen, ziehen auf
und wieder ab, schlagen Wellen und verziehen sich, sodass
Ruhe einkehrt. Sie geben uns Kraft, Antrieb und leiten uns

auf unserem Weg. Sie lassen uns wissen, was wir brauchen und wollen, um dann wieder zu verschwinden. Sie alarmieren uns und senden uns Signale. Manchmal lauter, manchmal leise.

Du darfst auf dein Meer und Wetter schauen und es wahrnehmen. Wie auch immer es sich zeigt und was sich vor deinem inneren Auge abspielt. Du darfst dir bei all dem Zeit lassen, dich ausprobieren und barmherzig und geduldig mit dir sein.

Breathwork, Yoga und Journaling können dich dabei unterstützen, dich sicherer beim *Fühlen deiner Gefühle* zu fühlen und mit ihnen entlastend umzugehen.

Alle deine Gefühle sind okay! Und nichts ist permanent. Genau das finde ich tröstlich, wenn die nächste Welle kommt.

Wir kommen jetzt zu meiner allerallerliebsten Breathwork-Übung. Sie hilft dir dabei, deine Gefühle wahrzunehmen, sie auszudrücken und da sein zu lassen. Nicht alle unsere Gefühle müssen gleich »verschwinden«, und wir müssen uns auch nicht immer »gut fühlen«. Du darfst deine Empfindungen wahrnehmen und Mitgefühl und Verständnis für dich entwickeln. Und das, ganz egal wie du dich heute fühlst. Du kannst diese Technik jederzeit für dich nutzen, so wie es sich stimmig und sicher anfühlt. Denn genau darum geht es, du darfst dich sicher »beim Fühlen fühlen« und ein CONTAINER für deine Emotionen und Erfahrungen sein.

Alle meine Gefühle
sind erlaubt

1 Komm in einen bequemen Sitz. Leg eine Hand auf dein Herz und eine auf deinen Bauch. Atme in den Kontakt zwischen deinen Händen und deinem Körper. Lass deine Atmung mit der Zeit langsamer und tiefer werden. Schließe deine Augen, wenn es sich gut für dich anfühlt.

2 Spür jetzt in deine Körpermitte und frag dich ganz liebevoll, offen und neugierig: »Wie fühle ich mich heute?« Nimm alles wahr, was du spüren kannst, emotional, körperlich, energetisch und gedanklich, ohne dich dafür zu bewerten.

3 Atme gleichmäßig weiter für dich. Beginne deine Ausatmung für dich zu nutzen und entspanne dich mit jedem Ausatemzug in dein Empfinden hinein. Sag dir hierbei: »Alle meine Empfindungen sind erlaubt. Es ist okay, dass ich mich heute ... fühle.« Setze hier alles ein, was für dich passt.

4 Frag dich jetzt: »Was brauche ich heute von mir, um mich sicher und versorgt zu fühlen?«, »Was würde mir guttun?« Lass alle Ideen, Empfindungen und Impulse zu dir kommen.

5 Atme zum Abschluss noch mal tief durch die Nase ein und durch geöffnete Lippen aus. Streck und reck dich und mach alle Bewegungen, die dir guttun und die du brauchst.

Dir selbst den Raum zu geben, in dich hineinzufühlen, zu atmen und dir zu erlauben, deine Emotionen, Bedürfnisse und Empfindungen zu haben, diese zu regulieren und dich dabei sicher zu fühlen, kann einen großen Unterschied machen und dein Selbstbewusstsein stärken. Im Embodiment wird dieser Prozess **Containment** genannt. Wenn wir wissen, wie es uns geht, können wir viel leichter schauen, was wir gerade brauchen.

> Du darfst eine liebevolle Bezugsperson für dich sein und dich in emotional herausfordernden Phasen bedingungslos und ohne Verbote unterstützen.

Freewriting zum Ausdruck deiner Gefühle

Journaling kann dir dabei helfen, deine Gefühle zu fühlen, anstatt sie zu denken und zu bewerten. Ich zeige dir jetzt eine Übung, bei der du einfach alles, was du empfindest, »rausschreiben« darfst. Wenn du merkst, dass du anfängst, dich zu bewerten, hältst du kurz inne, atmest bewusst ein und aus und schreibst wieder weiter. Die Übung hilft dir dabei, mitfühlender und bewertungsfreier zu sein, dadurch, dass du bewusst wahrnimmst, wann du beginnst, dich für Empfindungen und Gefühle zu bewerten. In dayā-Sessions sage ich oft: »Journaling ist wie ein Gespräch mit einer liebevollen Freundin, nur mit dir selbst.«

Ich fühle

Stelle dir deinen Timer auf 10 Minuten und schreibe alles auf, was dir jetzt gerade zu dem folgenden Prompt einfällt:

ICH FÜHLE ...

Schreibe, ohne darüber nachzudenken, alles auf, was du empfindest. Du kannst dabei einzelne Worte, vollständige Sätze oder Symbole schreiben und zeichnen. Du darfst dein ganzes Blatt füllen und so nutzen, wie du gerade Lust hast. Wenn du merkst, dass du dich bewertest, machst du kurz Pause, atmest durch und schreibst weiter, wenn du so weit bist.

ICH FÜHLE ...

Wenn 10 Minuten um sind, malst du einen Strich
unter all das und schreibst:

ICH DARF ALLE MEINE GEFÜHLE FÜHLEN.

10:00

DU DARFST WISSEN, WIE ES DIR GEHT,
FERNAB VON BEWERTUNGEN, UND DICH LIEBE-
VOLL VERSORGEN!

Manchmal kann es schwer für uns sein, über unsere Emotionen und Gedanken zu schreiben, oder wir wissen einfach
nicht, wie wir uns fühlen und was wir von uns brauchen.
Das ist okay. Ich ermutige dich trotzdem, es immer wieder
zu versuchen, denn alleine beim »Dich selbst neugierig und
offen fragen« verändern sich dein Selbstbewusstsein und
deine Selbstfürsorge. Diese Fähigkeit, uns und auch andere
»von innen und außen« zu sehen, heißt **Mentalisierungs-
fähigkeit**, und sie stärkt die Beziehung zu uns selbst und
miteinander so sehr.

> **Deine Journaling-Praxis darf dein Tool und Ritual
> für dich werden, um an deiner Seite zu sein,
> um dich zu trösten, zu validieren, zu bestärken und
> liebevoll in den Arm zu nehmen. Immer wieder neu.**

Angst zu haben ist okay

Wir alle haben Ängste. Ängste an sich sind sogar wichtig, denn sie haben einen Signalcharakter und weisen uns auf Gefahrensituationen hin, wodurch wir uns schützen oder verteidigen können. Oft zeigen sie uns auch, was wichtig für uns ist. Doch manchmal werden Ängste so groß oder tauchen in Situationen auf, in denen wir sie als »nervig«, »störend« und einfach nur »überwältigend« erleben. Gerade in Situationen, die uns unbekannt sind, in neuen Lebensabschnitten und Umgebungen, wenn wir mit neuen Leuten unterwegs sind oder Ungewissheit aushalten müssen, kann sie völlig dominierend sein und sich über alles andere legen. Diese »alltägliche« oder auch »soziale« Angst stelle ich mir oft als rotes kleines Monster vor, das uns den ganzen Tag begleitet, anstrengt, einschränkt, nervt und auf die Stimmung drückt. Sowohl »das Ungewisse«, das vor dir liegen kann, als auch diese sprichwörtlichen »ersten Male«, genauso wie anforderungsstarke Zeiten mit vielen Prüfungsleistungen und Abschlussarbeiten haben etwas Verunsicherndes an sich. Wir alle kennen die Angst, »zu versagen«, »etwas Falsches zu machen oder auch zu sagen«. Ebenso wie die Angst, »nicht akzeptiert zu sein« oder dass »Pläne nicht aufgehen«.

Angst zu haben ist okay! Du darfst dich ängstlich und unsicher fühlen und wissen, dass du immer bei dir bist. Es wäre in deiner aktuellen Lebensphase gerade mehr als verwunderlich, wenn du keine Angst empfinden würdest.

Viele von uns kennen das Gefühl, keine Angst haben oder nicht unsicher sein zu dürfen. Einen Plan und alles unter Kontrolle zu haben und dabei Selbstbewusstsein auszustrahlen ist in unserer Gesellschaft eine hohe Währung. Doch sie schadet uns auf Dauer und setzt uns ziemlich unter Druck.

Vielleicht kennst du lieb gemeinte Ermutigungen wie:»Du brauchst keine Angst haben. Das ist halb so schlimm!« oder:»Wir haben das auch geschafft. Die Angst lohnt sich nicht.« Solche Botschaften sind meistens gut gemeint, doch sie vermitteln uns trotzdem unbewusst das Signal, dass wir keine Angst haben sollten. Das ist nicht nur nicht hilfreich, sondern wirkt im Laufe der Zeit und mit jeder Wiederholung auch verunsichernd und führt dazu, dass wir unsere eigenen Empfindungen und manchmal sogar Wahrnehmung infrage stellen. Die Hauptcopingstrategie unserer Gesellschaft ist »wegmachen« oder »drüberpinseln«. Doch dauerhaft die Augen vor Angst zu verschließen und uns diese zu verbieten ist unmöglich und macht uns oft nur getrieben und mit der Zeit immer unsicherer. Zu lernen, Ängste auszuhalten und mit ihnen entlastend und bestärkend umzugehen, ist richtig, richtig wichtig, aber auch richtig, richtig herausfordernd.

Es kann einen riesigen Unterschied machen, wenn du lernst, dir selbst gegenüber deine Angst zu benennen, dir beizustehen und die Zusage zu geben, dass es okay ist, diese zu fühlen, und im Anschluss liebevolle Alternativen im Umgang damit aufzuzeigen. Und das ganz unabhängig davon, ob die Angst rational oder völlig irrational ist. Dieser Prozess wird in der Psychologie **Validieren** genannt. Wenn die Angst sehr intensiv ist, kann das schwerfallen. Du darfst hier ganz einfühlsam mit dir sein und dich einfach ausprobieren.

Die folgende Übung hilft dir dabei, zu lernen, dich selbst zu validieren und liebevoll mit dir und deinen Ängsten umzugehen.

Du darfst mit Ängsten umgehen

1 Deine erste Aufgabe dabei ist, wahrzunehmen, wenn du Angst, innere Unruhe oder Unsicherheit entwickelst, und diese dir selbst gegenüber als Angst zu benennen. Sag dir: »Ich fühle mich ängstlich. Es ist okay, dass ich gerade Angst empfinde. Ich bin ein Mensch und darf dieses Gefühl haben und mich liebevoll unterstützen.«

2 Leg eine Hand auf deine Brust und beginne, deinen Atem wahrzunehmen und ihn so gut es geht zu verlangsamen. Du darfst hierbei jederzeit durch geöffnete Lippen Spannung ausatmen.

3 Sag dir noch mal: »Es ist okay, Angst zu fühlen. Ich bin sicher. Ich bin bei mir. Ich darf mich liebevoll versorgen.« Stell dir im Anschluss die Frage: »Was brauche ich von mir, um mich sicher zu fühlen? Was würde mir gerade dabei helfen?« Lass hier alle Ideen und Impulse zu dir kommen, und wenn dir nichts einfällt, ist das auch vollkommen in Ordnung. Alleine deine Angst wahrzunehmen, sie zu benennen und mit ihr umzugehen, kann Ruhe und Sicherheit schenken.

4 Atme noch mal tief ein und durch geöffnete Lippen allen Stress laut loslassend und seufzend aus. Wiederhole das 2–3 Mal.

5 Kreuze deine Arme vor deiner Brust, sodass deine Hände den jeweils anderen Oberarm berühren, drück deine Ober- und Unterarme sanft und atme dabei noch mal bewusst ein und aus. Schenk dir eine liebevolle Umarmung und sag dir zum Abschluss: »Ich bin für mich da. Immer.«

Dir zu erlauben, deine Angst zu empfinden und dich verständnisvoll zu fragen, was du von dir brauchst, gibt dir das Gefühl, von dir *gesehen, gehört* und *verstanden* zu werden. Dadurch hast du die Möglichkeit, dir zu vertrauen und die Wahrnehmung für dich und deine Empfindungen zu stärken. In der Psychologie heißt diese Fähigkeit **Introspektionsfähigkeit.**

Angst zu empfinden ist völlig menschlich und okay. Du darfst dich liebevoll in den Arm nehmen und dir vertrauen.

Traurigkeit und Enttäuschung

Wir alle fühlen uns immer wieder traurig und enttäuscht. Egal ob es eine Trennung ist, die du durchlebst, das Ausziehen von daheim, ein unerfüllter Wunsch oder eine verloren gegangene Hoffnung. Verluste zu erleben schmerzt, und das ist okay.

Für mich persönlich war kein Gefühl so schwer zu akzeptieren wie die Trauer. Ich habe lange gebraucht, um zu lernen, mit ihr umzugehen. Meinen ersten größeren Verlust erlebte ich mit dreizehn, als wir relativ plötzlich und unter blöden Umständen aus meiner Heimat wegzogen. Ich hatte keinerlei Entscheidung darüber und vermisste meinen Freundeskreis, mein Umfeld, mein Zuhause und irgendwie auch »mein altes Ich«. Auch meine Familiensituation veränderte sich im Anschluss, und irgendwie fühlte es sich an, als würden mir viele wichtige Dinge auf einmal »genommen« werden. Später im Leben erfuhr ich weitere Verluste. Und egal, ob du Menschen verloren hast, dein Zuhause, Freund:innen,

Partner:innen oder irgendwie auch dich selbst manchmal vermisst: *Trauer zu fühlen ist menschlich und okay!* Sie erinnert uns daran, dass wir lieben und uns Menschen, Umgebungen und unser Wohlergehen wichtig sind. Sie führt uns zu unseren größten Wünschen. Sie treibt uns sogar an, wenn wir sie akzeptieren, und lässt uns mutiger werden, uns dem Leben hinzugeben.

Vielleicht fühlst du dich gerade traurig, vielleicht bist du weit davon entfernt und freust dich auf alles, was da kommt. Manchmal schwanken unsere Emotionen auch ziemlich stark, und all das ist erlaubt und möglich. Mir ist es unfassbar wichtig, dir den Mut zuzusprechen, dass du traurig sein darfst und dass auch Enttäuschungen im Leben dazugehören. Denn viel zu oft wird in der Phase um den Schulabschluss vergessen, dass nicht nur Neuanfänge und Abenteuer auf euch warten, sondern auch ziemlich viele Abschiede. Nicht jeder Abschied geht mit Trauer einher, aber manche schon. Du darfst wissen und dich immer wieder liebevoll daran erinnern: Trauer zu empfinden macht uns menschlich. Mitgefühl für uns und andere zu haben, tröstet uns. Du darfst dich trösten! Jetzt und alle Zeit!

Weinen

Weinen wird in unserer oft sehr harten und manchmal auch toxisch positiven Gesellschaft immer noch unbewusst als Schwäche und dadurch schamhaft erlebt. Vor allem in der Öffentlichkeit. Wir alle wissen irgendwie, dass Tränen völlig menschlich und okay sind. Ich glaube fest, fast jede:r von uns würde das sagen, wenn wir gefragt würden. Doch unbewusst fühlen wir uns trotzdem oft »unzureichend«, wenn wir weinen.

Manche von uns hören bereits als Kind Botschaften wie: »Wein doch nicht. Es wird alles wieder gut.«, »Du musst doch nicht weinen.« oder: »Weinst du schon wieder?« Doch Weinen kann so befreiend und wohltuend für uns sein. Denn dabei, baut sich über die Tränenflüssigkeit unser Stresshormon Cortisol ab, und wir fühlen uns im Anschluss leichter. Mir hilft die Erinnerung, dass unser Körper stets am besten weiß, was wir brauchen und uns guttut, und ich ermutige euch immer, euch niemals für eure Tränen zu entschuldigen! Wir dürfen unsere Verletzlichkeit genauso teilen wie unsere Freude! Und vor allem können wir uns erst dann gegenseitig Trost, Ermutigung und Mitgefühl zusprechen, wenn wir wissen, wie es wirklich in uns aussieht. Und das ist doch genau das, was wir alle immer wieder brauchen und was uns bestärkt.

Du darfst getröstet sein, von dir und anderen!

Tipp

Dich bewusst in eine warme und leicht beschwerende Decke einzukuscheln, dir einen heißen Tee zuzubereiten, Kerzen anzuzünden und es dir gemütlich zu machen, kann absolut bestärkend und wohltuend sein, wenn du gerade traurig bist. Auch mit anderen über deine Gefühle zu sprechen hilft. Du musst mit deiner Trauer und mit Enttäuschungen nicht alleine sein. Wir alle kennen diese Gefühle, und du darfst dich anderen damit anvertrauen und bist nicht alleine! Du darfst dir immer auch professionelle Unterstützung suchen. Das kann absolut guttun.

Warum wir alle neidisch sind

Gerade unsere Teenagerjahre sind oft geprägt von Neid und Missgunst oder auch Konkurrenzkampf. Denn unser komplettes Bildungssystem ist auf Wettbewerb und Vergleichen aufgebaut. Deine Leistung wird permanent mit anderen verglichen. Dabei werden unsere unterschiedlichen Begabungen, Startvoraussetzungen und Lebensumstände jedoch wenig berücksichtigt oder sogar ignoriert.

Gerade wenn es auf Prüfungsphasen, den Abschluss und die Benotung zugeht, ist Neid daher ein zunehmendes Thema. Ausbildungsplätze werden unter anderem nach dem Notendurchschnitt vergeben. Und auch für die meisten Studiengänge ist ein guter NC wichtig, wodurch eine Verknappung der meisten Studiengänge stattfindet. Wie sollen dabei bitte kein Neid, Konkurrenzkampf, ungute soziale Vergleiche und daraus resultierende Missgunst entstehen?

Die meisten Schüler:innen, die ich kennengelernt habe, fühlen sich dadurch jahrelang enorm unter Druck gesetzt und beginnen, sich auf eine ganz bestimmte Weise miteinander zu vergleichen. Uns zu vergleichen, ist per se nichts Schlechtes und führt auch nicht unmittelbar zu Neid. Wir alle vergleichen uns von klein auf. Entwicklungspsychologisch und auch sozialpsychologisch ist der Prozess des Vergleichens wichtig für uns, um zu lernen. Wir nehmen unser Umfeld wahr, schauen zu älteren Kindern und Erwachsenen auf und sind inspiriert. Wenn wir uns auf diese Weise vergleichen, werden wir sogar motiviert. Ich liebe den Vorgang vom Inspiriert-Sein, denn er gibt uns Kraft, unsere Ziele und Wünsche zu entdecken und in die Tat umzusetzen. Aber auch anderen ihr Glück zu gönnen und ihren Einsatz zu würdigen und sich mit ihnen zu freuen, ist superschön und kann uns antreiben.

Der Vergleich an sich ist also nicht unser Problem, sondern das, was sich daraus entwickelt, wenn wir dauerhaft mit anderen verglichen und bewertet werden.

Dadurch, dass wir über so viele Jahre auf eine gewisse beurteilende Art und Weise aneinander gemessen werden, ohne dass dabei unsere Individualität und unsere verschiedenen Lebensrealitäten und Startbedingungen miteinbezogen werden, lernen wir, uns auch auf diese Weise miteinander zu vergleichen. Das führt bei vielen von uns zu Selbstunsicherheiten und Mangelgefühlen. Wenn unsere Ergebnisse und Leistung das Einzige sind, das uns definiert, schadet es uns und unserer Verbindung zueinander nachhaltig.

Solange unser Leistungssystem existiert, wird Neid aus unserer Gesellschaft nicht wegzudenken sein. Daher brauchen wir einen bewussten Umgang damit, der uns und unsere Beziehungen zueinander bestärkt.

Der erste Schritt in diese Richtung ist, uns zu erlauben, Neid zu empfinden und ihn bewusst wahrzunehmen, ohne ihn gegen uns und andere zu richten. Das ist sehr herausfordernd, gerade weil wir so oft damit konfrontiert sind, ohne darüber reden zu »dürfen«. Doch du darfst deinen Neid fühlen, ihn artikulieren und dann entlastend und bestärkend mit dir umgehen. Wahrzunehmen, *wann*, *auf wen* und *warum* du Neid empfindest, kann hilfreich und transformierend sein. Denn so lernst du dich und deine Wünsche besser kennen.

Du darfst deinen Neid fühlen und als Kompass für deine Wünsche, Werte und Träume nutzen.

Du darfst deine Wut fühlen
und für dich nutzen

Wenn ich an meine Schulzeit zurückdenke, war ich vor allem eines: wütend. Ich war wütend auf Lehrende, auf Mit-
schüler:innen und besonders auf mich selbst. Ich konnte
nicht schnell genug lernen, nicht nett genug sein, nicht geduldig genug, nicht gut genug. Das machte mich unfassbar
wütend. Aber auch Umgangsweisen mit- und untereinander
verursachten rasende Wut in mir. Ich hasste Ungerechtigkeiten, Abwertungen, toxische Verhaltensweisen und Machtmissbrauch. Wer nicht? Doch wir alle, insbesondere aber
weiblich gelesene Personen und Minderheiten, sind dazu
angehalten und erzogen, »leise« und »unaggressiv« zu sein.
Meine Wut blieb also oft in mir, angestaut bis zum Erbrechen.
Im wahrsten Sinn des Wortes. Ich sage immer: »Während
deiner Schulzeit lernst du vor allem eines: Ungerechtigkeiten
auszuhalten.«

Wut ist eines unserer Gefühle, die uns im Umgang unfassbar schwerfallen können. Wut ist kraftvoll und energiegeladen. Wir fühlen Wut, wenn über unsere Grenzen gegangen wird. Wenn entweder wir oder unsere Werte missachtet
werden und wir uns dadurch hilflos fühlen. Unser Körper
produziert dafür Energie und lässt uns das spüren. Wut gibt
uns Antrieb, pumpt Stresshormone in unseren Körper, be-

schleunigt unsere Herzfrequenz und erhöht unsere Muskelaktivität. Manchmal wissen wir gar nicht, wohin mit unserer ganzen Energie. Und genau das ist die Herausforderung. Kein Mensch möchte gerne wütend sein, rumschreien und aggressiv werden. Aber wenn wir nicht lernen, unsere Wut haben zu dürfen und sie zu regulieren, und zwar auf gesunde Weise, dann resultieren daraus oft heftige Streits und/oder Aggressionen gegen uns und andere – sowohl nonverbal als auch verbal. Über dich und andere schlecht zu denken, ist ein Ventil für angestaute Wut, die nirgendwo anders rausdarf. Zu lernen, mit deiner Wut konstruktiv umzugehen, sie hilfreich rauszulassen und sie nicht gegen dich oder andere zu richten, ist daher wichtig und wertvoll. Du darfst sie rausschreien, im Wald oder bei lauter Musik tut das sehr gut, in ein Kissen boxen, rauslaufen und auch »rausjournalen«. Deine Wut darf einen Ausdruck finden.

Auch die Breathwork-Übung auf Seite 130 kann dir dabei helfen, Wut rauszulassen und deine Power zu spüren.

Du darfst stolz auf dich sein

Ich möchte dich jetzt ganz bewusst dazu einladen, stolz auf dich zu sein, dich zu sehen und dir Wertschätzung entgegenzubringen. Wir alle haben das Bedürfnis gesehen, wertgeschätzt und anerkannt zu werden. Und zwar unabhängig von unserer konkreten Leistung, irgendwelchen Ergebnissen und Erfolgen.

Du bist einen so weiten Weg gegangen. Du gehst seit Jahren zur Schule, konzentrierst dich, strengst dich an, hältst durch, findest immer wieder Kraft. Du darfst stolz auf dich sein, und zwar unabhängig von irgendwelchen konkreten Ergebnissen!

Stolz zu sein, wird in unserer Gesellschaft oft ziemlich zwiegespalten gesehen. Irgendwie ist es etwas Schönes und Wichtiges, aber irgendwie auch etwas, das wir bloß nicht »zu schnell« und »zu sehr« haben sollen. Das gilt vor allem für weiblich gelesene Personen, denn dann gelten wir als »zu stolz« oder auch »arrogant«, »hochnäsig« und »eingebildet«. Doch Stolz zu empfinden, ist etwas vollkommen Natürliches und laut einigen Emotionstheorien eine unserer **Basisemotionen** neben Freude, Ärger, Wut, Ekel, Trauer, Angst und Überraschung. Kannst du dich an kleine Kinder erinnern, die sich total über ihr gemaltes Bild freuen, ganz egal, wie es aussieht, und es stolz zeigen? Das ist der Stolz, den wir alle brauchen. Er hat nichts mit irgendeinem Ergebnis zu tun, sondern hängt mit uns und der Freude am Machen und Gestalten zusammen und stärkt unser Selbstbewusstsein.

Wenn wir lernen, Stolz zu empfinden, ohne dabei auf eine krasse Leistungsebene im Sinne von Arroganz und Konkurrenz zu gehen, kann er ein so wichtiger und schöner Antrieb für uns sein. Du darfst wissen, dass du Stärke besitzt, und immer wieder anerkennen, welchen Einsatz du für viele Dinge aufbringst. Du bist einen extrem weiten Weg gegangen. Du hast in den letzten Jahren so viel gelernt, Ausdauer und Kraft eingesetzt, und das alles neben so vielen anderen Erfahrungen und auch Herausforderungen. Du darfst stolz auf dich sein!

Du bist weit gegangen und gekommen und hast nun so viele Jahre alles gegeben, um genau hier zu stehen. Und darauf darfst du so was von stolz sein!

Selbstbestärkung

Bei der folgenden Übung kombinieren wir deine
Vorstellungskraft und Yoga. Zusammen sind sie ein
unfassbar starkes Team und helfen dir dabei,
dich selbst zu spiegeln und wertzuschätzen. Dafür
zeige ich dir die BERGHALTUNG, TADASANA.

1 Stell dich hüftweit auf,
drück deine Füße in
den Boden und nimm
den Kontakt zwischen
dir und dem Unter-
grund wahr. Du bist
immer gehalten. Dreh
die Handflächen nach
vorne auf und führ deine
Schulterblätter aufein-
ander zu. Spür kurz nach.
Berghaltung.

2 Schließe deine Augen. Lege deine Handflächen jetzt
aneinander und reibe sie, bis Wärme entsteht. Atme.
Lass deine Ausatmung immer länger werden.

3 Leg deine Handflächen auf dein Herz und stell dir vor
deinem inneren Auge deinen ganzen Weg bis hierhin
vor: all die Jahre, Prüfungen, Ausdauer und Zeit. Vielleicht siehst du einzelne Momente der vergangenen
Monate oder auch dich am Ende deiner Abschlussprüfungen. Schau auf dich und erkenne, wie weit du
gegangen bist. Atme, lass dich richtig groß und präsent
werden.

4 Beginne, dir bei jedem Atemzug eine Sache zu sagen, auf die du stolz bist. Das kann beispielsweise ein Satz sein wie: »Wenn ich auf mich und meinen Weg blicke, dann sehe ich, wie ausdauernd ich bin und wie weit ich gekommen bin.« Oder auch: »Ich sehe und wertschätze, dass ich jedes Jahr neu aufgestanden bin und dazugelernt habe.«

5 Atme tief ein und tief aus und spür nach, wie du dich fühlst. Sage dir von ganzem Herzen: »Ich sehe mich. Ich erkenne all mein Sein, meine Kraft, meine Ausdauer und meine Energie. Ich darf stolz auf mich sein und mich feiern. Ich darf anerkennen, wer ich bin.«

Das ist Selbstbestärkung und Anerkennung, und genau das darfst du fühlen! Du kannst diese Übung jederzeit in deinem Leben für dich nutzen, dich spiegeln und bewusst reflektieren. Denn wenn wir zurückschauen und anerkennen, können wir oft sehen, was bereits in unserem Leben gewachsen ist. Sowohl Schönes als auch Herausforderndes, und das alles gehört zu uns und macht unseren Weg so besonders.

2.
ZWISCHENZEIT

Die Wochen unmittelbar nach deinem Schulabschluss sind eine unfassbar besondere Zeit. Denn jetzt hast du es wirklich geschafft, kannst die Schule im besten Fall hinter dir lassen und gehst in einen Lebensabschnitt voller Möglichkeiten und ohne vorgegebene Struktur. Gerade die ersten Wochen sind dabei intensiv, und ich höre von vielen Jugendlichen, dass sie sich zwar freuen und neu gewonnene Freiheit empfinden, aber nicht damit gerechnet haben, dass sie sich nach einiger Zeit auch verloren und irgendwie unruhig fühlen würden. Manchmal gibt es Streit und Konflikte mit Eltern oder anderen Bezugspersonen, die darauf warten, dass es weitergeht oder zumindest eine gewisse Tagesstruktur aufrechterhalten wird. Und vielleicht wünschst du dir auch selbst diese Struktur und fühlst dich irgendwie perspektivlos. Wie auch immer es dir gerade geht, ich wünsche dir, dass du in dieser Zeit Kraft tanken und auch einfach mal abschalten kannst. Denn genau das hast du nach diesem Marathon verdient.

MAJA (19)
SIE/IHR

Nachdem ich mein Abschlusszeugnis in der Hand gehalten habe, war ich so happy und stolz. Endlich habe ich es geschafft! Endlich habe ich nicht mehr den ganzen Stress und Druck, dem ich während meiner Schulzeit ausgesetzt war, und endlich kann ich mein Leben genießen! Das war jedenfalls erst mal mein Plan. Aber dann kamen neue Herausforderungen auf mich zu. Was will ich jetzt in meiner freien Zeit anfangen, was für eine Ausbildung oder Studium soll ich wählen, oder will ich vielleicht doch erst mal ins Ausland. Ich bin ehrlich: Das alles hat mich wahnsinnig überfordert.

Während ich tagelang irgendwelche Berufstests im Internet gemacht habe, bei denen immer irgendwelche Berufe rauskamen, die mich nicht einmal annähernd interessierten, wussten viele meiner Freund:innen schon längst, was sie machen wollen. Von Studiengängen wie Jura oder Wirtschaftsinformatik über Ausbildungen, die angefangen wurden, bis hin zu Nebenjobs war alles dabei. Und dann kam ich.

Ich habe mich sowieso schon viel zu oft mit anderen verglichen und mich deswegen schlecht gefühlt, und schließlich war irgendwann der Punkt da, an dem ich mich einfach nur noch verloren gefühlt habe. Mein Kopf war voll mit Zukunftsängsten, Fragen, Zweifeln und vielem mehr. Und ich dachte sehr lange, dass ich alleine mit all dem bin. Da ich sowieso schon immer etwas zum Overthinking geneigt habe, waren diese ganzen Sorgen auch nicht gerade eine Wohltat für meinen Kopf.

Irgendwann hatte ich auch einfach keine Motivation mehr, mich weiter mit diesen ganzen Sachen zu beschäftigen, weil ich ja doch nicht weitergekommen bin. Fazit: Ich habe erst einmal nichts gemacht. Und ich denke und weiß auch, dass es für mich das Richtige war. Aber es ist teilweise schwer, anderen Menschen zu erklären, dass man gerade nichts tut, das mit Arbeiten zu tun hat, ohne fragende oder vorwurfsvolle Blicke zu ernten.

Vielleicht habe ich mich manchmal mit diesem Empfinden auch etwas alleine gefühlt, weil man gerade auf Social-Media-Plattformen wie TikTok oder YouTube fast nur Videos findet, in denen die Leute anfangen zu studieren oder ins Ausland gehen. Aber das ist vermutlich weit weg von der Realität, weil selbst die Personen, bei denen man denkt, sie wissen schon genau, was sie nach ihrem Schulabschluss machen wollen, bestimmt eine Zeit hatten, in der das nicht der Fall war.

Irgendwann habe ich versucht, mir etwas Inspiration zu holen. Ich habe mit Freund:innen, Verwandten und Bekannten geredet, was sie denn studieren, ob sie es weiterempfehlen würden oder wie sie überhaupt herausfanden, dass sie genau das tun möchten, wofür sie sich schlussendlich entschieden haben. Als ich zum Beispiel meine Cousine gefragt habe, hat sie zu mir gesagt, dass sie mir das gar nicht genau erklären kann, wie sie wusste, was für einen Ausbildungsberuf sie erlernen möchte. Sie hat geschaut, was es gibt, und wusste es dann einfach. Ich wünschte, bei mir wäre das auch so leicht gegangen, aber jeder Mensch ist nun mal anders, und deshalb ist es für einige Leute schwieriger, Entscheidungen zu treffen.

Auf den Berufsmessen, an denen ich teilgenommen hatte, oder auch bei den Tipps und Tricks im Internet wurde immer gesagt, dass man sich zunächst einmal überlegen soll, was man sich denn für seinen späteren Beruf erhofft und wo die eigenen Stärken und Schwächen liegen. Aber das ist nun mal schwierig, wenn man sich selbst noch nicht so wirklich gefunden hat. Ich bin schon sehr lange auf der Suche nach mir, und mit der Zeit weiß man auch immer mehr über sich, aber es ist sehr schwer, sich mit achtzehn Jahren entscheiden zu müssen, was man möchte. Man wird einfach ins kalte Wasser geworfen und hat plötzlich so viel Verantwortung für sich selbst und das eigene Leben. In der Schule hatte ich immer Struktur. Ich wusste, wie mein Tag aussah, was ich lernen und wann ich aufstehen musste. Und plötzlich geht die Struktur verloren. Es fühlt sich an wie nie enden wollende Ferien. Viel zu lang. Ich habe mich immer auf die Ferien gefreut, weil ich endlich mal durchatmen konnte, doch irgendwann kann eine zu lange Pause auch zur Qual werden. Das ist natürlich nicht bei jeder Person so, aber für mich war es das. Obwohl ich auch mal gerne für mich bin, habe ich mit der Zeit gemerkt, dass mir ein bisschen der tägliche Kontakt zu Gleichaltrigen gefehlt hat. Das ist anfangs auch eine ganz komische Sache, dass man nicht mehr jeden Tag seine Freund:innen sieht und vielleicht nicht mal schnell eine Umarmung bekommt, wenn es einem schlecht geht. Aber Dinge verändern sich nun mal im Leben, selbst wenn es nicht immer schön ist und teilweise echt anstrengend sein kann, kann Veränderung auch sehr guttun. Das, was ich bisher erzählt habe, ist die eine Seite, die mich vor allem am Anfang und immer noch begleitet, aber ich habe auch viele schöne Sachen in dieser Zeit erfahren dürfen. Vor allem die Zeit mit mir selbst. Ich habe jeden Tag die Möglichkeit gehabt, das zu machen, was sich für mich richtig anfühlt. Ich habe vielleicht auch mal am Morgen etwas länger im Bad gebraucht, weil ich währenddessen ganz oft zu meiner Lieblingsmusik getanzt habe. Ich habe wieder viel öfter Yoga gemacht, was meiner mentalen Gesundheit sehr gutgetan hat, und ich habe es richtig genossen, jeden Tag auszuschlafen. Ich habe auch lange Spaziergänge unternommen, die ich durch den ganzen Nachmittagsunterricht nie geschafft habe. Für all das hatte ich während meiner Schulzeit einfach zu wenig Zeit. Ich bin sehr froh, dass ich endlich die Möglichkeit hatte, all das zu machen, denn es hat mir ganz viel Kraft geschenkt und mich glücklich gemacht. Ich habe gemerkt, wie wertvoll es ist, Dinge zu tun, die man liebt. Dadurch hatte ich trotz aller Zweifel etwas, an dem ich mich festhalten konnte. Manchmal ist es auch gut, wenn man nicht so viel zu tun hat, weil man dann fast schon gezwungen ist, sich mit sich selbst auseinanderzusetzen. Ich habe dadurch jede Menge tolle Eigenschaften an mir entdeckt, die ich vorher gar nicht wahrgenommen habe. Und auch wenn die Zeit nach der Schule, so wie ich sie erlebt habe, womöglich nicht perfekt war, will ich euch vor allem sagen, dass es vollkommen okay ist, anfangs oder vielleicht auch eine längere Zeit planlos zu sein. Irgendwann kommt der Moment, an dem man weiß, was man jetzt tun möchte. Und wenn ihr euch unsicher seid, dann redet mit jemandem. Ihr seid mit alldem keinesfalls alleine.

IN DEN NEUEN LEBENSABSCHNITT STARTEN

Die Veränderung nach deinem Schulabschluss könnte nicht größer sein, denn du gehst das erste Mal in deinem Leben in eine völlig freie und strukturlose Lebensphase, in der du eigenständig gestalten und entscheiden darfst. In der Psychologie werden diese Phasen **Transitionen** genannt. Diese Veränderung ist enorm, sowohl was die emotionalen als auch die alltäglichen Komponenten betrifft, und viele von euch fühlen sich in dieser besonderen Übergangszeit nicht gesehen und verstanden. Du hast zwar frei, und das ist superschön, musst aber auch extrem viel organisieren. Das Kindergeld, Versicherungen und bei vielen auch der Aspekt »Wie finanziere ich mich?« müssen geregelt werden, ohne dass wir diese Punkte vorab lernen. Du musst und darfst entscheiden, was du beruflich machen möchtest (und ab wann du damit loslegst, je nach Möglichkeiten) und wie und wo du wohnen und leben willst. Das alles sind riesige Themenbereiche, die viele von uns »nicht mal eben so« entscheiden. Und auch der Lebensalltag muss durch den Wegfall der Schule selbstständig strukturiert werden. Frei und selbstbestimmt zu sein ist wunderschön, gerade nach der langen Anstrengungs- und Prüfungsphase. Sich jedoch das erste Mal komplett eigenständig zu organisieren und mit dem eigenen Lebensentwurf auseinanderzusetzen, kann überfordern. Und wenn wir schwierige Lebensumstände und Startbedingungen oder auch wenig Unterstützung und Verständnis aus unserem Umfeld haben, ist es doppelt und dreifach herausfordernd. Manchmal gehen auch vorab gemachte Pläne nicht auf, sodass wir einen neuen Weg finden müssen. Auch das kann ganz schön unruhig stimmen. Ich selbst war in dieser Zwischenphase beispielsweise leicht panisch, weil ich für meine gewünschten Studienplätze nicht zugelassen wurde und mir keinen Plan B zurechtgelegt hatte. Der musste dann ganz schnell her, und ich begann sehr kurzfristig ein Praktikum und im Anschluss ein Freiwilliges Soziales Jahr in einem Kindergarten. Das war eine sehr wichtige Erfahrung, die mir den Berufseinstieg erleichtert und ein hilfreiches Netzwerk für spätere Nebenjobs verschafft hat. Doch am Anfang war es vor allem eines: *stressig, unsicher und zermürbend*.

Zudem haben nicht alle jungen Menschen das Privileg, diese Zeit frei zu gestalten. Viele von euch müssen sich zeitnah einen Nebenjob oder eine Ausbildung suchen. Andere wiederum haben die Möglichkeit zu reisen und erst mal Pause zu machen. Diese unterschiedlichen Lebensrealitäten fordern heraus, denn sich nicht mit anderen zu vergleichen fällt schwer, wenn wir andauernd sehen, was anscheinend möglich ist. Ich höre seit Jahren immer wieder von so vielen jungen Menschen, wie groß ihre Angst ist, »die Zeit nicht genug auszukosten« oder »nicht das Beste aus ihr rauszuholen«. Und auch Sätze wie: »Du hast es so gut, die Zeit nach der Schule ist die beste Zeit deines Lebens, genieße sie«, sind oft motivierend und zusprechend gemeint, setzen allerdings ganz schön unter Druck.

Die Anfangszeit nach dem Schulabschluss ist zwar frei, aber die Anspannung oft so groß, dass loslassen schwerfällt. All diese Gefühle zu empfinden, ist vollkommen okay. Oftmals denken wir, dass wir in diesem besonderen Lebensabschnitt immer »gut gelaunt« und »happy« sein müssen. Doch auch hierbei sind *alle deine Gefühle* erlaubt. Und oftmals stehen sie beieinander, dicht an dicht, alle zur selben Zeit.

> **Du darfst dir Zeit lassen und in dem neuen Lebensabschnitt ankommen.**

Manchmal können wir uns zwischen dem alten und dem neuen Lebensabschnitt ganz schön **verloren** und **orientierungslos** vorkommen. Dieses Gefühl kann unabhängig davon auftreten, ob du bereits Pläne für die kommende Zeit hast oder nicht. Unsere Seele ist sehr klug und »ein Gewohnheitstier«, wie ich in Therapiesessions oft sage. Aus deiner GEWOHNHEIT und dem VERTRAUTEN LEBENSALLTAG auszusteigen, kann erst einmal verunsichern und sich wie ein luftleerer Raum anfühlen, der neu gefüllt werden muss und darf. Gerade feinfühlige und auch strukturliebende Menschen, die sich viele Gedanken machen oder einen Rahmen als Sicherheit schätzen, können durch Übergangszeiten verunsichert sein oder eine Menge auf einmal empfinden. Und all das ist total okay. Du darfst auch in dieser Zeit liebevolles Verständnis und Mitgefühl für dich haben.

DIE EIGENE SELBSTFÜRSORGE-ROUTINE FINDEN

Eine tolle Möglichkeit, dich in dieser Phase und auf deinem Lebensweg bewusst zu unterstützen, sind selbstfürsorgliche Routinen. Routinen sind so viel mehr, als wir manchmal denken und uns bewusst ist. Sie helfen uns dabei, Ruhe, Kraft und Zufriedenheit zu finden, weil wir sie stets wiederholen, dadurch einüben und jederzeit praktizieren können.

Und zwar so, wie es uns guttut und zu unseren aktuellen Lebensumständen passt. Sie helfen sowohl unserem Nervensystem als auch unserem Stoffwechsel, aktiviert und ausgeglichen zu bleiben, und verleihen uns **Selbstwirksamkeit.** Letzteres ist unser Vertrauen in uns, dass wir auch mit Herausforderungen und schwierigen Lebenssituationen umgehen, dazulernen und etwas bewirken können.

Du darfst Dates mit dir haben, um dein Nervensystem zu regulieren und dich sicher und verbunden zu fühlen. Für mich sind Selbstfürsorge-Routinen zudem ein Tool, um aus negativen Gedanken- und Verhaltensspiralen auszusteigen. Denn je verbundener und bewusster wir mit uns sind, desto bewusster können wir auch feststellen und entscheiden, was uns guttut und was nicht.

Du darfst dabei richtig kreativ sein und liebevolle kleine Rituale für dich finden. Stell es dir vor wie ein täglicher kurzer Anruf bei dir selbst, um dich zu fragen, wie es dir geht und was du heute brauchst. Du darfst dich hierbei von jeglichem Perfektionsdruck und auch Social-Media-Trends lösen und herausfinden, was am besten zu dir und in deinen Lebensalltag passt. Deine Selbstfürsorge-Routine darf einfach sein und Spaß machen, denn je leichter sie ist, umso leichter und nachhaltiger lässt sie sich in deinen Alltag integrieren.

Deine täglichen Gewohnheiten und eine gewisse Tagesstruktur sind Gold wert für dein Wohlbefinden und deine mentale und körperliche Gesundheit. Deine Routine darf dir Sicherheit schenken und eine nachhaltige Möglichkeit sein, um dich auf deinem Lebensweg zu bestärken.

Viele von euch kennen es, in der Zeit nach der Schule keinen **»wohltuenden Rhythmus«** mehr zu haben, deshalb weniger erholsam zu schlafen, morgens (oder auch mittags) nicht aus dem Bett zu kommen und sich nur schwer motivieren zu können. Dadurch fühlen wir uns nach einiger Zeit »lochig«. Das hat etwas mit unserem **Cortisol-, Dopamin-** und **Serotoninhaushalt** zu tun. Denn für die Produktion von diesen Botenstoffen brauchen wir einen klaren Unterschied zwischen Tag und Nacht, ausreichend Bewegung, frische Luft und Tageslicht, Begegnungen sowie vollwertige Nährstoffe und Inspiration. Wenn die **Tag-Nacht-Struktur** flöten geht, geht manchmal auch all das mitflöten. Das kann sich verunsichernd anfühlen, vor allem, wenn wir unser Leben eigentlich gestalten wollen und motiviert sind, Dinge anzugehen.

Kreiere deine eigene Selbstfürsorge-Zeit

Du kennst bereits einige Tools und auch Selbstfürsorge-Möglichkeiten aus dem ersten Kapitel (siehe Seite 78), die dich in deiner Beziehung zu dir sowie deiner mentalen Gesundheit stärken. Ich lade dich jetzt dazu ein, deine ganz eigene *tägliche Selbstfürsorge-Routine* zusammenzustellen, im Yoga wird sie übrigens **Sadhana** genannt. Denn es geht nichts über *deine Art und Weise* der Selbstfürsorge. Du darfst deinen Rhythmus, deine Tagesstruktur und neue Gewohnheiten für dich finden und sie in deinem Alltag etablieren.

Kreiere dein
Selbstfürsorge-Ritual

**Du kannst dir die folgenden Fragen einladend stellen
und dein Selbstfürsorge-Ritual für dich kreieren.**

WELCHE TOOLS HELFEN MIR DABEI, STRESS LOSZULASSEN UND MICH MIT MIR VERBUNDEN ZU FÜHLEN?

NACH WELCHEN ROUTINEN UND RITUALEN HABE ICH AM MEISTEN DAS GEFÜHL, BEI MIR ANGEKOMMEN ZU SEIN?

IN WELCHEN MOMENTEN FÜHLE ICH MICH SICHER, INSPIRIERT UND ENTSPANNT UND HABE DAS GEFÜHL, MEINEN TAG FRISCH GESTALTEN ZU KÖNNEN?

WANN PASST ES MIR AM BESTEN, DIESE TOOLS IN MEINEN TAG ZU INTEGRIEREN?

Du kannst dich auch ein paar Tage ausprobieren, bis du eine für dich stimmige und machbare Praxis gefunden hast. Wenn du sie entdeckt hast, empfehle ich dir, sie eine Zeit lang beizubehalten, sodass du nach einigen Wochen und Monaten den Unterschied spüren kannst. Das schenkt *Selbstvertrauen* und fühlt sich richtig gut an.

Inspiration für eine tägliche Selbstfürsorge-Praxis:

✦ morgens für 10–15 Minuten bewegen (der **Sonnengruß** von Seite 51 ist dafür perfekt)

✦ im Bett liegend gleich morgens 3–5 Minuten bewusst atmen, kurz dehnen und drei Dinge nennen, für die du dankbar bist

✦ Freewriting für 10 Minuten

✦ ein kurzer Spaziergang, Zeit in der Natur und bewusst atmen

✦ einen Tee genießen, dabei kurz eine Hand aufs Herz legen, atmen, dir Danke sagen und ein *Ich-bin*-Statement formulieren (siehe Seite 163)

✦ zeichnen, deine Stimmung in Farben ausdrücken und dir Freiraum für Kreativität geben

Uns allen fällt es schwer, im Alltag dranzubleiben. Selbst bei so schönen Dingen wie der Selbstfürsorge. Manchmal stecken wir uns zu hoch gefasste Ziele oder fallen bei Stress in alte Muster, das ist nur menschlich. Du darfst achtsam mit dir sein und vor allem liebevoll und gnädig.

DU DARFST DICH IN DEINEM KÖRPER ZU HAUSE FÜHLEN, UND DAFÜR BRAUCHT DEIN KÖRPER DEINE LIEBEVOLLE FÜRSORGE!

Wenn du das Gefühl hast, dass dir ein Wochenplan helfen würde, weil dir gerade die festere
Wochenstruktur durch den Wegfall der Schule fehlt,
dann kannst du gerne sonntags einen solchen gestalten.

FRAGE DICH DAFÜR:

✦ Was **möchte** ich und was **muss** ich diese Woche
    machen?

✦ Was davon ist dringend und wichtig? Was hat Zeit?

✦ Was würde mir guttun?

✦ Wie ist mein Energielevel? Brauche ich Aktivierung
    oder mehr Erholung und Ruhe?

Lass dir Zeit für Entspannung und verabrede dich mit
deinen Freund:innen. Vielleicht magst du auch mal
schauen, ob dir ein Nebenjob oder Praktikum Spaß machen würde, wenn du das Gefühl hast, dass du erholt bist
und die Zeit sonst »zu frei« ist. All das sind Dinge, die dir
und deiner Seele guttun, dir Alltagsstruktur und dadurch
Sicherheit geben können.

STRESS LOSLASSEN

Stress loszulassen kann nach einer anhaltend anstrengenden Zeit manchmal schwerfallen. Du hast dich all die Jahre und gerade in den letzten Monaten so richtig angestrengt,
um alles zu schaffen. Dein **Sympathikus** ist wahrscheinlich
überaktiviert, und dein **Parasympathikus** kam längere Zeit

zu kurz (siehe Seite 72). Die Balance in deinem Nervensystem muss erst wieder unterstützt werden, das kann ein wenig dauern. Auch dass du wirklich gedanklich, emotional und körperlich loslassen kannst, braucht ein wenig Zeit. Oft haben wir in dieser Übergangsphase oder nach langen Prüfungszeiten das Gefühl,»irgendetwas vergessen zu haben« oder »noch etwas erledigen zu müssen«, obwohl dem nicht so ist.

In Therapiesessions nutze ich oft folgendes Bild: Wenn wir mit 50 km/h Fahrrad fahren und dann unvermittelt eine Vollbremsung machen, schleudert es uns über den Lenker. So fühlt es sich für uns an, wenn wir aus einer sehr stressigen Woche oder länger anhaltenden Anspannungsphase plötzlich zur Ruhe kommen wollen, uns einfach ablegen und erwarten, sofort entspannen zu können. Unser Körper, unsere Seele und unser Kopf brauchen ein langsames Abbremsen und Ausrollenlassen wie beim Fahrradfahren, eine AUSLAUFPHASE. Was würde dir einen solchen Übergang ermöglichen? Ich selbst gehe beispielsweise manchmal noch eine Runde spazieren, um runterzukommen. Auch Yoga kann dir dabei helfen, bewusst loszulassen.

Unser Körper, Kopf und unsere Seele müssen erst wieder lernen, loslassen zu dürfen, ohne das Gefühl zu haben, dabei die Kontrolle zu verlieren, irgendetwas zu verpassen oder nicht zu schaffen. Gerade nach lang anhaltenden Phasen von Anstrengung und Erschöpfung braucht es Geduld und Tools, die deinen Körper und deine Seele mit einbinden und nicht ausschließlich bei deinen Gedanken ansetzen. Du darfst deinen **Parasympathikus** bewusst aktivieren und dein Nervensystem ausgleichen. Die folgende Übung hilft dir dabei.

Wechselatmung – Nadi Shodhana

Diese Atemübung sorgt dafür, dass sowohl dein Parasympathikus als auch dein Sympathikus aktiviert werden. Sie wird auch WECHSELATMUNG genannt und kann am Anfang etwas Übung benötigen. Ich zeige dir eine leichte Variante, die nicht ganz so viel Koordination braucht. Du darfst es dir unbedingt leicht dabei machen und einfach ausprobieren oder dir ein Video dafür anschauen. Du findest zahlreiche davon auf YouTube oder auch auf meinem Instagramkanal. Stell dir für die Übung gerne einen Timer, sodass du dich auf die Atmung und Reihenfolge konzentrieren kannst und deine Runden nicht mitzählen brauchst.

1 Komm in einen bequemen Sitz. Strecke beide Zeigefinger gerade aus. Atme dann einmal durch die Nase ein und aus und schließe mit dem rechten Zeigefinger dein rechtes Nasenloch. Atme durch das linke Nasenloch ein. Zähle dabei bis 4. Schließe nun mit dem linken Zeigefinger auch deinen linken Nasenflügel und halte mit geschlossener Nase den Atem, zähle bis 6. Öffne nun dein rechtes Nasenloch und atme rechts aus, zähle bis 8.

2 Atme durch dein rechtes Nasenloch ein, zähl dabei bis 4, links bleibt weiterhin geschlossen. Schließe dann beide Nasenflügel und halte für 6 Atemzüge. Öffne deine linke Seite und atme aus, zähl dabei bis 8.

3 Atme so weiter für 5 bis 10 Minuten.

4 Lass beide Hände dann los und atme ruhig und gleichmäßig durch deine Nase weiter. Spür nach, wie du dich jetzt gerade fühlst.

Meistens fühlen wir uns nach dieser Übung sehr klar
und ruhig, was daran liegt, dass wir eine Balance in
unserem Nervensystem unterstützen und uns komplett
auf unseren Atem und die Abfolge konzentrieren.
Mach die Übung in dieser Zwischenzeit so oft,
wie du willst und sie dich bestärkt.

Pausen müssen nicht erst verdient oder erarbeitet werden! Du darfst regelmäßig liebevolle und krafttankende Pausenzeiten für dich einlegen und deine Priorität auf »Rest and Digest« setzen und dich einfach mal erholen.

Einfach mal nichts tun

Die neu gewonnene Freiheit kann auch aus einem weiteren Grund schwerfallen, denn einfach mal nichts zu tun, triggert bei vielen von uns das Gefühl, »unproduktiv« und dadurch »faul« zu sein. Wir alle sehen permanent, wie schnell Dinge scheinbar funktionieren. Wir können Essen innerhalb von zwei Minuten bestellen, dabei Serien gucken, Workouts machen und mit Freund:innen telefonieren. Wir sehen Menschen, die »fleißig«, »ehrgeizig« und »erfolgreich« sind. Ohne dass wir sehen, wie viel Arbeit, Zeit, Abstriche und Herausforderungen dahinterstecken. Die Vielzahl an Möglichkeiten und Inspiration birgt auf der einen Seite wunderschöne Aspekte für uns – weil wir viel erleben und unsere Welt dadurch bunter und größer ist als noch vor einem Jahrzehnt –, ist aber auf der anderen Seite für unser Selbstwertgefühl und Nervensystem ganz schön schwierig. Denn wir alle haben das Gefühl, dass wir ständig »schnell« und »produktiv« sein müssen. Bei vielen von uns sinkt das Selbstwertgefühl plötzlich in den Keller, wenn wir unproduktiver sind oder eine Zeit lang nichts Zielgerichtetes machen. Doch unsere Energie ist begrenzt. Wir alle brauchen Pausen, in denen wir *einfach mal nichts tun*, um unsere Akkus aufzuladen. Unser Körper und Kopf und auch unsere Seele benötigen Auszeiten, um sich zu erholen. Wir können nicht permanent im »Macher-Modus« sein, sondern dürfen auch Phasen der *Ruhe* und *Regeneration* genießen.

Wenn sich bei dir also das »kleine« oder auch »große fiese schlechte Gewissen« meldet, sobald du dich ablegst und einfach mal nichts machst, dann bist du damit nicht alleine, und es ist an der Zeit, dass wir alle gemeinsam dieses krank machende und ermüdende Narrativ verändern.

PAUSEN und LANGEWEILE sind enorm wichtig, damit unser Nervensystem klarkommt und regeneriert, unser Monatszyklus und alle hormonellen Prozesse balanciert ablaufen können und wir uns aufgeladen fühlen und wieder loslegen können. Wenn du deine Grenzen zu lange ignorierst oder auch überschreitest, sind Selbstzweifel, Overthinking, Mental Breakdowns und körperliche Zeichen von Überlastung wie PMS, PM(D)S oder Kopfschmerzen und Schlafschwierigkeiten vorprogrammiert. Du darfst für dich sorgen und dir Zeiten des Nichtstuns erlauben.

**Der folgende Yogaflow
hilft dir dabei, STRESS LOSZULASSEN
und dich ruhiger zu fühlen.**

Yogaflow zum Stress loslassen

1 Komm in einen **Vierfüßlerstand** (siehe Seite 51) und atme bewusst ein und aus. Beginne mit **Katze-Kuh**-Bewegungen (siehe Seite 51) und lass dich atmen.

2 Atme bewusst durch die Nase ein und durch geöffnete Lippen aus, schieb dich dabei in den **Herabschauenden Hund** (siehe Seite 52). Bleib hier für 2–3 Atemzüge.

3 Führe mit der nächsten Einatmung dein rechtes Bein nach vorne, in Richtung deiner Hände, leg deinen Unterschenkel seitlich angewinkelt ab, dein Fuß zeigt nach links. Verlängere dein linkes Bein nach hinten, sodass deine Hüfte Richtung Boden gleitet. Deine Hände kannst du vor  dir aufeinanderfalten und deinen Oberkörper so halten oder Richtung Boden sinken lassen. Lass deinen Oberkörper los. Atme. Bleib hier für 2–3 Minuten. **Taube.**

4 Drück in deine Hände und schieb dich mit der nächsten Ausatmung kraftvoll zurück in den **Herabschauenden Hund** (siehe Seite 52). Atme für 2–3 Atemzüge.

5 Bringe mit der nächsten Einatmung dein linkes Bein nach vorne, Richtung deiner Hände, leg deinen Unterschenkel seitlich angewinkelt ab, dein Fuß zeigt nach

rechts. Verlängere dein rechtes Bein nach hinten, sodass deine Hüfte Richtung Boden sinkt. Deine Hände kannst du wieder vor dir aufeinanderfalten und deine Stirn darauf ablegen oder deinen Kopf einfach hängen lassen. Lass deinen Oberkörper los. Atme. Bleib hier für 2–3 Minuten. **Taube** (siehe Seite 123, nur gespiegelt).

6 Drück in deine Hände und komm zurück in den **Herabschauenden Hund** (siehe Seite 52), atme kurz zwischen und bring deine Knie zum Boden.

7 Komm zum Sitzen und führ deine Fußsohlen vor dir aneinander, lass deine Knie zu den Seiten fallen. Du kannst hier gerne Kissen unter beide Knie legen und dich unterstützen. Wenn es sich für dich gut anfühlt, kannst du deinen Oberkörper über deine Beine sinken lassen. Atme für dich und verlängere deine Ausatmung. Bleibe 2–3 Minuten. **Schmetterling.**

8 Komm zum Abschluss zum Liegen. Du kannst deine Beine ausstrecken, wenn du dich dabei sicher und wohlfühlst, **Savasana** (siehe Seite 285), oder weiter als hüftweit aufstellen und deine Knie aneinanderfallen lassen. Leg deine Hände auf deinen Körper und lass los. Lass dich mit jedem Ausatemzug tiefer in den Boden sinken.

DU DARFST DIR WICHTIG SEIN UND WISSEN, WAS DIR GUTTUT UND DEINE AKKUS AUFLÄDT!

Pausen zu machen fällt wirklich vielen von uns schwer. Ich selbst habe so unfassbar lange damit gestruggelt, nicht andauernd wieder über meine Grenzen zu gehen, und vergesse immer noch manchmal, mich daran zu halten. Daher kommen hier meine »hart erlernten« Tipps für dich. Probiere sie aus, füge deine eigenen hinzu und streiche, was für dich nicht passt. Denn du darfst deinen eigenen Weg gehen und herausfinden, was für dich am besten funktioniert.

Tipp

✦ Plane dir gleich zu Beginn deiner Woche REGELMÄSSIGE und FESTE PAUSEN ein. Wenn du einen Kalender nutzt, dann trage sie dort ein und markiere sie dir in einer Signalfarbe. Mache am besten mindestens einen Tag der Woche komplett lern- und arbeitsfrei.

✦ Wenn es dir schwerfällt, Pausen zu machen – ob geplant oder nicht –, kann es helfen, deine Pausenzeiten gleich HINTER ODER VOR EINE GEWOHNHEIT zu packen (Seite 242). Das Zähneputzen eignet sich hier wirklich super. Denn gleich morgens oder abends eine feste Me-Time ohne Handy und Social Media und mit einem spannenden Buch, Tee, deinem Journal oder einer kleinen Runde Yoga zu genießen, bewirkt wahre Wunder. Sie lässt uns besser durch den Tag kommen und erholter schlafen.

✦ KLEINE PAUSEN sind besser als KEINE PAUSEN! Wenn du gerade in einer mega Stressphase bist oder äußere Faktoren dafür sorgen, dass du keine längeren Pausen für dich einplanen kannst, dann sorge bitte, bitte dafür, dass du wenigstens jeden Tag immer wieder 15 Minuten freimachst. Du kannst dich kurz bewegen, bewusst atmen oder einfach an die Decke starren. Auch das kann schon einen Mini-Shift für dein Nervensystem bewirken.

ch möchte dich von ganzem Herzen dazu ermutigen, diese Übergangsphase dafür zu nutzen, um dich und deine Bedürfnisse besser kennenzulernen. Denn all deine vergangenen Jahre waren fremdbestimmt und deine komplette Freizeit durch das Schulsystem und die festgelegten Schul- und Ferienzeiten geregelt. Jetzt ist Zeit für dich und um deinen ganz eigenen Rhythmus und deine Interessen zu erkunden. Du kannst dir Praktika und Nebenjobs suchen, in Bereiche hineinschnuppern und Erfahrungen sammeln. Das kann gerade im Hinblick auf deine berufliche Entscheidungsfindung helfen. Vielleicht gehörst du zu den Menschen, die bereits während der Schulzeit gemerkt haben, dass das frühe Aufstehen und das konzentrierte Lernen gleich am Morgen nicht die eigene favorisierte Zeit dafür ist. Und das ist okay.

Ich ermutige dich, auf deine Bedürfnisse zu hören, Verständnis für dich zu haben und dich mehr und mehr zu entdecken. Es liegt eine anstrengende und fordernde Zeit hinter dir, und auch die kommende Zeit bringt einige Herausforderungen mit sich. Nur weil du vielleicht aktiv nicht so viel tust wie vorher, heißt das nicht, dass du nicht emotional gefordert wirst. Du bereitest gerade den Lebensabschnitt, der im Anschluss an die Schule wartet, samt aller Organisation, Bewerbungen, Vorstellungsgesprächen oder Eignungstests vor, das kostet Energie und setzt immer auch eine emotionale und gedankliche Auseinandersetzung damit voraus. Und auch die Zeit, die im Anschluss auf dich wartet, mit allen eventuellen Umzügen, Neuanfängen und ersten Malen, kostet wieder Kraft. Du darfst dir dessen bewusst sein, selbst wenn es nach außen hin vielleicht anders wirkt oder dein Umfeld wenig Verständnis zeigt. Du bist wichtig und darfst diese Zeit für dich nutzen und selbstständig gestalten.

Was, wenn es mit dem Abschluss nicht geklappt hat

Wenn du die Prüfungen nicht bestanden hast oder mit deinem Ergebnis unzufrieden bist, dann wird sich diese Zeit völlig anders anfühlen. Und ich kann mir vorstellen, dass du unter großem Druck stehst. Denn unser Abschluss ist die Eintrittskarte für viele Möglichkeiten. Und gerade unsere Leistungsgesellschaft mit ihren hohen Idealen vermittelt immer wieder das Bild, dass wir ohne einen Schulabschluss »nichts« sind. Das Erste und Wichtigste ist daher, dir dein volles Mitgefühl und Verständnis entgegenzubringen und dich liebevoll in die Arme zu nehmen und auch nehmen zu lassen. Vergiss bitte nie, dass du immer wertvoll und wichtig bist, unabhängig von irgendwelchen Ergebnissen oder Erfolgen. Prüfungen und deren Ergebnisse hängen von so vielen Variablen ab und nicht ausschließlich von deinem Können, Ehrgeiz oder Wissen. Gerade unsere Lebensumstände und auch unsere mentale Gesundheit haben hier einen viel größeren Anteil, als uns bewusst ist. Oft wird über diese Komponenten (noch) nicht gesprochen. Dein Schulabschluss fällt in eine Lebensphase, in der du vor allem zahlreiche Entwicklungsschritte und Veränderungen durchlebst. Und das körperlich, kognitiv, emotional, sexuell und auch innerhalb deiner Beziehungen und Weltanschauungen. Manchmal trennen sich Eltern, Familienkonflikte brechen auf und belasten uns, Freundschaften verändern sich und gehen auseinander, oder wir zweifeln an uns selbst und kämpfen mit dem eigenen Selbstwertgefühl und Ängsten. Das ist sehr viel und beeinflusst alles in allem deine Leistungsfähigkeit und oft auch deine Konzentration. Wenn gerade Sätze wie: »Ich bin dumm. Ich hätte das besser wissen müssen. Ich werde das niemals schaffen.«, in deinem Kopf und Herzen herumschwirren, dann lass dir aus voller Liebe zugesprochen sein: Du bist alles andere als dumm und wirst deinen Weg gehen! Zweite Runden, Wiederholungen, Fehler – all das ist erlaubt und gehört genauso zu uns wie unsere Erfolge. Lebensphasen und die Kraft, die wir haben, um diese zu meistern, können so unterschiedlich sein und sind immer auch davon abhängig, was gerade in deinem Leben los ist oder in den vergangenen Jahren passiert ist. Du hast Fähigkeiten und darfst an dich glauben!

Du darfst völlig unabhängig von deinen Ergebnissen auf dich und deinen Weg wirklich stolz sein und deine Anstrengung, deine Bemühungen und deine Ausdauer anerkennen.

AD(H)S, seelische Belastungsphasen und vermehrte ÄNGSTE und SINNLOSIGKEITSGEFÜHLE treten häufig in der Kindheit und Jugend auf. Jede:r fünfte Jugendliche gibt aktuell an, bis zum neunzehnten Lebensjahr an und unter einer seelischen Erkrankung zu leiden. Siebzig Prozent der Jugendlichen fühlen sich seelisch belastet. Das ist viel und real. All diese Faktoren und Situationen beeinflussen unsere Kraft und unser Vertrauen. Dabei gleichzeitig konzentriert und mit voller Energie für die Schule und Abschlussprüfungen lernen zu müssen, ist manchmal einfach schwierig oder gar unmöglich. Du darfst Verständnis für dich haben, gerade wenn das Verständnis für unsere mentale Gesundheit in manchen Bereichen immer noch fehlt.

Es gibt so viele Möglichkeiten, auch ohne einen »guten Abschluss« deinen Weg zu gehen. Leider ist es so, dass in der Schule und auch in der Gesellschaft ein Bild davon vermittelt wird, dass ein »gutes Abitur« immer noch das Wertvollste ist. Die allgemeine Hochschulreife zu haben, öffnet Türen und Möglichkeiten, ja. Doch dein Schulabschluss und deine Abschlussnoten sagen rein gar nichts über deinen Wert als Mensch aus und auch nichts über deine Fähigkeiten. Du darfst auf dich und dein Können vertrauen und schauen, welche Möglichkeiten dich dahin führen, wo du im Leben gerne sein willst. Vielleicht wird nicht alles so möglich sein, wie du es dir vorgestellt und gewünscht hast. Aber alternative Wege zu gehen, kann uns genauso ans Ziel führen und dir vor allem wertvolle Erfahrungen schenken. Und das heißt nicht, dass du deine Enttäuschung oder deinen Ärger und Unsicherheiten nicht fühlen darfst und alles gleichermaßen positiv und als Chance empfinden musst. Ganz im Gegenteil. Fühl diese Emotionen, lass sie da sein. Ich ermutige dich dazu, genau hinzuhören, deine Bedürfnisse und Wünsche zu erkennen und Kraft zu sammeln. Die nächste Übung kann dir dabei helfen.

Atemübung –
Meditation bei Konflikten
Fists of Anger

Die folgende Übung kommt aus dem Kundalini-Yoga und ist meine absolute Lieblingsübung, um Wut und Enttäuschung loszulassen und ein selbstfürsorgliches Ventil zu finden.

1 Such dir einen Ort, an dem du für einen Moment ungestört bist. Komm in einen Sitz mit überkreuzten Beinen. Richte deine Wirbelsäule Wirbel für Wirbel auf, sodass du eine aufrechte Haltung einnimmst. Wenn du magst und dich sicher fühlst, schließe deine Augen.

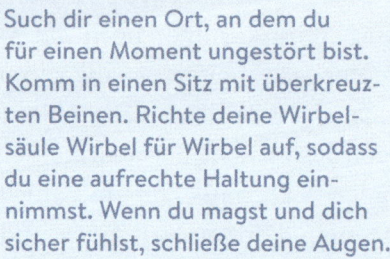

2 Leg deine Daumen nach innen in deine Handflächen um und schlage jeweils deine vier Finger darüber zu einer Faust. Streck deine Arme auf Schulterhöhe vor dir aus und winkel deine Unterarme an, sodass sie parallel zu deiner Brust eine Linie bilden. Wenn du an dir herunterblickst, sieht es so aus, als würdest du mit deinen Armen und Oberkörper ein Trapez bilden.

3 Jetzt beginnst du einen Arm nach dem anderen weit über deinen Kopf zu schwingen und kräftig wieder nach unten in die Ausgangsposition vor deiner Brust.

Die Arme und Hände bleiben die ganze Zeit in ihrer Position. Deine Arme wechseln sich im schnellen Tempo ab. Atme dabei stoßweise schnell durch geöffnete Lippen ein und aus.

4 Lass die Bewegung und deinen Atem einfach fließen und finde ein für dich schnelles Tempo. Wenn Gefühle aufkommen, lass sie alle raus.

5 Starte für den Anfang mit 2 Minuten, du kannst sie mit der Zeit auf bis zu 5 Minuten verlängern. Bei der Übung kann uns manchmal schwindelig werden. Das ist nicht gefährlich, sondern ein Zeichen dafür, dass deine Energie und Kraft sich lösen.

6 Lass deinen Atem los, schließ deine Lippen sanft, verschränke deine Finger ineinander und streck beide Arme noch mal lang über den Kopf, atme tief durch die Nase ein und durch Nase oder Mund aus, schüttel deine Arme nach unten aus. Leg deine Arme dann in deinem Schoß ab und spür kurz nach.

Wenn du bei oder nach dieser Übung zittern, gähnen oder weinen musst, ist das ein Zeichen deines Nervensystems, dass du Stress und Anspannung loslässt. Dein Körper darf hierbei alle Anspannung in dem Maß, wie es dir gerade guttut, abbauen. Dein Körper kann mit emotionalem Ballast umgehen und du auch. Du darfst dir und deinem Körper vertrauen und ihn für dich einsetzen!

Wenn du deinen Schulabschluss nicht noch mal an deiner Schule oder auch generell nicht wiederholen möchtest – was völlig in Ordnung ist –, kann es helfen, alternative Möglichkeiten ausfindig zu machen, um dich sicherer zu fühlen. Manchmal fällt es schwer, neuen Mut zu fassen. Die folgenden Anlaufstellen können dir dabei behilflich sein, neue Perspektiven zu entwickeln:

✦ https://www.kapiert.de/blog/abschluss-nicht-geschafft-und-nun/

✦ https://www.aubi-plus.de/blog/ausbildung-ohne-schulabschluss-das-sind-deine-moeglichkeiten-3953/

✦ https://www.arbeitsagentur.de/bildung/schule/schule-sorgen-probleme

STRESS MIT DEN BEZUGSPERSONEN – ABLÖSEN VON DAHEIM

Nicht selten fordert diese Zwischenzeit dich und dein Umfeld heraus – egal mit wem und in welcher Konstellation du wohnst. Oft gibt es Konflikte um Aufstehzeiten, Erledigungen und die Planung für die folgende Zeit. Und das ist absolut verständlich. Die meisten Erwachsenen arbeiten und funktionieren oftmals selbst in einer gewissen Alltagsstruktur und haben zudem einen Erziehungsauftrag für dich, der bisher auch darin bestand, dich durch deine Schulzeit und dein Leben zu navigieren. Manchen Bezugspersonen gelingt es leichter, in dieser Phase loszulassen und dich machen zu lassen, anderen schwerer. Für Bezugspersonen ist diese Zeit ein ebenso großer Schritt, und wenn es oft Streit gibt, fühlen sich alle Beteiligten nach einiger Zeit irgendwie hilf- und manchmal auch ratlos. Wenn du gerade mit bewertenden Fragen wie:»Willst du jetzt jeden Tag so spät aufstehen?«, oder auch Vorwürfen wie:»Liegst du immer noch im Bett? So wird das aber nichts.« und »Wann kümmerst du dich endlich um deine Zukunft? Du bist so unzuverlässig und chaotisch.« bombardiert wirst, kann das ganz schön verunsichern und verletzen. Wenn du diese Aussagen kennst, tut es mir von Herzen leid, denn das hast du nicht verdient. Nichts an dir ist falsch! Du hast dich angestrengt und diese Zwischenphase darf freier sein als die Zeit sonst. Bezugspersonen machen sich oft Sorgen oder stehen selbst ganz schön unter Anspannung und Druck. Das entschuldigt jedoch nicht die Art und Weise, wie sie das zum Ausdruck bringen, und genau das dürft ihr offen miteinander besprechen und klären.

> Besprich mit deinem Umfeld klar und offen, wie deine Zwischenzeit aussehen soll und was du in dieser Zeit brauchst und dir wünschst.

Transparenz hilft dir und deinem Umfeld dabei, zu verstehen und nachzuempfinden, was du erlebst, fühlst und auch denkst und in welcher Phase du dich gerade innerlich befindest. Denn das sieht bei uns allen trotz Parallelen unterschiedlich aus. Ich wünsche dir, dass dein Umfeld dich versteht und liebevoll begleitet. Und wenn das nicht der Fall ist oder es heftige Konflikte gibt, dann möchte ich dir von Herzen zusprechen, dass du Mitgefühl und Verständnis für dich haben, für dich einstehen und dich auch abgrenzen darfst!

EINE HERAUSFORDERNDE ZEIT

Die Übergangszeit direkt nach der Schule ist für dich und unter Umständen auch für dein Umfeld herausfordernd. Der neue Rhythmus ist noch nicht gefunden, der Akku oft leer, und die Gestaltung deiner Zukunft wartet. Manchmal entsteht daher bei allen Beteiligten Druck und dadurch Anspannung, die sich in Konflikten entlädt. Auch finanzielle Sorgen und Absprachen, Haushaltsthemen, die fehlende Alltags- und Wochenstruktur oder das Engagement für die Entwicklung deiner eigenen Perspektive sind häufige Streitthemen. Ihr alle müsst und dürft euch in dieser Phase erst neu einfinden und diese miteinander gestalten. Dich selbst zu fragen, **was du brauchst**, aber auch deine Bezugspersonen zu fragen, **was sie brauchen**, kann dir und euch Entlastung bringen.

Die folgende Journaling-Übung hilft dir, mit KONFLIKTEN UMZUGEHEN – ganz egal, mit wem. Du kannst sie nutzen, um deine Gedanken, Empfindungen und Anliegen zu sortieren, Bedürfnisse klarer werden zu lassen und dir erst mal Raum zu geben. Denn geklärte Konflikte sind eine wichtige Lernerfahrung für uns und bringen uns weiter.

12-Minuten-Sortieren

Stell deinen Timer auf 12 Minuten.
Beginne dann, deinem Gegenüber, mit dem du einen Konflikt
klären willst, einen Brief zu schreiben.

1 Schreibe dafür als Erstes alles auf, was
du FÜHLST. Dann, was du DENKST. Dann,
was du WAHRGENOMMEN hast und was dich
wütend, traurig oder auch enttäuscht
stimmt oder verunsichert hat.

2 Schreibe als Nächstes deinen WUNSCH für eure Situation oder auch Beziehung auf (du kannst diese Übung auch für alle anderen Beziehungen in deinem Leben nutzen, selbst in Arbeitskontexten). Was würde dich und euch gemeinsam unterstützen?

_____

_____

_____

_____

_____

_____

_____

_____

_____

_____

_____

_____

3 Beende deinen Brief, indem du dir überlegst und notierst, was du von dir und deinem Gegenüber brauchst, um dich GESEHEN, GEHÖRT und WERTGESCHÄTZT zu fühlen. Das können Worte oder Verhaltensweisen sein. Und was du bereit bist, dafür einzubringen, dass dein Gegenüber sich GEHÖRT, GESEHEN und VERSTANDEN fühlt.

_____

_____

_____

_____

_____

_____

_____

_____

In Konflikten reagieren wir meist wütend und enttäuscht, das ist völlig menschlich. Dahinter versteckt sich oft das Gefühl, NICHT WAHRGENOMMEN, RESPEKTIERT und WERTGESCHÄTZT zu werden. Du darfst diese Journaling-Übung für dich nutzen, um Gefühle einfach mal rauszulassen und auszudrücken, dich zu sortieren und deine Bedürfnisse klar zu benennen. Wenn du weißt, was du brauchst und was du fühlst, stärkt sich mit der Zeit dein Selbstvertrauen, und du kannst mit Konflikten klarer umgehen, ohne dich selbst oder dein Gegenüber mit Vorwürfen zu bombardieren. Jap, wir alle kennen es.

Diese Übergangszeit dient dazu, erste Weichenstellungen für dein weiteres Leben zu konkretisieren. Du hast dir garantiert schon einige Gedanken gemacht, was du mit der Zeit nach deinem Schulabschluss »anstellen« und für dich umsetzen willst. Und vielleicht hast du auch bereits Ideen für deine berufliche Zukunft. Trotz all dieser Überlegungen fühlen sich viele von euch in dieser Zeit phasenweise unsicher, überlegen, ob das »die richtige Wahl« ist oder ob ihr alles »hinbekommen« werdet. Neben all den Ideen kann es schwerfallen und Angst machen, eine wirklich »konkrete Vorstellung« davon zu entwickeln, was wir beruflich und generell aus unserem Leben machen wollen, und uns dann darauf festzulegen.

In unserer Gesellschaft wird oft unbewusst das Bild vermittelt, dass »die, die es wissen, besser sind«. Doch du bist immer wertvoll, egal ob du bereits weißt, was du konkret machen möchtest, oder noch überlegst oder dir darüber noch völlig unsicher bist.

Wenn du dich zurzeit überfordert und manchmal auch einfach ideenlos fühlst, dann darfst du dir selbst erst mal eine dicke Umarmung schenken und dir liebevoll die Fragen stellen, die dir dabei helfen können, herauszufinden, was du willst und dir für deine Zukunft wünschst. Und genau diese zeige ich dir jetzt im nächsten Kapitel.

Immer mehr junge Menschen sagen, dass sie zwar gerne von ihrer Zukunft träumen, aber den Sinn darin nicht mehr sehen. Denn ihnen fehlt die HOFFNUNG, dass diese Träume wirklich realisierbar sind. Und ich kann das so gut verstehen! Im Moment scheint so vieles unvorhersehbar, und die Kosten für den eigenen Lebensunterhalt steigen stetig. Die letzten Jahre waren für viele von euch zusätzlich verunsichernd, und es ist okay, wenn du so empfindest. Du darfst dich bestärken und liebevoll an die Hand nehmen. Ich zeige dir im folgenden Kapitel Techniken und Unterstützungsmöglichkeiten, die dich bei vielen dieser Fragen und Unsicherheiten begleiten und dir guttun können.

DIESE CHECKLISTE KANN EIN ERSTER IMPULS FÜR DIE FOLGENDE ZEIT SEIN:

✦ Möchte ich gerne sofort weiterlernen oder wünsche ich mir eine Pause? Wie kann ich diesen Wunsch ermöglichen und finanzieren?

✦ Welche Nebenjobs, BAföG-Möglichkeiten, Stipendien, andere Unterstützungsformen gibt es?

✦ Welche Bewerbungsfristen gibt es in den Bereichen, die ich mir vorstellen kann?

✦ Wann muss ich meine Bewerbung spätestens einreichen und losschicken?

✦ Welche Unterlagen und Zeugnisse oder Anschreiben brauche ich dafür?

✦ Möchte ich beim Berufsinformationszentrum vorbeischauen?

✦ Wünsche ich mir eine Studienberatung?

3.
BEI DIR ANKOMMEN

Eine Idee von dir und deinem Leben zu entwickeln, kann ganz schön herausfordern. Es gibt so viele Möglichkeiten, und manchmal wissen wir einfach nicht, was wir wollen oder auch können. In diesem Lebensabschnitt darfst du so viele Entscheidungen treffen: »Wo willst du leben? Und wie?«, »Was willst du beruflich machen?« Und auch Fragen wie: »Was liegt mir gut?«, »Will ich studieren oder eine Ausbildung machen?«, kreisen bestimmt gerade in deinem Kopf.

Manche von uns lieben es, sich Lebensträume auszumalen, oder haben schon während der Schulzeit eine ganz konkrete Idee von sich, dem eigenen Beruf und der eigenen Lebensperspektive entwickelt. Doch vielen geht es völlig anders. Und selbst mit Zukunftsidee ist die Frage, wie unsere Vision realisierbar ist, eine, die herausfordern und sich überwältigend anfühlen kann. Denn eine Zukunftsperspektive zu *entwickeln* ist etwas anderes, als diese *umzusetzen*. Letzteres braucht Mut, Vertrauen und die Möglichkeit, das überhaupt tun zu können. Wir alle haben unterschiedliche Startbedingungen, Grundvoraussetzungen und Ressourcen zur Verfügung. Nicht jede:r von uns hat das Privileg, überhaupt an eigene Träume oder verschiedene Lebensentwürfe zu denken und an diese zu glauben.

Viele von euch erleben in dieser Phase Erfolgsdruck und kennen die Sorge, »sich falsch zu entscheiden« oder auch »zu scheitern«. Sich dabei von Erwartungen – sowohl eigenen als auch gesellschaftlichen – zu lösen, ist gar nicht so einfach. Ich zeige dir in diesem Kapitel Tools, mit deren Hilfe du dich mit dir und all deinen Fragen, Bedürfnissen, Stärken, Werten und Ideen auseinandersetzen und Entscheidungen für dich treffen kannst, fernab von Perfektionsdruck und irgendwelchen Idealen. Du darfst dich kennen und wissen, was dir wichtig ist, und dein Leben gestalten.

RICCARDA LYDIA (25)
SIE/IHR

Bereits während meines Studiums wurde mir klar, dass die traditionelle Ausführung des Berufes für mich nicht infrage kam. Ich konnte mich noch nie in einem Büro sehen, und die Selbstständigkeit sah so attraktiv aus. Doch sobald ich irgendwo erwähnte, dass ich mich nach dem Studium selbstständig machen möchte, wurde ich belächelt, oder mir wurde gesagt, dass mein Ziel unrealistisch ist und ich erst mal Berufserfahrung benötige. Hat mich das eingeschüchtert? Ja, auf jeden Fall. Doch ich behielt meinen Wunsch, allerdings erwähnte ich ihn erst mal nicht mehr.

Nach dem Abschluss meines Studiums sollte ich eigentlich überglücklich sein, doch ich war eher besorgt und ängstlich. Wenn ich zuvor gefragt wurde, was ich mache, entstanden mit der Antwort »Ich studiere noch« keine Nachfragen, denn es war ja etwas »Anständiges« und wurde nicht weiter hinterfragt. Doch jetzt hatte ich keine einfache Ausrede mehr, und das Gefühl, etwas vorweisen zu müssen, gab es inklusive. (Wenn ich ehrlich bin, fühle ich mich noch heute manchmal so.)

Ich eröffnete meinen Eltern, dass ich mich selbstständig machen möchte, und zwar sofort. Mein Papa nahm das ziemlich schnell hin und wies mich nur auf ein paar Dinge hin, über die ich mich informieren sollte. Meine Mama hatte etwas länger damit zu kämpfen. Sie hatte große Ängste bezüglich meiner Jobsicherheit, was im Krankheitsfall wäre etc. Diese Ängste bremsten mich teilweise auch.

Ich entschied mich trotzdem dafür, doch das Kernelement meiner Selbstständigkeit kannte ich zu dem Zeitpunkt noch nicht. Erst sah ich mich als Yogalehrerin, aber um in die Studios zu gelangen, benötigte ich Erfahrung. Ich unterrichtete kostenlos in meiner Universität Yoga und dann während der Pandemie online. Irgendwann wurde mir klar, dass ich so nicht weiterkommen würde und ich für ein Einkommen in einem Studio arbeiten müsste. Doch meine Angst hielt mich zurück. Ich redete mich selbst klein und baute mir den Glaubenssatz auf, dass ich nur, wenn ich Erfahrung habe, in einem Studio unterrichten kann.

Bei einem Besuch bei meiner besten Freundin fand ich mich weinend in ihrer Küche wieder. Ich hatte Angst und gleichzeitig wollte ich die Selbstständigkeit so sehr. Verzweifelt sagte ich:»Ich wünschte, irgendjemand würde mich an die Hand nehmen und mir den Weg in die Yoga-Welt zeigen.« Mir wurde klar, dass ich selbst etwas ändern musste. Zuerst wollte ich Stuttgart verlassen. Ich hatte schon immer den Wunsch, irgendwann im Ausland zu wohnen, also entschied ich mich für Barcelona. Obwohl ich in einer Beziehung war und mein damaliger Partner nicht mitziehen würde und ich niemanden in Barcelona kannte. Meiner Intuition vertraute ich trotzdem.

Mein Wunsch nach einer Mentorin manifestierte sich schneller als gedacht, als die Hostess eines Yoga-Retreats mir ein paar Wochen später ein Mentorship anbot. Das Einzige, was zwischen mir und dem Mentorship stand, waren die Standorte von ihr und mir. Sie wohnte in Amsterdam und ich in Stuttgart. Eine Planänderung musste her, und ich entschied mich kurzerhand, erst drei Monate in Amsterdam zu wohnen und dann nach Barcelona zu ziehen.

In Amsterdam angekommen wich meine Begeisterung erst mal purer Angst, als meine Schwester, die mich beim Umzug begleitet hatte, nach drei Tagen wieder abreiste.

Alles war neu, ich kannte niemanden, und ich war auf mich allein gestellt. Selbst ein einfacher Spaziergang durch das neue Viertel glich der Anstrengung eines Marathons. Ich verkroch mich die ersten Wochen in meinem Zimmer. Erst im Hotel, danach ein Airbnb und dann endlich fand ich eine Wohnung, in der ich bleiben und mich erden konnte.

Angst überwunden, oder? Teilweise, denn dann kam die große Einsamkeit. Zu der Zeit gab es einen großen Lockdown in den Niederlanden, und ich war gefangen in meiner kleinen Einzimmerwohnung. Für über einen Monat traf ich keinen Menschen, da ich niemanden kannte und keine Kontaktpunkte hatte, jemanden kennenzulernen.

Doch eigentlich war ich hier, um mein Business aufzubauen. Zu dem Zeitpunkt fühlte ich mich jedoch so gelähmt, und gleichzeitig hatte ich Angst, überhaupt damit anzufangen. Denn wenn ich anfangen würde, dann würde es ernst werden, und ich könnte versagen. Versagen – meine größte Angst überhaupt. Doch ich arbeitete mich über Monate Schritt für Schritt voran. Ich fuhr mit meiner Familie in den Skiurlaub und genoss es, so viele Menschen um mich zu haben. Die Einsamkeit fühlte sich kleiner an. Zurück in Amsterdam nahm ich mir vor, mich auf Bumble Friends anzumelden, und kurz darauf traf ich mich das erste Mal mit einem Mädchen, das genauso froh war, jemanden kennenzulernen. Über mein Business zerbrach ich mir noch immer den Kopf, denn inzwischen wurde mir bewusst, dass ich nicht nur Yogalehrerin sein möchte. Ich setzte mich selbst sehr unter Druck und wünschte mir diesen Klick-Moment, der mir alle Antworten liefert. Heute sehe ich, dass ich nur durch Ausprobieren einen Klick-Moment erleben konnte. Ich bot zwei kostenlose Manifestations-Workshops online an, und dadurch verstand ich, was mich erfüllte und was aktuell mein Business ausmacht. Das kann und darf sich mit der Zeit jedoch auch verändern, ich habe gelernt, die Ungewissheit zu akzeptieren.

Und mein größtes Learning auf dem gesamten Weg: Versuche aufzuhören, Gedanken Raum zu geben wie »Wenn ich erst mal XY erreicht habe, dann kann ich meinen Traum leben, und dann bin ich glücklich.« Du bist nicht glücklicher, wenn XY passiert. Genieße dein Leben im Jetzt, sei dankbar dafür und gespannt, was dir in der Zukunft auf deinem Weg geschenkt wird. Und mache dich selbst nie klein, weil du gerade noch zu jung/unerfahren/nicht der Experte/die Expertin von ganz Deutschland bist. Alles passiert zu seiner Zeit, und wenn ich auf meine absoluten Tiefpunkte zurückblicke, öffnete sich doch eine neue Tür, obwohl ich das Ende meiner Träume sah. Manchmal müssen wir erst etwas lernen und dadurch einen vermeintlichen Rückschlag durchleben, sodass wir für unsere eigentliche Bestimmung bereit sind.

B evor wir mit all den Tools einsteigen, möchte ich einen Gedanken und Erfahrungswert mit dir teilen, der mich auf meinem Lebensweg sehr bestärkt hat. Ich durfte ihn mit vierzehn kennenlernen, und er hat mir auf meinem Weg Kraft und vor allem tiefe Freude gegeben. Es ist ein Konzept, das ursprünglich in vielen verschiedenen Lehren, unter anderem auch in der Bibel, der Yogaphilosophie, dem Koran und anderen spirituellen und philosophischen Schriften, ein wichtiger Bestandteil ist und mittlerweile auch in der Psychologie aufgegriffen wird. Ich bin fest davon überzeugt, dass unser Leben und unser Beruf *Berufung* sein können und unsere Arbeit und Handlungen mehr als nur »irgendeine Tätigkeit«, in der wir gut sind und mit der wir unsere Zeit verbringen. Wir alle haben so unterschiedliche Begabungen, Interessen, Erfahrungen, Perspektiven und Lebensgeschichten. Und genau diese können wir in unseren Beruf und Lebensalltag einbringen und beides dadurch zu einer *Erfahrung* machen, die uns und anderen in irgendeiner Weise dient und zur Veränderung unserer Gesellschaft beiträgt. Wenn wir uns mit unserer Tätigkeit in einer Form identifizieren können, die für uns und andere einen *größeren Sinn ergibt* und *von Bedeutung ist*, dann können wir wirklich etwas bewegen und Freude dabei finden. Viele sehnen sich nach diesem größeren Ziel oder Sinn. Und auch die heutige Wissenschaft sagt – wie bereits Aristoteles –, dass wir nachhaltig *erfüllter* und auch *zufriedener* sind, wenn wir in unserem Leben und in unserem Beruf *Sinn* erkennen. Das schließt nicht aus, dass es natürlich wichtig oder manchmal einfach notwendig ist, einen Job anzunehmen, um für den eigenen Lebensunterhalt aufkommen zu können. Und auch nicht, dass du Phasen auf deinem beruflichen Werdegang erleben wirst, die dich anstrengen, frustrieren oder verunsichern. Unser Berufsalltag kann selbst mit *Berufung* manchmal monoton, herausfordernd und ätzend sein. Und auch Lebenskrisen und Durststrecken gehören zu unseren Erfahrungen.

Dein Lebensgefühl wird sich immer aus vielen verschiedenen Aspekten, Bereichen und Erfahrungen ergeben und nicht alleine aus deinem Beruf oder gar beruflichen Erfolgen. Aber gerade deshalb darfst du einen Lebenssinn für dich kreieren und auch in deinem Alltag finden, der dich und andere bestärkt, erfüllt und nachhaltig bewegt. Dieser muss nicht an konkrete Ziele geknüpft sein, sondern darf sichtbar werden – in deinen Handlungen, deiner Art, mit dir und anderen in Kontakt zu gehen, und darin, dass du deine Stärken, Fähigkeiten, Werte und deine Stimme mit der Welt teilst.

> **Du hast Begabungen, Erfahrungen und Fähigkeiten und darfst sie für dich und andere einsetzen. Du darfst dir vertrauen und an dich glauben!**

Diese Perspektive auf dein Leben kann uns alle – meiner Erfahrung nach – bereichern. Mir selbst hat sie Mut gegeben, an mich, meine Stärken und meinen ganz eigenen Weg zu glauben, mit Menschen in Kontakt zu kommen, stimmige Entscheidungen für mich zu treffen und mit Herausforderungen umzugehen. Ich hoffe, dass du dich inspiriert fühlst, einen mutigen Blick auf dich, deine Fähigkeiten und dein Leben zu entwickeln. Du bist wichtig und wertvoll und darfst Entscheidungen treffen, die dir und anderen dienen!

Unseren Lebensunterhalt FINANZIEREN zu können ist
absolut wichtig und stellt leider viele, vor allem auch
junge und von Diskriminierung betroffene Menschen,
vor Herausforderungen. Denn noch viel zu viele Berufe
sind unterbezahlt, und auch nicht jede:r von uns hat die
Möglichkeit, seine Arbeitsstelle frei zu wählen. Es ist
wichtig, darüber zu sprechen und gegebenenfalls eigene
Privilegien für andere einzusetzen. Denn nur so können
wir Veränderung bewirken.

Du darfst träumen und deinen eigenen Weg gehen

Deinen eigenen Weg zu finden und an deine Stärken, Fähigkeiten, Ideen und Träume zu glauben ist eine wunderschöne
Aufgabe, die phasenweise ganz schön herausfordert. Selbstzweifel, Vergleiche, Lebensrealitäten, unterschiedliche Startbedingungen und Erwartungsdruck machen Entscheidungen
und auch erste Schritte oft umso beängstigender. Warum
sage ich, dass es trotzdem wichtig ist, an dich und deine Lebensträume zu glauben? Träume sind immer auch ein Hin-
weis auf deine Bedürfnisse, Erfahrungen, Wünsche, Werte
und Visionen. Sie geben dir Lösungsansätze und teilen dir
mit, was wertvoll für dich ist. Dir selbst den Freiraum zu ge-
währen, deine Träume kennenzulernen, ist darüber hinaus
so unfassbar wichtig, um auf deinem Lebensweg immer wieder auftanken und Perspektiven entwickeln zu können. Sie
helfen dir, Motivation zu finden und Entscheidungen für
dich zu treffen. Du hast Stärken, die sich in deinen Wünschen
und Visionen vom Leben ausdrücken, und genau das ist ein
großer Schatz, der dich in diesem Lebensabschnitt, aber auch
später im Leben unterstützen darf.

Es kostet Mut und Vertrauen, an dich und deine Vision vom Leben zu glauben und dem Leben selbst auch zu vertrauen. Manchmal fehlt genau diese Kombination, um erste Schritte zu gehen und für dich und deinen eigenen Weg einzustehen. Vor allem, wenn du verunsichernde Erfahrungen gemacht hast oder unter schwierigen Bedingungen gestartet bist.

Egal wie deine Lebensrealität gerade aussieht, du darfst an dich, deine Wünsche und Träume glauben, deine Bedürfnisse respektieren und für dich einstehen! Du hast Stärken, die die Welt braucht, und kannst uns alle dadurch bereichern. Wir brauchen dich so, wie du bist, mit allem, was zu dir gehört!

Ich lade dich in der folgenden Übung ein, zu träumen und deine Zukunft zu visualisieren. Und zwar so richtig, richtig kreativ und unter Einbeziehung all deiner Wünsche, Bedürfnisse, Träume und Ziele. Du darfst mutig und voller Lust, Hoffnung, Kreativität und Inspiration in deine Zukunft blicken und diese gestalten. Imaginationsübungen, Journaling und auch Breathwork helfen dir dabei, deiner Vorstellungskraft so richtig Freiraum zu lassen, deiner INNEREN STIMME zu lauschen und KREATIVE VISIONEN zu entwickeln.

Deine Träume sind wichtig

VISION BOARDING

Vielleicht kennst du bereits Vision Boards oder hast sogar schon mal eines erstellt. Viele junge Menschen, die ich kenne, praktizieren das Erstellen eines Vision Boards digital, und auch das kann total hilfreich sein und Spaß machen. Ich kombiniere diese Methode immer mit einer Breathwork- und Imaginationsübung sowie Journaling und lade dich dazu ein, diese Übung unbedingt analog zu machen. Wenn wir erst atmen und imaginieren und unsere Vision dann runterschreiben und auf einem Plakat haptisch visualisieren, wird unser Körper samt all seiner Empfindungen und Emotionen stärker einbezogen. Das gibt dir noch mehr Freiheit, Antrieb und Freude.

Such dir für die Übung daher verschiedene Zeitschriften zusammen, Kleber, Fotos und wenn du magst auch einen Tuschkasten und Stifte sowie ein großes Plakat.

Wähl einen ruhigen Ort, an dem du dich wohlfühlst. Mach es dir mit deinem Lieblingsgetränk, Musik und Kerzen gemütlich. Und dann geht es los:

SCHRITT 1

1 Finde eine bequeme Sitzposition für dich und beginne, deine Aufmerksamkeit auf deinen Atem zu lenken.

2 Leg deine Handflächen aneinander und reibe sie, bis Wärme entsteht. Atme dabei tief und gleichmäßig. Leg eine Hand auf deinen Bauch und eine Hand auf dein Herz und schließe deine Augen.

3 Atme tief in deine Hände, spür wie deine Bauchdecke und dein Brustkorb sich mit der Einatmung heben und mit der Ausatmung senken. Lass deinen Körper mit jeder Runde voller und entspannter werden und dich tiefer in den Boden sinken. Wiederhole das für 10–15 Runden. Lass dir Zeit, um raus aus dem Kopf und rein in den Körper zu kommen.

4 Lass deinen Atem jetzt los und ganz natürlich fließen. Stell dir dich und dein Leben in genau einem Jahr vor. Du stehst morgens aus deinem Bett auf, wie geht dein Tag weiter? Was erlebst du? Was siehst du? Was machst du? Wie fühlst du dich? Was isst du? Wer ist bei dir? Welche Tätigkeiten, Gewohnheiten und Rituale bringen dir Spaß und Freude? In welcher Umgebung bist du? Was tut dir gut? Wie fühlt sich dein Körper an? Mal dir alles so detailliert und begeistert wie möglich aus. Hierbei geht es nicht darum, möglichst realistisch zu sein, sondern groß und emotional zu träumen. Du darfst das.

5 Lass alle Bilder, Wünsche und Bedürfnisse zu dir kommen. Deine Vorstellung ist genau richtig. Wenn du merkst, dass du dich selbst limitierst und Selbstzweifel aufkommen, ist das absolut okay und menschlich. Atme tief ein und lösend durch Mund oder Nase aus und komm jederzeit zu deiner Imagination und deiner inneren Stimme zurück.

6 Atme noch mal tief ein und aus und sag dir zum Abschluss: »Ich kreiere ein Leben, in dem ich meine Wünsche und Werte leben und vertreten darf.« Sag dir »Danke« und mach alle Bewegungen, die dir guttun, und schnapp dir dein Journal.

SCHRITT 2

Schreibe das Datum von heute in einem Jahr an den Anfang deines Blattes. Schreibe alles auf, was dir in den Sinn kam und du gefühlt hast. Sei dabei so detailliert wie möglich und binde deine Emotionen mit ein. Sätze wie »Ich strahle über das ganze Gesicht und merke, wie mein Bauch kribbelt, wenn ich ...« oder auch »Ich liebe es ...«, sind absolut hilfreich und willkommen. Deine Emotionen dürfen dir den Weg zu deinen Bedürfnissen und Wünschen leiten und helfen dir dabei, **nicht einfach irgendwelche Ziele zu erreichen, nur um sie zu erreichen, sondern dir selbst näherzukommen.**

SCHRITT 3

Geh deinen Text jetzt durch und kringel alle Wörter und Sätze ein, die dich ansprechen und in denen du deine Begeisterung gefühlt und ausgedrückt hast. Setze diese Highlights, gerne auch farblich, und markiere dir so selbst nochmals detailliert, was für dich von Bedeutung und wertvoll ist. Das können alle möglichen Wörter und Textpassagen sein.

**Fülle im Anschluss daran anhand deiner Highlights
und Intention folgende Prompts aus:**

»ICH ERLAUBE MIR, EIN LEBEN ZU KREIEREN, IN DEM ICH ...«

»ICH VERDIENE EIN LEBEN, IN DEM ICH FÜHLE, DASS ICH ...«

»ES IST MEIN GEBURTSRECHT ZU ...«

Dir selbst immer wieder zuzusprechen, dass du Bedeutung in deinem
Alltag und Sein finden und deine Bedürfnisse, Stärken und Ideen
anerkennen darfst, ist absolut bestärkend – vor allem im Umgang mit
Selbstzweifeln. Du darfst daran glauben, dass du wichtig und wertvoll
bist, und deine Werte, Visionen und Stärken in die Welt tragen!

SCHRITT 4

Jetzt schnapp dir deine Zeitschriften, Fotos, Stifte oder suche
auf Pinterest Bilder, die zu deiner Vision passen. Sammle alles, was
dich anspricht und wovon du dich inspiriert fühlst. Schneide und
drucke es dann aus und gestalte auf deinem Plakat oder deiner
Leinwand dein Vision Board.

Häng dir dein Vision Board in dein Zimmer oder deine Wohnung.
Schau es dir an und sei stolz auf das, was du kreiert hast. Speichere noch
mal bewusst alle Empfindungen ab, die du dabei gespürt hast, und nimm
wahr, was du empfindest, wenn du es anschaust. Beides ist wichtig – **der
Prozess des Kreierens und Entstehens (Prozessvisualisierung)** und das
Endergebnis (Ergebnisvisualisierung) – und kann dir auf deinem Weg
Kraft und Zuversicht schenken.

Wenn du merkst, dass dir die Übung schwerfällt oder Sorgen und Gedanken wie »Das ist doch alles Blödsinn«, »Das wird niemals eintreffen« oder auch »Was, wenn ich mich falsch entscheide« auftauchen, ist das vollkommen okay. Wir alle kennen solche Zweifel. Du darfst dir Zeit lassen, und es gibt auch keine Noten und keinen Wettbewerb zu gewinnen. Du darfst jederzeit Pausen machen, von vorne anfangen und dir Freiraum geben. Diese Übung und dein Vision Board sind alleine für dich.

Diese Übung und alle vier Schritte helfen dir dabei, eine Verbindung zu deinen Träumen, Stärken und Bedürfnissen aufzubauen. Du kannst sie im Übrigen auch für einen beliebigen Zeitraum ausdehnen und nutzen, beispielsweise fünf, zehn oder dreißig Jahre.

Die meisten von uns müssen erst mal wieder lernen, kreativ und ganz frei, wild und neugierig denken und visualisieren zu dürfen, ohne sich dabei selbst zu korrigieren oder sich in reiner Logik zu begrenzen. Diese Übung soll dir einfach Spaß machen, und dabei geht es nicht um eine Wissens- oder Realitätsabfrage oder darum, dass du deine Träume eins zu eins erfüllst, sondern dass du dir selbst den Freiraum gibst, dich besser kennenzulernen.

Dein Vision Board darf sich übrigens mit der Zeit auch verändern und weiterentwickeln – genauso wie du selbst und dein Leben. Deine Fähigkeit zu imaginieren und zu visualisieren, kann dich jederzeit dabei unterstützen und bleibt ein Leben lang bei dir.

DEIN VISION BOARD DARF DICH AN DIE HAND NEHMEN UND DICH JEDERZEIT AN DEINE TRÄUME, WÜNSCHE, ZIELE UND BEDÜRFNISSE ERINNERN! ES DARF DEIN ANKER SEIN, WENN SICH ZWEIFEL, SORGEN ODER UNSICHERHEIT MELDEN.

VISUALISIEREN UND TRÄUMEN

Von klein auf können wir träumen und uns Dinge, die nicht real vorhanden sind, imaginieren. Wenn du bereits in deiner Kindheit Tagträume mochtest, dann hoffe ich, dass du dir auch heute noch erlaubst, diesen nachzugehen. Denn TAGTRÄUME, VISUALISIERUNGEN und IMAGINATIONSÜBUNGEN sind so viel mehr, als ihnen manchmal unterstellt wird. Oftmals werden diese als »spiritueller Quatsch«, »kindliches Wunschdenken« oder »Träumereien« abgetan. Vielleicht kennst du auch Gedanken wie: »Zu träumen lohnt sich eh nicht. Die Realität sieht anders aus.«, »Träume sind Schäume.« oder auch »Meine Träume sind Blödsinn, sie werden eh niemals wahr.« Manchmal geht das Thema auch in eine völlig andere Richtung, und Lebensträume werden als übergroße Leistungsansprüche abgetan, die zum Erfolg führen.

Doch die Fähigkeit, Dinge zu visualisieren und zu imaginieren, ist vor allem eines: *eine wunderbare Ressource von uns, um eine Perspektive und Lösungen zu entwickeln.*

Wenn du imaginierst, werden eine Vielzahl an Prozessen in deinem Gehirn und Körper freigesetzt, die dir unter anderem dabei helfen, dich *auf neue Situationen vorzubereiten, kreative Lösungsansätze zu entwickeln* und *mit Unsicherheiten* und *zu viel Stress hilfreich umzugehen.* Es ist also so viel mehr als die Idee, dass »deine Träume sofort Realität werden müssen« oder Dinge wahr werden. Sportler:innen nutzen diese Techniken beispielsweise seit Langem, um sich auf Wettkämpfe vorzubereiten oder einen Leistungsanstieg zu erzielen. Auch in der Psychologie und Psychotherapie werden Imaginationsübungen angewandt, um den Effekt des Vorbereitens und »sich zu beruhigen« – beispielsweise

mit Blick auf herausfordernde oder neue Situationen –
zu erzielen. Uns Situationen zu visualisieren, kann also
absolut guttun und bestärken.

Dein Gehirn und dein Körper können so viel mehr,
als uns beigebracht wird oder bewusst ist.
Du darfst deine Fähigkeiten für dich einsetzen
und deine Perspektiven entwickeln!

Deine Stärken entdecken

Du hast Begabungen und Stärken, die du auf deinem Weg
entwickelt hast und noch ausbilden wirst und die dich in allen Lebensbereichen begleiten können. Das sind Fertigkeiten,
Eigenschaften und Wesenszüge an dir, die dir besonders liegen. In der Psychologie wird hierbei zwischen **soft skills** und
hard skills unterschieden. Deine soft skills sind Charakter-
eigenschaften von dir, wie beispielsweise deine Teamfähig-
keit, deine Ausdauer, Frustrationstoleranz, Empathiefähig-
keit oder dein Humor. Deine hard skills sind deine fachlich
erlernten Fähigkeiten, zum Beispiel dein Wissen in Natur-
wissenschaften oder deine Begabung für Sprachen, Literatur
oder Musikalität. Wir alle haben so viele unterschiedliche
Stärken, Wesenszüge und Fähigkeiten. Manche von uns sind
gut darin zu kochen, kreativ zu sein, Dinge zu designen, andere zu unterstützen, ihnen zuzuhören oder sie zu inspirieren. Wieder andere haben eine absolute Stärke, Projekte zu
entwickeln oder sie technisch umzusetzen und Lösungen zu

finden oder Menschen zu leiten. Ganz egal, was deine Stärken sind, sie können vielfältig sein, und es lohnt sich, sie für dich herauszufinden.

Du kannst deine Begabungen beispielsweise daran erkennen, dass du besonders viel Freude beim Tun empfindest oder dich währenddessen und danach aufgeladen und inspiriert fühlst. Unser Körper sendet uns permanent Signale und kommuniziert mit uns. Dir deine Empfindungen bei Handlungen bewusst zu machen, hilft dir dabei, deinen Kompass auf deinem Weg zu finden.

Es lohnt sich auch, dein Feedback aus deinem Umfeld bewusst zu beobachten, denn deine Stärken sind oft bereichernd für andere.

Welche Eigenschaften und Qualitäten werden dir besonders oft zurückgemeldet? Das kann so etwas sein wie »Du bist supergeduldig und hast irgendwie immer ein Ohr für mich.« oder auch »Deine technischen Skills sind so beeindruckend.« oder »Jedes Mal, wenn ich mit dir spreche, fühle ich mich inspiriert und irgendwie bestärkt.«.

Du darfst entdecken und bewusst wahrnehmen, welche deiner Stärken dir Spaß machen und Energie schenken. Und auch wertschätzendes Feedback aus deinem Umfeld als deine Stärken annehmen und anerkennen!

Oftmals brauchen wir einen WERTSCHÄTZENDEN BLICK »von außen« auf uns, um unsere Stärken überhaupt zu erkennen. In der Psychologie nutzen wir dafür das **Spiegeln**. Denn wir alle sehen uns durch einen Filter, der nicht immer wertschätzend gefärbt ist, haben Meinungen von uns gebildet oder auch abwertende Kommentare über uns gehört, die wir mit uns umhertragen. Außerdem nehmen wir uns den lieben langen Tag »von innen« wahr, mit all unseren Emotionen und Gedanken, das verändert den Blick auf uns. In dayā-Sessions sage ich daher immer: Wir müssen gesehen werden, um uns selbst zu erkennen. Sowohl von uns als auch durch andere.

Eine **Beobachter:innen-Perspektive** einzunehmen, dich selbst wertschätzend zu spiegeln und auch auf wertschätzendes und echtes Feedback aus deinem Umfeld zu achten, kann dir dabei helfen, deine Stärken zu erkennen. Du merkst solches Feedback daran, dass es sich warm, ermutigend, weich und zusprechend anfühlt und du dich gesehen fühlst.

Weil es für viele von uns so unfassbar schwer ist, eigene Stärken zu erkennen und auch anzunehmen, habe ich die folgende Übung für dich kreiert. Sie hilft dir dabei, dich genauer zu beobachten und zu REFLEKTIEREN – und damit meine ich, dass du Licht auf dich scheinen lässt, um dich zu sehen und zu erkennen, dass du wertvoll und begabt bist.

Lass dein Licht auf dich scheinen

1 Komm in eine Position deiner Wahl. Lege deine Handflächen aneinander und beginne, sie schnell zu reiben, sodass Wärme entsteht. Richte deine Aufmerksamkeit auf deine Atmung, atme tief ein, zähl dabei bis 4. Halte deinen Atem kurz und atme jetzt lang aus, zähl dabei bis 4. Wiederhole das ein paarmal und lege dann deine Hände aufs Herz.

2 Atme weiter, tief und gleichmäßig ein und aus und stell dir vor, dass du aus dem Kopf in deinen Körper wanderst. Als würdest du eine Treppe hinuntergehen. Lass dich bei dir ankommen.

3 Stell dir jetzt liebevoll-auffordernd die Frage: In welchen Momenten kann ich meine Stärken sehen und fühlen? Wobei scheint mein Licht? Bei welchen Handlungen und Tätigkeiten vergesse ich Raum und Zeit um mich herum? Wobei habe ich besondere Freude und Leichtigkeit? Mal dir aus, was du machst und wie du es machst. Welche Empfindungen hast du dabei? Wenn sich Selbstzweifel bemerkbar machen oder der Quälgeist sich meldet, ist das vollkommen okay. Du kannst jederzeit zurück zu deinem Atem und einer bestärkenden Haltung kommen.

4 Stell dir jetzt offen und neugierig die Frage: Wann hat ein Feedback von anderen ein Gefühl von Stimmigkeit in mir ausgelöst? Wann hatte ich das Gefühl, in meinen Stärken erkannt und gesehen zu werden? Welche Stärken und Eigenschaften wurden mir dabei zurückgemeldet? Lass auch hier alle Antworten zu dir kommen und atme für dich.

5 Atme noch mal tief ein und tief aus und sag dir zum Abschluss: »Ich darf meine Stärken erkennen und annehmen. Ich darf meine Stärken mit anderen teilen und sie in die Welt tragen.« Streck die Arme lang über deinen Kopf und schüttle sie nach unten aus. Sag dir selbst Danke.

EINEN SICHEREN UND BESTÄRKENDEN RAUM FÜR DICH ZU KREIEREN UND DIR DIE ERLAUBNIS ZUZUSPRECHEN, DICH ZU ERKENNEN, IST DAS ERMUTIGENDSTE, DAS DU FÜR DICH TUN KANNST. IMMER WIEDER.

Diese Übung soll dich ermutigen, dein Licht auf dich und dann auch andere scheinen zu lassen. Denn zu unseren Stärken selbstbewusst zu stehen und sie mit anderen zu teilen, inspiriert immer auch unser Umfeld dazu, eigene Fähigkeiten und Begabungen zu erkennen. Dieser Synergieeffekt ist absolut wertvoll, und ich liebe es immer wieder, diese Übung in dayā-Sessions zu machen und zu sehen, wie ihr eure Stärken untereinander teilt.

Die eigenen Stärken und Begabungen anzuerkennen, fällt oft
schwer. Vor allem, wenn wir in ein neues Umfeld kommen
oder neue Tätigkeiten ausüben, können Selbstzweifel richtig reinkicken. Wir alle kennen diese Momente. Selbstzweifel
zu haben bedeutet aber nicht, dass wir nicht generell daran
glauben, dass wir Stärken und Fähigkeiten besitzen. Meiner
Erfahrung nach wissen viele von uns, dass uns Fähigkeiten
und Begabungen innewohnen. Doch diese mit anderen zu
teilen, in die Welt zu tragen und selbstbewusst dazu zu stehen oder sie gar für einen Beruf zu nutzen, ist eine völlig
andere Sache.

Dir selbst immer wieder die Erlaubnis zuzusprechen, an
dich glauben zu dürfen, ist daher unabdingbar. Ich selbst
nutze in solchen Momenten die folgenden Affirmationen zur
Bestärkung:

»Ich erlaube mir, an mich zu glauben und mir zu vertrau-
en. Meine Stärken sind wichtig und wertvoll.«

»Ich lasse meine Selbstzweifel los, um mich ausdrücken
und kreativ arbeiten zu können.«

Bestärke dich selbst

Du darfst deine eigenen Affirmationen finden.
Ich lade dich dafür ein, die folgenden Prompts für dich zu füllen:

»ICH ERLAUBE MIR ...«

_____

_____

_____

_____

_____

»ICH LASSE MEINE SELBSTZWEIFEL LOS, UM ...«

_____

_____

_____

_____

_____

Gestalte deine Affirmationen auf eine Karte. Und hänge sie dir an
einen Ort, an dem du sie immer wieder sehen kannst. Du kannst sie
auch an deinen Spiegel schreiben und dich gleich morgens damit
begrüßen. Tief durchatmen und sie dir laut sagen.

> **Du hast Gaben und Fertigkeiten, die tief in dir verankert sind. Und genau diese darfst du erkennen, ausbilden und für dich und andere nutzen!**

Ich wünsche dir Lust dabei, deine Fertigkeiten, Fähigkeiten und Gaben auf deinem Weg zu entdecken, und die Liebe und Neugierde, diese für dich weiterzuentwickeln. Sie dürfen dich mit Freude erfüllen. Ganz unabhängig davon, ob du sie zu deinem Beruf machst, sie in deiner Freizeit oder in einem Ehrenamt nutzt. Denn wir brauchen genau dich mit deinen Gaben und Fähigkeiten!

Deine Werte kennen

Unsere Werte sind mehr, als uns oft bewusst ist. Wir alle tragen so viele unbewusste Überzeugungen in uns, welche Dinge, Bedürfnisse und Handlungen wichtig oder auch unwichtig für uns sind. Sie alle drücken sich in unseren Entscheidungsprozessen aus. Und davon treffen wir ziemlich viele, ohne dass es uns klar ist (bis zu 100.000 an einem Tag, wow). Je nachdem, wie gut wir mit uns, unseren *Bedürfnissen* und unserer *Intuition* im Kontakt sind und wie viel Stress wir gerade erleben – und dabei gibt es absolut keine Wertung und kein Richtig oder Falsch –, fällt es uns leichter oder auch schwerer, uns entsprechend unserer Werte zu entscheiden. In manchen Situationen haben wir auch so viel Angst, »die falsche Entscheidung zu treffen«, oder die Entscheidungen kommen uns »übergroß und unveränderbar« vor, sodass wir wie gelähmt sind.

Auch Werte von anderen zu übernehmen, ohne uns darüber im Klaren zu sein, dass sie gar nicht zu unseren eigenen Überzeugungen passen, ist völlig menschlich und in unserer Gesellschaft ganz schön leicht. Überall hängen Werbereklamen, Ads werden auf Social Media und auf YouTube geschaltet, und auch unser Umfeld prägt uns entsprechend bestimmter Werte. Das kann Druck erzeugen oder Unzufriedenheit und das Gefühl, »fremdgesteuert« zu sein.

Dir deine ganz eigenen Werte immer wieder bewusst zu machen und dir den Zuspruch zu geben, diese ausleben zu dürfen, kann dir dabei helfen, stimmige Entscheidungen für dich zu treffen. Und gerade die großen Fragen wie: »Was ist mir beruflich wichtig?«, »Wofür möchte ich mich einsetzen?«, »Was möchte ich in die Welt tragen?« und »Wodurch möchte ich meinen Lebensunterhalt verdienen?«, lassen sich dann mit der Zeit leichter beantworten.

Werte drücken immer aus, was für uns *von Bedeutung* und *wichtig* ist. Du kennst sicherlich Werte wie: *Toleranz, Ehrlichkeit, Erfolg, Mitgefühl, Solidarität* und *Selbstbestimmung.* Aber auch *Loyalität, Nachhaltigkeit, Treue, Fortschritt, Sicherheit, Ehrlichkeit, Disziplin, Harmonie, Leistung, Gesundheit, Gerechtigkeit* und *Friede* zählen häufig zu unseren Werten.

Für jede:n von uns ist etwas anderes von Bedeutung, und du darfst deine Werte für dich entdecken. Sie können sich auch über die Zeit verändern, und das ist vollkommen okay. Gerade in deinem Lebensabschnitt, mit all den Erfahrungen und neuen Perspektiven, wandeln sich diese oft noch einmal, und dieser Prozess ist wunderschön. Du darfst dich weiterentwickeln und mit der Zeit und Erfahrung immer besser kennenlernen. Du darfst mit dir befreundet sein und bei all diesen Entwicklungsprozessen und Veränderungen wirkliches Interesse an dir haben.

Dein Wertekompass

Die folgende Übung kann dich dabei unterstützen, dir über deinen WERTIGKEITSKOMPASS bewusst zu werden und die Dinge zu finden, die dir wirklich wichtig sind und Freude sowie tiefe Dankbarkeit schenken. Denn genau das dürfen und können sie für dich sein – ein Kompass, der dich durchs Leben leitet und dir Antrieb schenkt.

Über deine Werte nachzusinnen, darf Spaß machen
und muss nichts Trockenes, rein Rationales sein.
Stell dir vor, du würdest dein eigenes Unternehmen gründen
oder bei einem Unternehmen deiner Träume anfangen.
Für welche Werte und Themenbereiche würde es einstehen?
Welche Zielgruppen (Mensch, Umwelt und Tier) unterstützen? Welche Probleme in der Welt beheben? Und worin
lägen deine Fähigkeiten, Aufgaben und Handlungen,
um diese Werte umzusetzen?

Schreibe alles auf, was dir einfällt und
dich begeistern würde.

_____

_____

_____

_____

_____

_____

_____

_____

_____

_____

_____

_____

_____

_____

_____

2   Notiere zum Abschluss ein kurzes Statement,
     das die folgende Frage beantwortet:

WARUM MÖCHTE ICH IN DIESEM UNTERNEHMEN ARBEITEN UND MEINE WERTE IN DIE WELT TRAGEN?

_____

_____

_____

_____

Das ist dein *Warum*. Unsere Werte zu kennen ist wunderbar. Zu wissen, *warum* und *wodurch* wir unsere Werte in die Welt tragen wollen, ist Antrieb, Anker und Kraft.

> **Du darfst wissen, was für dich zählt und für was du im Leben einstehen willst. Du darfst dir selbst immer wieder die Freiheit schenken, in dich hineinzuhören und deine Werte und dein Warum zu erkennen.**

Unser WARUM schenkt uns einen Antrieb, der meist über uns selbst, reine Ziele und konkrete Ergebnisse oder Vorstellungen hinausgeht. Oft wird dieses auch **Purpose** genannt. Ich selbst habe **mein Warum** über die Jahre immer wieder gefunden und vertieft. Es kam durch unzählige und auch bedeutende Erfahrungen zu mir und durch meinen Glauben.

Du darfst **dein Warum** entdecken und es mit anderen teilen. Und ich wünsche dir von Herzen, dass es dir tiefe Dankbarkeit und Freude schenkt. Wenn du mehr dazu erfahren willst, darfst du dich gerne von der japanischen Lebensphilosophie Ikigai, dem yogischen Dharma, der Bibel oder auch anderen spirituellen Schriften inspirieren lassen.

Deine Interessen und Leidenschaften

Auch deine *Interessen* und *Leidenschaften* sind ein wichtiger Wegweiser im Hinblick auf deine Berufsfindung und dein Wohlgefühl im Leben. Es gibt schon immer einen Diskurs darüber, ob wir unsere Interessen und Leidenschaften zum Beruf machen sollten oder lieber nicht. Interessen und Leidenschaften haben die Besonderheit, dass wir sie freiwillig aufsuchen und wählen und dadurch unfassbar oft wiederholen. Natürlich haben wir auch hier manchmal keine Lust und fühlen uns eher unserer Mannschaft, die auf uns wartet, oder einem Klavierlehrer, der einen Termin für uns gebucht hat, verpflichtet. Doch grundsätzlich mögen wir unsere Passionen und Interessen und gehen ihnen daher mit Freude und Spaß nach. Das macht uns ausdauernder und auch leidenschaftlicher und verändert die Weise, wie wir etwas tun. Leidenschaft übt und lässt uns für etwas brennen.

Du hättest mich als Teenagerin beispielsweise immer im Tanzstudio gefunden. Ganz egal, was gerade los war, wie müde ich war oder was in meinem Kopf vorging – zu tanzen, mich zu bewegen und Musik machten mir Spaß und schenkten mir immer Energie.

Die Auffassung, dass genau das verloren gehen kann, wenn wir Passionen täglich ausüben »müssen« und dafür bezahlt werden, ist berechtigt, trifft meiner Erfahrung nach aber nicht für alle Situationen und Menschen zu. Unsere Situationen und auch wir selbst unterscheiden uns so stark voneinander – daher ist es so wichtig, dass du deinen eigenen Weg für dich herausfindest und dich einfach ausprobierst. Was für mich passt, passt für dich vielleicht überhaupt nicht. Trau dich, deiner *Intuition* zu folgen und verschiedene Dinge auszuprobieren. Du kannst dir dabei immer wieder neugierig und offen die Frage stellen: »Ist das etwas, was mir so viel Spaß macht, dass ich es gerne jeden Tag tun möchte?« Ob du es dann zu deinem Beruf machst oder für dich als Hobby nutzt, ist vollkommen egal und bleibt dir überlassen. Du musst nicht alles direkt wissen, sondern darfst Dinge für dich herausfinden und immer wieder neu entdecken und dich dabei umentscheiden. Das kann nach der Schulzeit ein ganz schöner Umdenkprozess sein.

Uns selbst zuzugestehen, *immer wieder Anfänger:innen* zu sein, wird im Yoga **Beginner's Mind** genannt. Denn wir lernen alle ständig dazu und dürfen diese Haltung ein Leben lang einnehmen. Im Zen-Buddhismus wird diese Haltung als **Shoshin** bezeichnet.

Du darfst deine Passionen entdecken und Spaß an verschiedenen Tätigkeiten finden und dich ausprobieren. Deine Leidenschaften können dir Antrieb und Kraft auf deinem Weg schenken.

Viele Jugendliche, die ich kenne, benennen, dass sie während der langen Schultage und bei dem vielen Lernstress gar keine Kraft und Zeit mehr finden, um Hobbys und LEIDENSCHAFTEN nachzugehen. Das kann ich so gut verstehen und kenne es aus meiner eigenen Abschlussprüfungszeit. Du darfst dir immer wieder die Zeit nehmen, dich auszuprobieren und Dinge für dich herauszufinden. Und vielleicht kann gerade jetzt eine Übergangszeit für dich sein, in der du verschiedene Bereiche und Tätigkeiten durch Praktika und Nebenjobs ausprobierst.

ENTSCHEIDUNGEN TREFFEN

Auch wenn wir unsere Stärken, Werte und Leidenschaften kennen, können wir uns damit noch schwertun, Entscheidungen zu treffen. Das kann ganz unterschiedliche Gründe haben. Manchmal haben wir einen Konflikt, den wir selbst gar nicht so richtig verstehen, zum Beispiel, wenn verschiedene Bedürfnisse miteinander in Konkurrenz stehen. Manche Jugendliche berichten, dass sie beispielsweise gerne etwas machen würden, das sie sehr lieben, von dem sie jedoch wissen, dass die berufliche Perspektive unsicher ist. Auch die Angst, »Fehler zu machen«, »nicht schnell genug fertig zu sein« oder »gewisse Erwartungen nicht zu erfüllen« und zu enttäuschen, kann uns manchmal geradezu blockieren. Und auch der Glaube an dich und dein Selbstvertrauen spielen in deinem Entscheidungsprozess und bei der Umsetzung eine Rolle. Daher zeige ich dir jetzt verschiedene Techniken, die dir dabei helfen können, Klarheit für dich zu finden und dir zu vertrauen.

Herz über Kopf oder doch Kopf über Herz (und Bauch)

Manche Entscheidungen wollen sich – ganz egal, was wir schon ausprobiert haben, um sie zu treffen – einfach nicht leichter anfühlen.

Wenn du merkst, dass all deine Versuche keine Sicherheit oder Klarheit herbeiführen, dann liegt das sehr wahrscheinlich an einem Konflikt, den wir alle kennen: Unser Kopf, Herz und Bauch sind sich nicht einig.

Solche Situationen fühlen sich einfach ätzend an, und gerade bei wichtigen Entscheidungsprozessen können sie uns richtig lahmlegen. Manchmal spüren wir einfach deutlicher als sonst, dass unser *Bedürfnis* etwas anderes sagt als unser *Verstand* oder irgendwelche *externen Stimmen*. Wie entscheiden wir uns jetzt?

Manche von uns haben gelernt, in solchen Momenten auf ihr Herz oder den Bauch zu hören, andere von uns lassen gerade dann eher den Kopf entscheiden. Und beides hat seine Daseinsberechtigung. Ohne Kopf geht nichts, ohne Herz und Bauch auch nicht. Egal wie du dich entscheidest, *es darf und muss sich für dich alleine stimmig anfühlen*. Denn kein anderer Mensch kann in dich hineinschauen, kennt deine Erfahrungen und Bedürfnisse und weiß, was du jetzt gerade brauchst und dir wünschst. Genau das macht es manchmal so schwierig. Es gibt Momente, da wünschen wir uns einfach, dass jemand kommt und uns die Entscheidungen abnimmt oder sagt, was »das Richtige für uns« ist. Wir fragen Freund:innen und Eltern nach Ratschlägen und ihren Meinungen, und das ist okay. Wir brauchen hin und wieder Unterstützung. Doch bei für dich relevanten Entscheidungen ist es so wichtig und auch wertvoll, auf dich selbst zu hören und deinen Entschluss zu treffen. Das kann und darf schwerfallen. Manchmal brauchen solche Situationen auch Zeit und eine Auseinandersetzung damit, bis eine Entscheidung in uns gereift ist. Du darfst dir diese Zeit nehmen und dein Vorhaben entwickeln. Deine *Intuition* und *dein Körperfeedback* sind etwas Wunderschönes, und beide können dir dabei helfen, klarer zu sehen. Du hast sie immer bei dir und kannst sie jederzeit wahrnehmen.

Deine Intuition – dein Bauchgefühl

Dein **Körperfeedback** ist etwas Großartiges und verbindet dich mit deiner *Intuition* und einem riesigen unbewussten Erfahrungsschatz. Viele kennen es auch unter dem Begriff »Bauchgefühl« oder »gut feeling«. Bei dayā ist es eines meiner Hauptanliegen, euch immer wieder Tools zu zeigen und einen sicheren Raum zu geben, um die Beziehung zu euch so zu stärken, dass ihr euer Körperfeedback neben all den anderen Fähigkeiten wahrnehmt und für euch nutzen könnt.

Dein Körper und deine Intuition sind eng miteinander verbunden und zeigen dir, was du willst, was du nicht willst, was dich anzieht und abstößt, was dir guttut und was dir auch schadet. *Dein Körper ist dein Barometer*, du hast ihn in allen Situationen mit dabei und darfst deinem Körperfeedback vertrauen. Viele von uns lernen durch all den Erfolgsdruck und diverse falsche Ideale, ihr »Nein« zu ignorieren, sich anzupassen, darüber hinwegzugehen oder sich dafür sogar zu tadeln. Das verunsichert über die Zeit extrem. Ich kenne so viele junge Menschen, die benennen, dass sie sowohl ihr »Nein« als auch ihr »Ja« gar nicht mehr kennen, weil sie sich ständig nur anstrengen, es »richtig zu machen«. Viele von uns verlernen durch zu viel Stress, gesellschaftliche Normen und dadurch, dass alles erklär- und begründbar sein muss, unsere Intuition wahrzunehmen und diese als wichtige Hilfestellung anzuerkennen. Unser *Bauchgefühl* ist oft nicht logisch oder faktisch begründbar, das macht es jedoch nicht weniger valide, aber manchmal umso schwieriger, es ernst zu nehmen. Die Wissenschaft und insbesondere die Embodiment- und Traumaforschung hat mittlerweile herausgefunden, dass wir viel mehr wissen und abspeichern, als uns bewusst ist und wir vor allem verbal ausdrücken können.

Wir alle dürfen lernen, wieder auf unsere Körpersignale zu hören, sie wahrzunehmen und als Spiegel unserer Wünsche, Bedürfnisse, Ängste und Erfahrungen zu nutzen. Das zu tun, kann uns eine Sicherheit geben, die über anerzogene Botschaften hinausgeht, und uns Selbstvertrauen entwickeln lässt.

Deine Intuition kann dir beim Treffen von Entscheidungen weiterhelfen. Du darfst lernen, auf dich und deine Körpersignale zu hören, und dir vertrauen.

Die Wissenschaft ist sich im Hinblick auf unser BAUCH-GEFÜHL überhaupt nicht einig. Doch neuere Forschung zeigt, dass sämtliche Bereiche unseres Nervensystems und Körpers sehr klug und vor allem gut miteinander vernetzt sind. Unsere Zellen speichern so viele Informationen, die uns bei Weitem nicht alle bewusst sind. Unser Gehirn und Nervensystem können lernen und verlernen, und das ein Leben lang. Eine Beziehung zu dir zu entwickeln, die deinen Verstand, deine Emotionen und deinen Körper miteinbezieht und in der du dich selbst kennst, ist superwertvoll und kann dich auf deinem Lebensweg bestärken.

Deine Intuition kennen

Du kannst in deinem Alltag üben, deine Körpersignale und Intuition wieder mehr wahrzunehmen. Wann fühlst du dich inspiriert und energiegeladen? Wann bist du erschöpft und müde? Welche Signale sendet dir dein Körper jeweils dafür? Was macht dein Körper, wenn du dich sicher und gut fühlst? Was, wenn du Angst hast oder dich unwohl fühlst? Ganz wichtig: Tu das, ohne dich dabei zu bewerten oder zu tadeln. Genau das fällt anfangs schwer, und das ist okay. Wir alle haben zahlreiche unbewusste Botschaften, verunsichernde Erfahrungen und Glaubenssätze verinnerlicht, die uns permanent im Alltag begleiten. Wir alle wissen, »was wir tun sollten«, aber verlernen manchmal wahrzunehmen, »was wir wirklich wollen«. Du darfst alle deine Empfindungen wahrnehmen, ohne sie gleich »wegmachen« oder verändern zu wollen. Wenn du merkst, dass bewertende Gedanken oder Unsicherheit einschießen, dann lass sie da sein und komm immer wieder zu deinen Empfindungen zurück und atme für dich. Stelle dir dann liebevoll die Frage: »Was möchte mir mein Körper gerade sagen?«

Tipp

Dein »*Ja*« und dein »*Nein*« zu kennen und zu wissen, wie sie sich für dich anfühlen und was dein Körper dir in diesen Momenten zurückmeldet, kann absolut bestärkend sein, um stimmige Entscheidungen für dich zu treffen.

Du darfst dein »Nein« und dein »Ja« kennen. Du darfst selbstbewusst zu deinen Bedürfnissen stehen und Grenzen haben. Deine »Neins« und »Jas« sind wichtig und wertvoll und dürfen dich auf deinem Weg leiten.

Dein Ja und dein Nein kennen

Schreibe zu den folgenden Prompts und gib dir
den Raum in dich hineinzuspüren.

WIE FÜHLT SICH EIN JA FÜR MICH AN? WO SPÜRE ICH ES IN MEINEM KÖRPER?

_____

_____

_____

WIE MELDET MIR MEIN KÖRPER EIN NEIN ZURÜCK?

_____

_____

_____

WIE REAGIERE ICH AUF EIN JA VON MIR?

_____

_____

_____

WIE REAGIERE ICH AUF EIN NEIN VON MIR?

_____

_____

_____

_____

WAS WÜRDE MIR DABEI HELFEN, MEINEM NEIN UND MEINEM JA ZU VERTRAUEN UND MICH DABEI SICHERER ZU FÜHLEN?

_____

_____

_____

_____

WAS HILFT MIR DABEI, MEIN NEIN UND MEIN JA ZU VERTRETEN?

_____

_____

_____

_____

Deine Bedürfnisse, Wünsche und Grenzen zu kennen und akzeptieren zu lernen, ist bedeutend und hilft dir auf deinem ganzen weiteren Lebensweg, in deinen Beziehungen und bei der Entscheidungsfindung. Du darfst dich kennen und deine Bedürfnisse und Einstellungen anerkennen und auch jederzeit einen Schritt zurückgehen!

Du kannst alles im Leben erreichen und musst immer glücklich sein. Wirklich?

Das Narrativ,»dass wir alles im Leben haben und erreichen können, wenn wir uns nur genug reinhängen und anstrengen oder Dinge klar genug manifestieren«, ist eines, das anstrengt und viele von uns geradezu ausbrennen lässt. Kein Trend ist in der Wellnessbubble und auf Social Media in den letzten Jahren so erfolgreich gewesen wie die Weiterentwicklung unseres»besten Selbst«. Social Media ist voll mit Reels und Content zur persönlichen Zielsetzung, und diese können tatsächlich auch motivieren und Spaß machen. Doch manchmal verlieren wir uns und unseren eigentlichen Wert bei all den Zielen aus den Augen und strengen uns nur noch an, obwohl es uns gar nicht mehr guttut.

Die Diskrepanz aus»alles ist möglich und schnell erreichbar, wenn ich mich nur richtig entscheide« und unserem Alltag samt seinen Herausforderungen und manchmal auch mit der monotonen Arbeit und Anstrengung kann verunsichern. Viele von uns denken, dass sie irgendetwas falsch machen, wenn sich Ziele nicht schnell genug entwickeln, Ergebnisse auf sich warten lassen oder Entscheidungen einfach schwerfallen und auch nach mehreren Überlegungen unklar bleiben.

Unser Leben ist bunt und vielfältig, beinhaltet Höhen und Tiefen, erfüllte Momente, Verunsicherungen und Verluste und benötigt Anstrengungsbereitschaft und Ausdauer, genauso wie Mut, Zuversicht, Trost, Unterstützung und Geduld. Manchmal erleben wir in der Zeit der Entscheidungsfindung familiäre Herausforderungen oder andere Schicksalsschläge, kämpfen mit Erkrankungen oder es geht uns emotional nicht gut. In solchen Phasen fällt es zusätzlich schwer, sich um die eigene Situation und Zukunft zu kümmern und Entscheidungen zu treffen.

Nicht alles ist immer von dir und deiner Anstrengungsbereitschaft abhängig. Über vieles im Leben haben wir die Kontrolle. Über vieles aber eben auch nicht. Das anzuerkennen und unterscheiden zu können ist ein wichtiger und oft schmerzlicher Prozess. Du darfst darin getröstet und vor allem unterstützt sein und wissen, was dich entlastet!

Du darfst dich von Perfektion und Erfolgsdruck lösen. Manche Dinge brauchen Zeit, und unser Leben bringt manchmal Herausforderungen mit sich, die unsere ganze Kraft kosten. Du darfst für dich sorgen und dir liebevoll zur Seite stehen!

LEISTUNGS- UND PERFEKTIONSDRUCK können nach einiger Zeit zu **Prokrastination** und vor allem zu starken Selbstzweifeln und dem Gefühl, »unfähig« oder auch »dumm« zu sein, führen. Denn zu viel Druck lässt Sorgen und Zweifel entstehen und raubt Kräfte, anstatt uns Energie zu schenken.

Du darfst den Druck rausnehmen und für dich schauen, was dir guttut, dich antreibt und eine Perspektive schenkt.

Du darfst dein Tempo gehen und vor allem wissen, dass du schon längst wertvoll bist und eine wunderschöne Identität hast. Auch ganz unabhängig davon, wie du dir Ziele setzt, selbst wenn du mal nicht so produktiv bist oder auf der Couch liegst. Denn auch das ist Leben. Leben muss nicht immer schnell, weit und hoch sein. Du darfst dein Tempo gehen und dabei deine Freude finden. Der Yogaflow auf Seite 123 kann dich dabei bestärken und auch trösten.

Der Zwang, alles richtig machen zu wollen

Viele von uns kennen ihn – *den Zwang, alles richtig machen zu wollen*. Und unsere Fehlerkultur, die alle Irrtümer gleich dick und fett rot kennzeichnet, Punkte abzieht und wenig Raum für Experimentierfreude lässt, trägt dazu bei, dass er bei vielen von uns noch größer wird. **Perfektionismus** gibt uns ein gewisses Gefühl von Kontrolle und Sicherheit, doch oft wird er so groß, dass er uns ausbremst und Selbstzweifel und Versagensängste schürt. Manche Sachen können wir auch richtig machen, aber die allermeisten Situationen im Leben sind komplexer, und *Perfektion ist Fiktion*. Gerade die Phase, in der du dich aktuell befindest, mit all ihren Entscheidungen und Aufgaben, ist so vielseitig. Und auch Fehlentscheidungen sind absolut okay und machen uns menschlich.

Kontrolle abzugeben und uns zu erlauben, menschlich zu sein, kann unfassbar schwerfallen. Denn Ungewissheiten und unbekannte Situationen machen Angst und fordern unseren Mut heraus. Wenn wir zusätzlich die Überzeugung in uns tragen, »dass alles richtig laufen muss, wir keine Fehler machen oder auch nicht scheitern dürfen«, tun wir uns noch schwerer und setzen uns so stark unter Druck, dass wir uns gar nicht mehr entscheiden können.

In solchen Phasen kann es sein, dass wir besonders bemüht sind, »alles unter Kontrolle zu behalten«. Doch wir können nicht immer furchtlos und zielstrebig sein. Wir werden auch niemals alles richtig machen, und das ist okay.

Je nachdem, was aktuell bei dir los ist, du bereits erlebt hast und wie dein Umfeld auf deine Entscheidungen reagiert, kann es leichter oder schwerer fallen, die Kontrolle abzugeben und Perfektionsdruck loszulassen. Perfektionismus wird kleiner, wenn wir lernen, uns zu vertrauen und unsere innere Stimme und Stärken zu nutzen. Dich von Erwartungen und Idealvorstellungen zu lösen ist dabei ebenso wichtig und unabdingbar, um deinen eigenen Weg zu gehen.

Dich von Erwartungen lösen

Wir alle haben Erwartungen an uns, und auch unser Umfeld konfrontiert uns mit diversen davon. Gerade in der Zeit um deinen Schulabschluss kann es sein, dass dir Fragen wie: »Meinst du, das ist eine gute Idee?«, »Willst du nicht direkt loslegen?«, »Willst du nicht lieber ...?«, begegnen werden. Und auch Vergleiche mit anderen sind oft unterstützend gemeint, doch sie erzeugen bei vielen von uns den Druck, direkt wissen zu müssen, was wir machen wollen, und die *Angst zu enttäuschen.*

Wir alle haben zusätzlich noch eigene Erwartungen an uns. Durch Social Media und andere Medienformate bekommen wir einen Haufen Inspiration – was wunderschön und bereichernd ist, aber manchmal einfach zu viel und überfordernd und vor allem zu weit entfernt von unserer (oder in manchen Fällen auch irgendeiner) Realität.

Dich von *falschen Erwartungen* und *externen Stimmen* zu lösen, ist daher immer wichtig, um eigene Entscheidungen zu treffen. Auf deine *innere Stimme* zu hören und dir Raum für deine Antworten zu geben, kann dich dabei unterstützen. Das ist kein einmaliger Prozess, sondern braucht Übung und Wiederholung. Du darfst dir selbst dafür immer wieder zuhören und deine eigenen Ideen entwickeln und auch verändern. Du darfst dich kennen und wissen, was du willst, brauchst und kannst. Du darfst deine Entscheidungen treffen, selbst wenn andere dadurch enttäuscht sein werden. Uns von Erwartungsdruck abzugrenzen, kann herausfordern. Aber es ist nicht deine Aufgabe, *anderen zu gefallen* und dafür pausenlos über deine Grenzen zu gehen oder deine Bedürfnisse zu leugnen. *Dein Leben ist kein Gefallen für andere!*

Uns das in Erinnerung zu rufen und den eigenen Weg zu entdecken, ist nicht immer einfach. Gerade wenn wir selbst das Bedürfnis haben, »gefallen zu wollen« und »andere glücklich zu machen«. Und wir alle sind von klein auf genau darauf konditioniert.

Manchmal befürchten wir im Hier und Heute auch nur, dass unser Umfeld bestimmte Dinge von uns erwartet oder enttäuscht ist, wenn wir uns für etwas entscheiden, und es bewahrheitet sich gar nicht. Wir alle haben so viele Überzeugungen in uns, die wir von klein auf verinnerlichen, die uns nicht bewusst sind und die uns auch später noch beeinflussen.

Du darfst dich kennen, dir neugierig und offen begegnen, ohne irgendein konkretes Ideal oder bestimmte Erwartungen zu erfüllen! Und das immer wieder neu.

Perfektionsdruck loslassen

Die folgende Meditation hilft dir dabei, dich von PERFEKTIONS- und ERWARTUNGSDRUCK zu lösen, mitfühlend und geduldig mit dir zu sein und wieder bei dir anzukommen.

DIESE ÜBUNG HÄTTE ICH MIR BEREITS ALS TEENAGERIN GEWÜNSCHT, UND VIELLEICHT GEHT ES DIR GANZ ÄHNLICH, DENN SO VIELE VON UNS, INKLUSIVE MIR, HADERN IMMER WIEDER MIT PERFEKTIONSSTRESS.

1 Komm ins Liegen. Mach es dir bequem. Schließe gerne deine Augen, wenn es sich sicher für dich anfühlt, und beginne, deinen Atem wahrzunehmen.

2 Leg deine Hände dorthin auf deinen Körper, wo es sich für dich gut anfühlt. Atme jetzt tief ein, zähle dabei bis 5, halte deinen Atem kurz, atme aus, zähle dabei bis 8. Füll dich bei der Einatmung wie ein Luftballon in alle Richtungen auf und lass dich bei der Ausatmung wieder leer werden.

3 Spür kurz nach, wo du im Körper festhältst oder Anspannung wahrnehmen kannst, und atme in diese Bereiche. Erlaub deinem Körper, weich und entspannt zu werden, und lass dich tief in den Boden sinken.

4   Atme jetzt bewusst alle Erwartungen und allen Perfektionsdruck durch geöffnete Lippen aus. Du kannst
dir vorstellen, dass sie wie eine Wolke, die nach außen
zieht, entweichen oder auch konkrete Bilder, Worte,
Ansprüche und Sätze »gehen lassen«. Wiederhole das so
oft, wie es guttut.

5   Lass deinen Atem los, lass ihn einfach fließen, wie er
grad fließen mag, frag dich jetzt: Was möchte ich?
Was fühlt sich richtig für mich an? Lass deine innere
Stimme laut werden und alle Antworten zu dir kommen.
Bleib bei dir und gib dir Raum.

6   Sag dir zum Abschluss: »Ich liebe und akzeptiere mich,
so wie ich bin. Ich darf alle meine Wünsche und Bedürfnisse haben. Ich darf Fehler machen. Ich darf mitfühlend mit mir sein. Ich bin sicher, wenn ich loslasse.
Ich darf empfangen und meinen Weg gehen.« Wenn du
Widerstand merkst, atme bewusst tief ein und lösend
aus. Wiederhole das so oft, wie du magst. Frag dich, was
du brauchst, um dich sicher zu fühlen und dir vertrauen
zu können. Was würde dich unterstützen?

7   Lass deinen Atem los, mache alle Bewegungen,
die guttun, und öffne deine Augen.

Bei der Übung spüren wir oft, wie unsicher wir noch sind. Du darfst dich liebevoll trösten, Anspannung loslassen und deinen Atem für dich nutzen, um dich an die Hand zu nehmen und zu lernen, nach und nach loszulassen, zu vertrauen und dir zu erlauben, menschlich zu sein.

> Unsicher zu sein, Ängste zu empfinden und dir zu vertrauen, widerspricht sich nicht. Du darfst Perfektionsdruck und Ideale ablegen und die Verletzlichkeit von manchen Entscheidungsprozessen zulassen.

Wir alle werden immer noch dazu erzogen, »ANDEREN ZU GEFALLEN« und »ERWARTUNGEN ZU ERFÜLLEN«. Das ist absolut falsch und unrecht, und wir alle dürfen uns unabhängig davon machen. Die Übung *Dein Ja und Nein kennen* von Seite 176 hilft dir dabei, dein **Selbstempfinden** zu stärken und zu erkennen, was du willst, wann du dich verbiegst oder dir etwas verbietest. Wenn wir wissen, in welchen Situationen wir uns anpassen oder ungewollt unterordnen und was wir wirklich wollen, können wir leichter damit umgehen. Auf diese Weise ist es möglich, etwas für uns und auch andere unterdrückte Personen zu verändern.

Deine Stimme finden

Auch die folgende Journaling-Technik kann dir dabei helfen, dir über FALSCHE ERWARTUNGEN und EXTERNE STIMMEN bewusst zu werden und dich davon zu lösen. Denn die können manchmal ganz schön laut und lärmend in unserem Kopf werden.

Schreibe in diese Spalte alles, was du denkst, was du tun solltest.	**Schreibe in diese Spalte alles, was du wirklich tun willst.**
WAS ICH TUN SOLLTE	WAS ICH WILL

Manchmal ist uns gar nicht klar, was wir denken und welche Erwartungen wir verinnerlicht und abgespeichert haben. Du darfst dich jederzeit dadurch bestärken!

LASS DICH INSPIRIEREN

Tipp

Such dir Personen in deinem Umfeld, die sich von Erwartungsdruck gelöst und emanzipiert haben. *Von welchen Menschen fühlst du dich inspiriert und hast den Eindruck, dass sie stimmige Entscheidungen für sich treffen?* Das können Menschen sein, die du persönlich kennst, die du in der Vergangenheit kennengelernt hast oder die in der Öffentlichkeit stehen. Befrag sie oder lies Bücher von ihnen und höre Interviews. Was hilft ihnen dabei, Entscheidungen zu treffen und für sich einzustehen? Wie lassen sie sich Zeit? Was und wer inspiriert sie oder hilft auch weiter?

AN DICH GLAUBEN UND VERTRAUEN ENTWICKELN

Uns zu vertrauen und an uns und unseren Weg zu glauben, ist mit das Schönste und Wichtigste, was wir im Leben lernen können. *Selbstvertrauen* und auch *Vertrauen* ins Leben zu haben sind keine Konstanten, die immer da sind und die wir in jeder Situation gleich empfinden. Manchmal brauchen wir einen *Vertrauensvorschuss* und dürfen über die Zeit die Erfahrung machen, dass wir an uns und auch das Leben glauben können. Manchmal verlieren wir diesen, weil uns Ungewissheit oder eine bestimmte Situation zu viel Angst macht. Unser Vertrauen hängt von so vielen Faktoren und Erfahrungen ab. Je nachdem, was du erlebt hast, wie viele Verunsicherungen und Hürden bereits auf deinem Weg lagen, wie sehr du infrage gestellt wurdest oder dich auch selbst infrage stellst, kann es dir schwerer oder leichter fallen, dir selbst und dem

Leben zu vertrauen. Uns auf uns selbst verlassen zu können, ist dabei die wichtigste Qualität von Vertrauen und gerade in Zeiten von Entscheidungsfindungen und vielen ersten Malen oft herausgefordert.

Selbstvertrauen wird in unserer Gesellschaft mit einem gewissen Bild assoziiert. Wenn du an einen Menschen denkst, der sich vertraut, welche Eigenschaften und Bilder kommen dir in den Sinn? Die meisten von uns denken dabei an einen Menschen, der Selbstsicherheit und Selbstbewusstsein ausstrahlt, aufrecht in der Körperhaltung ist, vielleicht sogar »laut«, »witzig«, »spontan« und gleichzeitig »cool« und »Ruhe ausstrahlend«. Dieses Bild assoziieren viele von uns mit Selbstvertrauen, weil es uns so beigebracht wird. Doch Selbstvertrauen darf eine leise und klare Stimme in dir sein. Selbstvertrauen schließt Unsicherheit auch nicht aus. Ganz im Gegenteil, sie erkennt sie als menschlich und zu uns zugehörig an. Sie macht uns und andere nicht klein oder wertet uns ab. Sich selbst zu vertrauen, ist dabei keine »Schwarz-Weiß-Angelegenheit«. Es gibt durchaus Bereiche, in denen wir wissen, dass wir gut sind und uns vertrauen. Und dann gibt es andere Lebensbereiche oder Situationen, in denen wir verunsichert sind und unter Umständen an uns zweifeln. Dir selbst zu vertrauen und an dich zu glauben ist etwas, das sich entwickeln und über die Zeit entfalten darf.

Dir deine Fähigkeiten und Stärken bewusst zu machen, hilft dir dabei. Auch festzustellen, dass du mit Herausforderungen und Unwägbarkeiten umgehen kannst und dir zu erlauben, verletzlich zu sein, unterstützt diesen Prozess.

Wenn du auf dein Leben blickst:
- *Welche Herausforderungen hast du bewältigt?*
- *Welche Stärken und Fähigkeiten haben dir dabei geholfen?*

War es deine Ausdauer, deine Kraft, dein Ansporn, der Mut,
dir Ziele zu setzen, oder auch deine Fähigkeit, Unsicherheit
auszuhalten und dich zu trösten und zu ermutigen?

- *Welche Unterstützer:innen hattest du auf deinem Weg?*

Wer oder was hat dir Kraft, Mut, Zuversicht und Hoffnung
gegeben?

Denn Unterstützung ist wichtig, und wir müssen, ja können,
unseren Weg nicht alleine gehen.

Dir selbst immer wieder diese Fragen zu stellen und dir bewusst zu machen, dass du Fähigkeiten hast und viel stärker
bist, als du denkst, ist unverzichtbar, um dein Selbstvertrau-
en und auch dein Vertrauen in deinen Lebensweg zu stärken.
Du bist stark und hast Fähigkeiten und Charaktereigenschaf-
ten, die dich tragen. Und stark sein bedeutet dabei nicht, *hart*
oder *nicht verletzlich* zu sein. Das vergessen wir alle immer
wieder so oft.

Ich selbst habe irgendwann ein Gedicht als liebevolle Erinnerung für mich dazu geschrieben und möchte es an dieser
Stelle mit dir teilen:

Sei stark, sagten sie, vertrau dir, sagten sie.
Bis ich hart wurde
bei dem Versuch, es zu sein.
Doch als ich erkannte, dass überdauernde Stärke auch Wärme beinhaltet,
sagte ich mir:
Bleib stark heißt nicht, weine nicht, sondern sorg weiter für dich.
Bleib stark heißt nicht, sei nicht verletzlich, sondern tröste dich.
Bleib stark heißt nicht, habe keine Wunden, sondern heile.
Bleib stark heißt heute für mich:
Ich weiß, wer ich bin und was ich kann.

Wir alle brauchen UNTERSTÜTZER:INNEN auf unserem Weg und Menschen, die an uns glauben und uns das auch wissen lassen. Neben deinem persönlichen Umfeld gibt es dafür auch wunderbare Plattformen und Stiftungsprogramme (siehe Seite 297).

Wenn das Angebot in deiner Umgebung rar ist, können das Internet und Social Media hierbei weiterhelfen. Sich frühzeitig Unterstützer:innen ins Boot zu holen, egal ob durch Freund:innen, Eltern, Geschwister oder Mentor:innen, ist wichtig und ein Zeichen von Stärke, und vor allem ist es klug. Wir greifen darauf viel zu selten zurück. Doch Mentor:innen-Programme und auch Hilfe aus dem eigenen sozialen Umfeld zu erhalten, ist etwas Wunderschönes, das uns auf unserem Weg Kraft gibt und oftmals ganz andere hilfreiche und wissenswerte Kenntnisse und Ressourcen bereitstellt. Nach Unterstützung zu fragen, kostet manchmal Überwindung und ist vielen von uns unangenehm oder sogar peinlich. Gerade wenn es um Dinge wie Geld und finanzielle Unterstützung geht. Doch du darfst unterstützt sein, auf allen Ebenen.

Du musst nicht alles aus eigener Kraft schaffen und darfst durch andere gestärkt und unterstützt sein! Lass dich an die Hand nehmen.

Und weil wir alle wissen, wie oft unser SELBSTVERTRAUEN flöten gehen kann, kommt hier eine absolut bestärkende Journaling-Übung, die dich auf deinem ganzen weiteren Lebensweg ermutigen und ein wichtiger Anker sein kann.

Dein Hoffnungsbrief

Schreib dir einen Brief, und zwar aus der Perspektive deines ÄLTEREN
ICHS. Dein älteres Ich liebt dich, sieht das Gute in dir, vertraut dir
und ist immer für dich da, ganz egal, was du fühlst und erlebst.

Schreibe alles auf, was dir in den Sinn kommt, und nimm dabei deine
wertschätzendste und unterstützendste Haltung ein.
Du darfst dich bestärken und dir spiegeln, was du kannst und
welche Fähigkeiten, Kraft und Ausdauer in dir stecken.

Starte dabei mit dem folgenden Prompt:

MEIN HERZ, ICH WÜNSCHTE, DU KÖNNTEST DICH DURCH
MEINE AUGEN SEHEN. DENN ICH SEHE …

Immer, wenn du an dir zweifelst, du Zuspruch brauchst oder auch Ermutigung, ist dieser Brief für dich da! Du kannst ihn jederzeit lesen und zu dem zurückkommen, was du an dir sehen kannst. All das bist du, und der Brief ist eine wunderschöne Möglichkeit, dich immer wieder daran zu erinnern.

In manchen Momenten oder Phasen des Lebens brauchen wir etwas, das über den Glauben an uns hinausgeht. Vielleicht kennst du Zeitpunkte, in denen du verzweifelt bist oder auch einfach das Vertrauen in dich, in andere oder in das Leben verlierst? Du darfst jederzeit an etwas glauben, das dir Kraft, Zuversicht und Trost gibt und nicht »rational erklärbar ist«. Ich kenne viele Menschen, die sich dabei »doof« vorkommen oder auch »verrückt« und »uncool«. Manchmal haben wir negative Erfahrungen mit RELIGIONEN oder SPIRITUALITÄT gemacht oder wurden für unseren Glauben verurteilt. Unsere Gesellschaft erzeugt permanent ein Bild davon, dass alles logisch und belegbar sein muss oder wir alles aus eigener Kraft schaffen müssen. Aber wenn es sich für dich richtig anfühlt, darfst du eingebettet sein in etwas Größeres, das dir Halt und auch Hoffnung oder Vertrauen schenkt. Du darfst deinen Glauben so leben, wie es dir guttut und für dich richtig erscheint, fernab von allen Dogmen. Und die Wissenschaft ist sich mittlerweile ziemlich sicher, dass uns genau dieser Glaube guttun kann und hilft – gerade im Umgang mit herausfordernden Zeiten und Unsicherheiten.

DU DARFST DIR ZEIT LASSEN UND INS HANDELN KOMMEN

Selbst wenn wir uns gut kennen, wissen, was wir wollen oder auch können, Entscheidungen getroffen und unsere Vision vom Leben vielleicht sogar kreiert haben, fällt es stellenweise schwer, ins Handeln zu kommen und weiterzugehen.

Gerade bei für uns wichtigen Entscheidungen liegen *etwas zu wissen* und *etwas zu tun* manchmal ganz schön weit auseinander. Wir alle kennen Phasen des Zögerns. Ab und an haben wir auch so viel Druck, dass wir Entscheidungen hinauszögern und immer unsicherer oder auch plan- und hilfloser werden.

Wir alle vergessen oftmals, dass wir uns Zeit lassen dürfen und auch einfach mal ins Handeln kommen können, ohne dabei perfekt sein zu müssen. Dich immer wieder daran zu erinnern, dass du dich im Kleinen und Großen entscheiden kannst, dass du jederzeit wählen darfst, Fehler erlaubt sind und du dazulernen, dich weiterentwickeln, experimentieren oder auch einen Schritt zurückgehen kannst, ist superwichtig. *Entscheidungen sind Prozesse* und dürfen sich entwickeln und finden. Genauso wie wir.

Dir selbst die Erlaubnis zu geben, dass du den Druck rausnehmen darfst und *schon längst deinen Weg gehst*, kann ab und an die größte Entlastung für uns sein und uns dabei helfen, ins Handeln zu kommen.

Du darfst deinen ganz eigenen Weg entwickeln und gehen. Und dabei ist es vollkommen in Ordnung, wenn verschiedene Routen, Abbiegungen, Experimente, Zielgeraden und Visionen entstehen. Du kannst dir vertrauen und dich auf dich verlassen!

Entwicklung ist dabei nichts Lineares und meint auch »keine optimierte Version deiner Selbst«, die zu irgendeinem bestimmten Zeitpunkt vorhanden sein sollte. Du darfst dich durch deine Erfahrungen, Entscheidungen und mit der Zeit entwickeln. Du darfst dich in diesem Prozess immer besser kennenlernen und dir nah sein. Du darfst dir deine Anker, Fähigkeiten, Stärken und auch deine *Entschlusskraft* bewusst machen und dir in deinem Entwicklungsprozess vertrauen.

Du hast Antrieb und wirst deinen Weg gehen!

4.
LOSGEHEN UND ERSTE MALE

Wenn du die ersten wichtigen Entscheidungen für dich getroffen hast, kommt jetzt ein Abschnitt, in dem ganz viele »erste Male« auf dich warten. Das erste Mal von zu Hause ausziehen und in einer eigenen Wohnung leben, egal ob mit anderen oder alleine. Neue Leute, neue Umgebungen, manchmal sogar das Gefühl, »irgendwie werde ich ein neues Ich«. Das alles kommt in diesem Lebensabschnitt auf dich zu und überfordert phasenweise ganz schön. Viele junge Menschen fühlen sich in dieser Zeit einsam und irgendwie alleine, selbst wenn zig Personen um sie herum sind. Du hast so viele Anforderungen und neue Situationen zu bewältigen. Und auch hierbei zählt: Alle deine Gefühle und Gedanken sind erlaubt!

Ich hoffe, dass dich das folgende Kapitel in dieser Phase bestärkt und vor allem tröstend und Sicherheit spendend an die Hand nimmt. Du bist eigenständig, aber nicht alleine und darfst dich selbst immer wieder liebevoll in die Arme schließen.

RESI (18)
SIE/IHR

Ich war für ein Jahr lang in Vancouver, British Columbia, in Kanada. Und jetzt, wo ich wieder zurück in Deutschland bin, habe ich noch mal eine riesige Veränderung auch in mir selbst wahrnehmen können. Natürlich war es total schwer, in ein fremdes Land zu gehen und bei fremden Menschen zu wohnen. Und zuerst wollte ich direkt einfach wieder nach Hause, aber im Rückblick war das Auslandsjahr mit die beste Entscheidung, die ich je für mich getroffen habe. Mir ist bewusst, dass nicht alle die Chance zu so etwas bekommen, und umso dankbarer bin ich.

Eine Sache, die ich auf jeden Fall aus diesem Jahr gelernt habe, ist, mir selbst zu vertrauen und auch wenn sich etwas erst unmachbar anfühlt, sich davon nicht abschrecken zu lassen. Denn was am Ende dabei rauskommen kann, ist unglaublich wertvoll. Ich habe unfassbar viele tolle Menschen getroffen und Erfahrungen gesammelt, die mich für immer begleiten werden, aber ich habe auch über mich selbst gelernt. Wie ich mit verschiedenen Situationen und neuen Gefühlen und Ereignissen am besten umgehe. Was ich brauche, um mich gut, sicher und happy zu fühlen, und was mir dabei hilft, Dinge zu erreichen.

Jetzt, da ich mich etwas getraut habe, wovor ich mich am Anfang teilweise richtig gefürchtet hatte, fühle ich mich doch sehr viel gewappneter, auch andere Situationen zu bewältigen, die mir erst einmal Angst machen. Eine der wichtigsten Sachen, die ich gelernt habe, ist, sich Zeit zu lassen. Ein paar Tage, Wochen und Monate können sich als Riesenunterschied erweisen, und man darf sich nicht verrückt machen. Man selbst benötigt erst einmal Zeit, um sich mit der Situation vertraut und dann klarzumachen, was man überhaupt gerade braucht. Es ist ganz wichtig, auf dich selbst zu hören und auf das, was dein Körper dir sagt. Mir ist noch mal bewusst geworden, wie verlässlich mein Bauchgefühl ist. Darauf zu hören und dann ein wenig Abstand von der Situation zu nehmen, um klar denken zu können, ist schon total hilfreich.

Sich um sich selbst zu kümmern und kümmern zu können, weil man weiß, was man braucht, ist essenziell für das eigene Wohlbefinden. Und deswegen ist es so wichtig, sich mit neuen Dingen, auch wenn man erst ein wenig Angst davor hat, auseinanderzusetzen. Denn am Ende des Tages muss man sich immer auf sich selbst verlassen können, weil man sich selbst immer und überall hat.

ch kann mich noch so gut an meinen Auszug erinnern. Ich war gerade neunzehn, hatte total Lust, auf eigenen Füßen zu stehen und endlich alles so machen zu können, wie ich es wollte. Und gleichzeitig hatte ich großen Respekt davor, diesen Schritt zu gehen. Das Bewusstsein, dass wir ab da »niemals wieder« daheim wohnen werden, kann sich enorm anfühlen. Unser Zuhause und vertrautes Umfeld zu verlassen, selbst wenn es eine bewusste und eigene Entscheidung ist, ist superschön und zugleich beängstigend. Der Auszug und Übergang in ein neues Umfeld und »das eigene Leben« ist eine wichtige **Transition** (siehe Seite 110), die uns vor viele erste Male und neue Herausforderungen stellt.

Gerade die erste Nacht in meiner eigenen kleinen Wohnung ist mir noch immer präsent, weil sie so herausfordernd war – der Moment, als alle gingen und ich alleine zurückblieb. Die Wohnung war so leer und still und alles noch so neu und unvertraut. Ich wäre am liebsten gleich wieder losgefahren, um die Stille und meine Einsamkeit nicht aushalten zu müssen.

Einsamkeit und *Abschiedsschmerz* sind für viele das dominierende Gefühl, wenn wir von zu Hause ausziehen. In einer neuen Umgebung zu sein, eventuell einer neuen Stadt oder sogar einem neuen Land, ist aufregend und gleichzeitig phasenweise einfach einsam. Wir kennen noch wenige oder auch gar keine Menschen vor Ort, alles ist neu, und alleine zu wohnen – egal ob in einer WG oder für sich – kann sich »leerer« anfühlen als vorher. Vertraute Umgebungen und vertraute Personen geben uns ein Gefühl von Verbundenheit und Sicherheit. Und meist fühlen wir uns auch mit uns selbst verbundener, wenn wir in unserem vertrauten Umfeld sind. Orte machen etwas mit uns, und Heimweh kennt kein Alter. Heimweh hat auch nicht immer direkt etwas mit Menschen zu tun, sondern manchmal einfach mit dem Gefühl, einen vertrauten und sicheren Ort zu vermissen. Einsamkeit und Heimweh zu fühlen ist fürchterlich, und beide können so groß werden, dass wir am liebsten sofort abbrechen und wieder »nach Hause kommen wollen«. Besonders wenn wir in einer neuen und unvertrauten Umgebung sind und noch niemanden kennen.

In diesem Übergang fühlen wir uns plötzlich phasenweise wieder ganz »klein« und verletzlich. Und das ist auch mit neunzehn oder vierundzwanzig erlaubt. Dein **inneres Kind** darf in den Arm genommen und von dir *gehalten, getröstet* und *gesichert* werden.

Einsamkeit und Ängste beim Alleinsein auszuhalten ist schwer für uns. Wir alle wollen uns nicht so fühlen und brauchen *soziale Kontakte* und *Bindungen*.

Diese sind eines unserer **Grundbedürfnisse** und stärken unsere mentale und körperliche Gesundheit und unser Wohlbefinden, wenn sie uns guttun, und daran erinnern uns genau diese Momente. Das ist kein schöner, aber ein wichtiger Prozess.

Wenn du dich gerade einsam fühlst oder aus diesem Grund Zweifel hast, ob du überhaupt ausziehen willst, oder überlegst, ob eine WG dich in Hinblick auf Einsamkeitsgefühle unterstützt, ist das absolut okay und auch wertvoll. Du darfst für dich erkunden, was gerade stimmig und für dich dran ist und was dein Bauchgefühl zu all diesen Fragen sagt. Mitbewohner:innen, die in einer ähnlichen Situation sind oder waren, können, wenn es zwischenmenschlich passt, total guttun. Auch mit Freund:innen zu telefonieren, die gerade einen Auszug erleben oder die Erfahrung kennen, kann helfen und bestärken.

Du darfst dich selbst jederzeit daran erinnern, dass Heimweh zu fühlen in jedem Alter in Ordnung und erlaubt ist und du deine Einsamkeitsgefühle versorgen kannst. Etwas zu machen, das dir vertraut ist und dich wieder mit dir verbindet, kann hierbei wunderbar unterstützend sein. Deine Rituale von Seite 115 sind immer an deiner Seite, und du brauchst dafür nichts weiter als dich. Du darfst es dir mit dir und für dich schön und gemütlich machen – gerade in deiner neuen Umgebung und Situation.

> **Du darfst dir Zeit geben, um in deiner neuen Umgebung und eigenen Wohnung anzukommen. Du darfst dich liebevoll versorgen und mitfühlendes Verständnis für dich haben.**

Auch die folgende Yogapose tröstet bei Heimweh und kann wohltuend sein. Manchmal ist es einfach angenehm, einen Schritt zurückzugehen, sich einzurollen und zu erlauben, noch mal klein zu sein.

> **Du darfst jederzeit unsicher sein, darüber sprechen und für dich sorgen. Du bist dein Zuhause und darfst immer wieder bei dir ankommen!**

Kindhaltung – Balasana

Diese Yogahaltung, **KINDHALTUNG** oder auch **BALASANA**, ist absoluter Balsam für die Seele. Sie beruhigt dein Nervensystem und bringt dich komplett zum Loslassen, Entspannen und Regenerieren. Du kannst sie jederzeit machen, wenn du dich traurig, überfordert oder einsam fühlst oder auch bewusst entspannen und Kraft tanken möchtest.

1 Setz dich auf deine Fersen, dein Fußspann liegt dafür komplett auf dem Boden ab.

2 Wähle, wie weit deine Knie auseinanderliegen sollen. Du kannst sie weiter öffnen oder auch komplett schließen.

3 Beuge deinen Oberkörper über deine Oberschenkel und leg deinen Kopf mit der Stirn auf dem Boden ab.

4 Du kannst deine Arme und Hände nach vorne ausstrecken und komplett ablegen oder nach hinten um deinen Körper herum strecken und am Boden entspannen.

5 Nimm deinen Atem und die Bewegung, die dadurch in deinem Bauch und Rücken entsteht, wahr. Atme bewusst weit in deinen Rücken, deine Schulterblätter und deinen Unterbauch. Lass dich einfach atmen.

6 Bleibe hier für 5–7 Minuten.

Du kannst dich in dieser Pose auch unterstützen und es dir richtig bequem machen. Roll dafür eine dicke Decke ein und positioniere sie so, dass du deinen Oberkörper entspannt darauf ablegen kannst. Du kannst dafür ebenso ein großes Kissen verwenden und es mit beiden Armen umarmen. Wenn dein Gesäß von den Fersen abhebt, ist das nicht schlimm. Du kannst eine leichte Decke einrollen und sie zwischen dein Gesäß und deine Beine klemmen, das hilft meist. Wenn die Position weiterhin unbequem für dich ist, kannst du dich alternativ auf die rechte Seite legen und deine Beine anwinkeln, sodass sie etwas höher als auf Hüfthöhe liegen. Deine Hände kannst du aufeinanderfalten und unter deine Wange positionieren.

ALLEINE WOHNEN ODER WG?

Die Entscheidung, ob du alleine wohnen willst oder doch lieber in einer WG, kann von so vielen Parametern abhängen. Manchmal ist uns eher danach, unsere eigenen vier Wände für uns zu haben, manchmal möchten wir lieber in Gesellschaft sein. Du darfst beides ausprobieren und einfach schauen, wie es sich für dich in dieser Phase gerade stimmig anfühlt. Meistens spielt die finanzielle Situation die ausschlaggebende Rolle bei dieser Entscheidung. In den meisten Städten und auch auf dem Land steigen die Mietpreise stetig an, und viele junge Menschen können sich die Miete für eine eigene Wohnung nicht leisten. Wenn du entscheidest, ausziehen zu wollen, existieren verschiedene Unterstützungsmöglichkeiten. Neben BAföG und Berufsausbildungsbeihilfe (BAB) gibt es zudem Stipendien und die Möglichkeit, Wohngeld zu beantragen. Und auch ein Paragraf-5-Schein kann eine unterstützende Option für den Auszug sein. Die folgenden Adressen können dir weiterhelfen:

✦ https://www.wohngeld.org/anspruch/

✦ https://www.wohngeld.org/studenten/

✦ https://www.mystipendium.de/

Neues Umfeld, neues Ich

In einer neuen Umgebung anzukommen braucht vor allem zweierlei: *Zeit* und *Mut*.

Manche von uns mögen Neuanfänge. Diese Phase, in der alles noch so neu und unbeschrieben ist, ein neues Kapitel, das wir starten und gestalten können. Niemand kennt uns, und wir können noch mal ganz von vorne anfangen. Der Beginn von etwas Neuem und besonders dieser Übergang vom »Wohnen mit Familie, im bekannten Umfeld, mit vertrauten Freund:innen und immer denselben Leuten« hin zu »eigenständig leben, neues Umfeld, neue Leute, neue Aufgaben« kann sich anfühlen wie ein »neues Ich«. Manche von uns nehmen sich sogar vor, ein neues Ich zu werden, wenn sie in diesen Lebensabschnitt gehen oder umziehen. Wenn du in dieser Phase und der neuen Umgebung Lust hast, dich auszuprobieren, dann mach das unbedingt. Manchmal inspirieren uns neue Situationen so sehr, dass wir uns mutiger fühlen als sonst. Du darfst dich auf diesen neuen Lebensabschnitt einlassen und schauen, was gut für dich ist und auf was du Lust hast.

Viele junge Menschen, die ich in dieser Übergangszeit begleite, sagen: »Irgendwie fühle ich mich wie ein ganz anderer Mensch.« Manchmal erleben wir so große Veränderungs- und Entwicklungsprozesse, dass wir uns fast nicht wiedererkennen. Du bleibst immer du selbst, einige Eigenschaften und Wesenszüge werden auf dem kompletten Weg ein Teil von dir sein, und anderes an dir wird sich verändern. Dieser Prozess ist magisch, und du darfst ihn genießen und darauf vertrauen, dass du immer du selbst bleibst und dich beim Gehen formst.

Ab und an macht uns dieser Prozess aber auch Angst und verunsichert. Oder wir haben das Gefühl, »uns selbst zu verlieren und nicht wiederzuerkennen«. Alle Tools, die ich dir in diesem Buch vorstelle, helfen dir dabei, immer wieder bei dir einzuchecken und anzukommen.

Nicht jede:r von uns mag Veränderungsprozesse, und für manche ist diese Phase die reinste Qual. Freund:innen fehlen, genauso wie vertraute Ecken und gewohnte Umgebungen, und auch unser Gefühl, das wir mit uns selbst dort empfunden haben, ist irgendwie weit weg. Wenn du merkst, dass sich diese Erfahrung für dich völlig überfordernd und unwohl anfühlt, dann lass dir von Herzen zugesprochen sein: Das ist vollkommen okay und absolut verständlich! Ganz alleine in einer neuen Umgebung zu sein und von Zuhause auszuziehen, ist eine ziemlich intensive Erfahrung, die uns einfach aus der Bahn werfen kann. Manchmal so sehr, dass wir das Gefühl haben, gar nicht mehr rausgehen zu wollen, und uns immer mehr zurückziehen. Das kann zusätzlich verunsichern. Denn wenn wir merken, dass die Energie und der Mut fehlen, um überhaupt vor die Tür zu gehen, geschweige denn auf neue Leute zu, kann die Angst, »für immer einsam zu bleiben«, verstärkt werden. Das erzeugt Druck und bei vielen das Gefühl, »der einzige Mensch auf der Welt zu sein, der so empfindet«. Denn offen über *Einsamkeit* und *soziale Ängste* zu sprechen, ist in unserer »sozialen und coolen Welt« noch verdammt schwer. Gerade in eurem Alter. Doch viele Menschen kennen die Angst, *auf neue Leute zuzugehen, nicht akzeptiert zu werden* und *einsam zu bleiben*. Daran ist nichts falsch. All diese sozialen Ängste gehören zu unserem Menschsein dazu, und wir dürfen offen darüber sprechen und sie miteinander teilen. Dadurch kann Entlastung und Bestärkung wachsen! Und du kannst damit bei dir anfangen, indem du dir erlaubst, all diese Unsicherheiten zu fühlen. Ruf dir immer wieder in Erinnerung, dass du damit nicht alleine bist und jederzeit darüber sprechen darfst, wenn du das möchtest. Das braucht Mut und Kraft, aber genau das ist unglaublich heilsam. Ich glaube fest daran, dass unsere Fähigkeit, uns auch verletzlich zu zeigen, mutig ist und ein Akt der Revolution, die wir alle brauchen, in einer Welt, die uns ständig beibringt, »hart« und »kontrolliert« zu sein.

Neue Freundschaften knüpfen

Neue Leute wirklich kennenzulernen und daraus gute Freundschaften zu entwickeln, kann uns herausfordern. Denn uns
selbst zu zeigen, wie wir sind, ist ein verletzlicher Prozess.

Ich erinnere mich noch ziemlich genau an den Tag, als ich
das erste Mal vor meiner neuen Klasse stand. Wie in einem
schlechten Teeniefilm rief mich die Lehrerin nach vorne, um
mich vorzustellen. Ich sollte meinen neuen Mitschüler:innen
»hallo« sagen und von ihnen begrüßt werden. Vor all diesen
Fremden zu stehen, dreihundert Kilometer weit weg von daheim, war absolut überfordernd und mir ziemlich peinlich.
Ich »machte auf cool« und versuchte, mir meine Unsicherheit so wenig wie möglich anmerken zu lassen. Auch in den
kommenden Wochen ging ich innerlich wie auf rohen Eiern,
war superzurückhaltend, angespannt und vorsichtig. Äußerlich bekam die Welt wenig davon mit.

Gerade, wenn wir in neuen Situationen mit uns unbe-
kannten Menschen sind, sind unser *Selbstvertrauen* und
manchmal auch *Selbstwertgefühl* herausgefordert. Oft denken wir, dass andere »perfekter« sind als wir. Wir alle kennen es, in solchen Situationen so zu tun, als hätten wir keine
Angst, und unsere Unsicherheit zu verstecken. Wir bemühen
uns, interessant für andere zu sein, liebenswert, attraktiv,

spannend und wünschen uns alle insgeheim, dass es bloß ausreicht und andere uns mögen und akzeptieren. Oder wir machen uns ganz klein und »unsichtbar«. Sich *unsichtbar zu machen*, ist immer auch ein Wunsch danach, nicht verletzt zu werden.

In einer Welt, die uns sagt, dass unser Wert von gewissen Kriterien und der Akzeptanz von anderen abhängt, kann es schwerfallen, selbstbewusst und entspannt auf neue Leute zuzugehen. Neue Leute kennenzulernen, kann sich anfühlen, wie auf einer Bühne zu stehen. Selbst wenn wir nicht vor dem kompletten Hörsaal oder der Klasse stehen – wir haben irgendwie das Gefühl, uns beweisen und performen zu müssen. Einen Raum zu betreten, in dem wir niemanden kennen, ist immer mutig. Alle unsere *sozialen Ängste* können in dieser Situation getriggert werden. Manche von uns tun sich leichter in diesen Momenten, können nach einer anfänglichen Aufgeregtheit entspannen und die ganzen neuen Menschen und Eindrücke genießen. Für andere – und es gibt wirklich viele Menschen, die darunter leiden – ist diese Situation eine absolute Qual.

Je nachdem, was du bereits erlebt hast – in Freundschaften, mit Gleichaltrigen und auch in neuen Situationen – und wie introvertiert oder extrovertiert du bist, können sich diese Lebensphase und die Aufgabe, neue Leute kennenzulernen, absolut beängstigend anfühlen, und das ist okay. Nicht jede:r von uns ist gleich selbstbewusst, und nicht hinter jeder selbstbewussten Fassade steckt wirkliches Selbstvertrauen. Uns einander zeigen zu können, aufeinander zugehen zu können und Freundschaften zu entwickeln ist immer ein verletzlicher Prozess. Er braucht gegenseitiges Interesse, Mut, sich zu öffnen und sich zu zeigen, und einen Vertrauensvorschuss. Denn Vertrauen wächst mit der Zeit. Aber auch nur, wenn wir gemeinsame Erfahrungen machen, uns erlauben und trauen, uns besser kennenzulernen und einander mitzuteilen.

Du darfst dich immer wieder liebevoll in den Arm nehmen und Verständnis für dich haben. Die Übungen auf Seite 93 und 212 können dich in solchen Momenten bestärken.

> Du darfst dich an deinen Wert als Mensch erinnern und auch wissen, dass du interessant und liebenswert bist und es sich lohnt, dich kennenzulernen.

Aufregung zu empfinden ist vollkommen okay und sogar bedeutsam, weil sie uns zeigt, dass uns etwas wichtig ist. Wenn du jedoch merkst, dass du in manchen Situationen so aufgeregt bist, dass du vor Angst kaum schlafen kannst, am liebsten nicht hingehen möchtest, vorab mit dollen Bauchschmerzen und Übelkeit kämpfst oder jedes Mal tatsächlich krank wirst (ja, unser Körper ist superempfindsam und kann das für uns machen), kann das zusätzlich verunsichern und eine *negative* Spirale aus Angst und Unsicherheit auslösen. Und das ist anstrengend. Die Übung auf Seite 212 hilft dir dabei, mit Aufregung umzugehen. Sie beruhigt dein Nervensystem und hilft dir, dich sicherer zu fühlen.

BINDUNGSTHEORIE

Je nachdem, was wir in Freundschaften und anderen Bindungen erlebt haben, fühlen wir uns in Beziehungen **sicherer** oder **unsicherer.** Vielleicht hast du schon von

dem Konzept der BINDUNGSMUSTER oder -TYPEN gehört? Ich
selbst hatte das Privileg, die **Bindungsforschung** direkt
zu Beginn meines Studiums kennenzulernen. Und das
hat mir sowohl beruflich als auch persönlich sehr geholfen. Daher möchte ich es an dieser Stelle mit dir teilen.
John Bowlby und Mary Ainsworth sind die
Begründer:innen der Bindungsforschung und konnten
herausfinden, dass es **vier verschiedene Bindungsmuster** gibt. Ich möchte das Ganze für uns vereinfachen,
daher unterteilen wir in **sicher gebunden** und **unsicher
gebunden.** All unsere Bindungserfahrungen formen
unser Konzept davon, wie wir Bindungen erleben – ob
sie sich sicher für uns anfühlen, verlässlich, versorgend,
entspannt, unterstützend und liebevoll oder angespannt,
unsicher, unberechenbar und verletzend. Sie formen
außerdem unser Bild davon, ob wir liebenswert sind
und so angenommen werden, wie wir sind, und zu einer
Gemeinschaft dazugehören. Sie prägen unser Konflikt-
verhalten und den Umgang mit Bedürfnissen und Stress.
Wenn wir uns in unseren Beziehungen **sicher** fühlen,
dann reguliert sich unser Nervensystem und entspannt
sich. Wenn wir uns **unsicher** in Bindungen fühlen, sind
wir angespannter. Unser Nervensystem ist schneller alarmiert, und wir sind meist sorgenvoller und gestresster
im Hinblick auf neue oder auch schwierige Situationen,
Menschen und Konflikte. Unsere Bindungsmuster definieren nicht, wer wir sind, und nichts an uns ist falsch,
wenn wir uns unsicher in Bindungen fühlen. Unsere Bindungsmuster sind zudem veränderbar. Zu verstehen, wie
wir uns in Bindungen fühlen, hilft uns dabei, achtsamer
mit uns und anderen umzugehen und Verständnis zu
haben. Du darfst achtsam mit dir sein, dir selbst immer
wieder Sicherheit und Verständnis schenken und Tools
für dich nutzen, die dir und deinem Nervensystem helfen.

Mein inneres Kind halten

1 Setz oder leg dich bequem hin, je nachdem, was sich gerade sicherer für dich anfühlt.

2 Leg eine Hand auf dein Herz und eine Hand auf deinen Bauch und schließ deine Augen oder suche dir einen Fixpunkt. Nimm deinen Atem bewusst wahr. Lass ihn entspannt und gleichmäßig werden.

3 Verlängere deine Ausatmung und beginne an eine Situation zu denken, in der du dich mit anderen unsicher gefühlt hast. Erlaube dir, alle deine Gefühle und Empfindungen zu spüren. Wenn sich Tränen lösen, ist das okay. Wenn dein Herz schneller schlägt, ist das okay. Sag dir liebevoll:»Ich darf mich unsicher fühlen und in die Arme nehmen.« Nutze deine Ausatmung, lass sie länger werden und atme jederzeit durch geöffnete Lippen Anspannung aus.

4 Stell dir jetzt vor, wie du dein **jüngeres Ich** in die Arme nimmst (du kannst dir auch eine andere fürsorgliche Person vorstellen, die dein **jüngeres Ich** umarmt) und voller Liebe hältst. Lass deinen Körper weich werden und atme so lange in dieses Bild, bis du merkst, dass dein Herzschlag langsamer wird, du dich entspannst und sicher fühlst und dein **jüngeres Ich** sich gehalten und sicher fühlt.

5 Wenn du so weit bist, stell dir vor, wie du in eine Situation mit neuen Menschen gehst, in der du dich absolut sicher fühlst. Du darfst hierbei deine volle Imaginationskraft nutzen, um dich zu unterstützen.

Nimm die Sicherheit in deinem Körper wahr. Du siehst dich lachen und spürst dein Lachen sogar. Erlaube deinem Körper, sich mit jedem Atemzug in die Situation hinein zu entspannen, und tank alles in dich auf.

6 Spür einen Moment nach und speichere das Bild und die Entspannung bewusst ab. Sag dir:»Ich bin sicher. Ich bin wertvoll. Ich darf mich zeigen und mir vertrauen.« Öffne deine Augen oder heb deinen Blick, wenn du so weit bist.

Du kannst diese Übung jederzeit machen. Vor Treffen oder Terminen, bei denen du aufgeregt und angespannt bist, kann sie wahre Wunder bewirken. Tränen sind erlaubt und heilsam. Wir alle fühlen uns ab und an verletzlich und vergessen, wie liebenswert, wichtig und wertvoll wir sind. Du darfst dich und andere genau daran erinnern. Das verbindet.

Viele von uns kennen Gedankenspiralen mit Sätzen wie:»Was ist, wenn mich keine:r mag, wenn ich alleine bleibe, mich blamiere, keine Freund:innen finde?« Du darfst diese Gedanken und damit einhergehende Ängste und Empfindungen bewusst wahrnehmen und dann proaktiv für dich einstehen. Du darfst dich aufgeregt und unsicher fühlen, ohne dich dafür klein oder schlecht zu machen. Kleine Schritte sind okay, und du darfst dein Tempo gehen. Die folgende Journaling-Technik kann dir im Umgang mit Ängsten helfen.

Angst loslassen

1

Stell dir einen Timer auf 5 Minuten und schreibe alles auf, was dir zu folgendem Prompt in den Sinn kommt:

ICH HABE ANGST, DASS ...

_____

_____

_____

_____

Journale dir alle deine Ängste von der Seele und aus dem Kopf.

2

Schreibe jetzt zu folgendem Prompt:

WENN ICH MIR ERLAUBE, ANGST ZU HABEN, DANN SPÜRE ICH ...

_____

_____

_____

_____

Atme kurz durch und spür nach, was du fühlen und körperlich wahrnehmen kannst. Notiere alle deine Erfahrungen für die nächsten 5 Minuten.

Journale abschließend zu folgendem Prompt:

ICH VERTRAUE MIR UND WEISS, DASS ICH ...

_____

_____

_____

_____

_____

_____

_____

Schreibe für 5 Minuten alle deine Eigenschaften, Fähigkeiten, Handlungen und Entlastungen auf, die dir zum Prompt einfallen. Zum Beispiel: _Ich vertraue mir und weiß, dass ich empathisch bin. Ich vertraue mir und weiß, dass ich nicht immer cool sein muss und mir Zeit nehmen darf, um neue Kontakte zu knüpfen. Ich vertraue mir und weiß, dass ich mir erlauben darf, unsicher zu sein._

`05:00`

Diese Übung schenkt dir die Freiheit, deine Ängste zu erkennen, sie anzunehmen und dich daran zu erinnern, dass kein Gefühl permanent ist. Auch nicht deine Ängste! Außerdem bestärkt sie dich dabei, herauszufinden und in dir zu verankern, wann du dich sicher fühlst und wie du dich dabei unterstützen kannst, an dich zu glauben.

Freundschaften verändern sich

Gute Freundschaften, in denen wir uns sicher, wohl und akzeptiert fühlen, sind eine unfassbare Ressource für uns und unseren Lebensweg. Unsere Freundschaften verändern sich im Laufe des Lebens immer wieder, doch gerade der Lebensabschnitt nach der Schule ist ein ausgesprochen großer Umbruch für unsere Beziehungen.

Wir ziehen in verschiedene Städte, beginnen unterschiedliche Ausbildungen und Studiengänge, formen unser Leben und entwickeln uns. Die gemeinsame Schulzeit verbindet. Denn wir alle stecken in dem »gleichen Topf«, selbst wenn sich dieser unterschiedlich für uns anfühlt.

Jetzt geht jede:r von euch in eine andere Richtung. Das ist wunderschön, inspirierend und bereichernd. Aber auch herausfordernd.

Verschiedene Tagesabläufe und Stundenpläne, Schichtdienste und eventuell sogar Zeitverschiebungen, diverse Erfahrungen, neue Freundschaften und eine enorme Weiterentwicklung von euch selbst wollen erst mal unter einen Hut gebracht werden. Und das ist schwer. Lernstress und das Managen des eigenen Haushalts und Lebens kommen noch obendrauf. Sich plötzlich nicht mehr mehrmals die Woche oder sogar jeden Tag in der Schule zu sehen, sondern bewusst verabreden und besuchen zu müssen, ist eine Aufgabe, die Verantwortungsübernahme und Commitment von allen Beteiligten braucht. Das kann sich neben der Uni und Ausbildung und allem anderen unmöglich machbar anfühlen, zumindest in regelmäßigen Abständen über die ganzen nächsten Jahre. Außerdem kosten Besuche in diverse Städte jedes Mal Geld, das gleichmäßig aufzuteilen will erst mal besprochen werden.

Digital vernetzt zu sein ist hier eine absolute Bereicherung, denn jederzeit kurz telefonieren oder schreiben zu können, egal wie weit wir voneinander entfernt sind, hilft sehr, die Verbindung aufrechtzuerhalten. Manchmal fordert uns das digitale Zeitalter jedoch auch heraus. Denn nicht gelesene oder unbeantwortete Nachrichten, Bilder auf Social Media etc. können verunsichern und Missverständnisse oder das Gefühl, »sich auseinanderzuleben« oder auch »nicht mehr so wichtig zu sein« entstehen lassen. Längere Antwortzeiten sind nicht immer ein Zeichen von fehlendem Commitment oder Interesse. Manchmal fällt uns erst viel zu spät auf, dass wir uns eigentlich zu lange nicht gemeldet und gehört haben. Und auch bewusst zu merken, dass wir uns viel zu selten sehen, dauert mitunter, weil wir uns ja »irgendwie immer hören«. Das »Irgendwie« ist hierbei genau der Punkt. Denn nichts geht über eine reale Umarmung und *miteinander verbrachte Zeit, zur gleichen Zeit, am selben Ort.* Wenn du merkst, dass du irritiert oder auch verunsichert bist oder deine Freund:innen dir fehlen, dann greif zum Hörer, schnappt euch euren Kalender und erklärt euch beidseitig bereit, euch zu sehen und Besuche einzuplanen.

Keine Beziehung funktioniert ohne KONFLIKTE und manchmal auch Missverständnisse, und das ist völlig in Ordnung. Konflikte an sich sind nichts Negatives und stärken uns sogar, wenn wir sie miteinander lösen. Nur »unfaire und ungelöste« Konflikte können sich negativ auf unsere Verbindung zueinander auswirken, verunsichern und anstrengen. Je länger wir einen Konflikt miteinander haben, ohne dass wir offen und mit

gegenseitigem Verständnis darüber sprechen, desto festgefahrener oder auch schwieriger wird die Situation für uns. Doch genau diese Herausforderung bringt dieser Lebensabschnitt durch die vielen To-dos und verschiedenen Lebensrealitäten, räumlichen Distanzen und Stundenpläne mit sich. Ihr dürft euch Zeit für eure Freundschaften nehmen, aber auch Zeit, um Konflikte anzusprechen und euch miteinander »auszusprechen«. Das ist nicht immer einfach, allerdings immer wichtig und wertvoll. Denn gute Freundschaften, in denen wir uns miteinander sicher fühlen, sind eine der größten Kraftquellen für unseren Lebensweg.

Freundschaften zu haben, in denen wir uns sicher, akzeptiert und wohlfühlen, ist eines unserer Grundbedürfnisse und darf gestillt sein. Gerade in Startzeiten an neuen Orten braucht es Geduld, Mut, Interesse, Offenheit und Energie. Du darfst hierbei liebevoll und geduldig mit dir umgehen!

FREUNDSCHAFTEN PFLEGEN   Tipp

Unsere Beziehungen brauchen Pflege und dürfen auch genau die bekommen.

1. Verabrede dich regelmäßig (egal in welchen Abständen) mit deinen Freund:innen, alten und neuen. Nichts geht über gemeinsame verbrachte Zeit und das Kreieren von gemeinsamen Erinnerungen und Momenten.

2. Telefoniert, wenn ihr euch lange nicht »live« sehen könnt. Telefonieren ist besser als Schreiben, weil wir uns synchron und nicht zeitversetzt mitbekommen. So können weniger Missverständnisse und Irritationen entstehen.

3. Stellt euch gegenseitig eure »neuen« Freund:innen vor, wenn ihr Lust darauf habt, und erzählt euch voneinander. Soziale Vergleiche, ein »falsches Bild« von Freundschaft in Serien, Schönheitsideale und Social Media erhöhen einfach das Risiko für Eifersüchteleien. Es kann unbewusst schneller passieren, als wir denken, dass wir uns ausgegrenzt, unwichtiger als zuvor oder auch »minderwertig« fühlen.

4. Erlaubt euch, Fehler zu machen. Wir alle sind menschlich und machen manchmal Fehler. Uns selbst und anderen zu vergeben, kann absolut bereichernd für unsere Beziehungen sein!

5. Kommuniziert bewusst miteinander und achtet auf toxische Themen wie Diäten, Körpergewicht, Lästereien oder Noten und entscheidet euch immer wieder bewusst dafür, euch selbst und einander zu bestärken, anstatt kleinzumachen und abzuwerten. Dem System gemeinschaftlich den Mittelfinger zu zeigen, macht so viel mehr Spaß!

6. Ermutigt euch gegenseitig, zu euch und euren Entscheidungen und Empfindungen zu stehen, und erlaubt euch, unterschiedlich zu sein! Niemand von uns ist gleich, wir alle sind einzigartig und trotz dessen kollektiv miteinander verbunden. Genau das ist so wunderschön und bereichernd.

Auch Dating, Sex und Partnerschaften können die Sorgen, »falsch oder nicht akzeptiert zu sein«, so richtig in uns triggern. Die Phase nach dem Auszug ist für viele auch in diesem Hinblick von Druck und Stereotypen-Bildern und Klischees geprägt. Viele junge Erwachsene haben das Gefühl, Sex haben, immer »horny« sein, auf Partys gehen und »abenteuerlich leben« zu müssen. Doch all das musst du nicht machen, wenn es sich für dich nicht stimmig anfühlt und du andere Bedürfnisse hast. Und auch die Angst, »alleine zu bleiben« und keine Partnerschaft zu finden, die sich stimmig, wertschätzend und sicher anfühlt, ist für viele in dieser Lebensphase ein Thema. Gerade wenn Freund:innen und viele aus dem Umfeld in Partnerschaften leben. Egal ob du Single, in einer Beziehung oder am Daten bist, du darfst deine Bedürfnisse ernstnehmen und deine Sexualität so ausleben, wie es dir guttut und dir Spaß macht. Und das kann auch bedeuten, dass du keinen Sex mit anderen hast und Sex mit dir selbst genießt. Oder gar keinen Sex hast. All das ist mehr als okay und genau richtig.

In unserer Gesellschaft wird immer noch ein sehr spezifisches Bild von Sex vermittelt. Dieses ist meistens heteronormativ, also an den Prinzipien der Zweigeschlechtlichkeit und an cis Männern orientiert. Unsere Gesellschaft ist zudem übersexualisiert. An jeder Ecke begegnet dir Werbung, die dir suggeriert, dass du nach einem gewissen Bild Lust haben und dich dabei heiß, im Sinne von »attraktiv«, finden und verhalten musst. Doch Sex ist so viel mehr als dieses Bild, das uns von klein auf vermittelt wird, und darf wirklich deine Bedürfnisse zum Ausdruck bringen.

> Sex darf unspektakulär, spektakulär, abenteuerlich, langweilig, entspannt, schnell, langsam, gar nicht vorhanden oder sonst was sein. Das Wichtigste ist, dass er für dich passt und sich sicher anfühlt und immer in deinem Konsens stattfindet.

Eine Menge junger Menschen fühlen sich durch die vielen Botschaften und selbst beim Sex entstehende Leistungsaspekte verunsichert. Du darfst dir Zeit lassen, dich ausprobieren und wahrnehmen und dadurch herausfinden, was dir Lust bereitet und was du brauchst, um dich bei Intimität sicher und be(f)reit zu fühlen. Unsere Sexualität entwickelt und verändert sich – so wie sich alles andere an uns auch immer wieder verändert. Du darfst deine Erfahrungen machen, dich kennenlernen und jederzeit einen Schritt zurückgehen und in jedem Fall **immer auch »Nein« sagen!**

> Deine Neins und Jas sind wichtig! Du darfst wissen, wie sich der Unterschied in dir und deinem Körper anfühlt.

Die Übung auf Seite 176 hilft dir, deine »Jas« und »Neins« kennenzulernen. Masturbation kann dich dabei ebenfalls bestärken. Auch hierbei gibt es übrigens keinerlei »richtig« oder »falsch«, »verboten« oder »peinlich« oder irgendeine Häufigkeit, die »besser« oder »schlechter« ist.

Wenn du Single bist und einen Beziehungswunsch hast, ist nichts daran falsch. Oft wird Emanzipation damit gleichgesetzt, »niemanden zu brauchen«. Doch Emanzipation schließt Bedürfnisse nach Partnerschaft und Nähe nicht aus. Du brauchst niemanden im Sinne von »erst dann bin ich erfüllt und vollständig oder wertvoll«, so wie es diverse Filme, Narrative, gesellschaftliche Normen und Ideale lange Zeit vorgelebt und vermittelt haben, und das ist gut. Doch dein Wunsch nach Nähe darf dir bewusst und auch von dir akzeptiert sein. Du darfst dich nach einem partnerschaftlichen Gegenüber und Intimität sehnen und dafür einstehen.

DEIN BERUFSEINSTIEG

Neben all den persönlichen Veränderungen und Herausforderungen wartet noch eine weitere riesige Veränderung auf dich: *der Einstieg in dein Berufsleben.* Und dazu zähle ich sowohl deinen Ausbildungs- als auch deinen Studiumsbeginn.

Beides bringt unterschiedliche Anforderungen, aber auch Gemeinsamkeiten mit sich. Die größten Gemeinsamkeiten sind der Lernstress und die Selbstständigkeit im Vergleich zur Schule. Du hast diese Ausbildung oder dein Studienfach gewählt und bist rein theoretisch nicht mehr dazu verpflichtet, diesen nachzugehen, und kannst jederzeit aufhören und etwas anderes beginnen. So viel zur Theorie, zur Praxis kommen wir gleich noch. Der größte Unterschied ist die Struktur und das Anstellungsverhältnis. Ausbildungen sind in der Regel praktischer und die meisten Ausbildungsverhältnisse bezahlt. Studiengänge kosten Semester- und manchmal sogar

Studiengebühren und sind theorielastiger und wissenschaftlicher.

In einen Ausbildungsabschnitt deines Lebens zu gehen, den du im besten Fall selbst für dich gewählt hast, und dich mit einem Thema vertieft zu beschäftigen, kann unfassbar Spaß machen. Du verbringst jetzt das erste Mal den Großteil deiner Zeit mit etwas, worin du deine berufliche Perspektive siehst. Etwas in einem bestimmten Fachgebiet zu lernen und anwenden zu können und dich dadurch auszuprobieren und weiterzubilden, kann richtig viel Begeisterung hervorrufen und Motivation schenken. Du wirst Experte oder Expertin für einen Bereich.

Ich wünsche dir sehr, dass das Lernen dir hierbei wieder Freude bringt und keine »reine Wissensabfrage« ist. Durch die Erfahrung deines Berufseinstiegs kannst du ganz neue Seiten an dir kennenlernen und entdecken. Zum Beispiel wie ausdauernd und engagiert du bist und wie viel Spaß es macht, wenn du für eine Tätigkeit oder auch ein Thema oder eine Zielgruppe brennst. Nimm diese Energie mit und tanke deine Akkus auf. Das können sie bestimmt gut gebrauchen.

Du darfst Freude in deinem Ausbildungsstart finden, deine Fähigkeiten weiterentwickeln und erfahren, dass du Kompetenzen hast, die andere bereichern!

Aber natürlich kann es auch bei deinem Ausbildungsstart und Einstieg ins Studium zu Herausforderungen und Schwierigkeiten kommen, die Kraft rauben, verunsichern und nerven.

Und weil darüber noch immer zu wenig gesprochen wird, ändern wir das jetzt.

Kleingeredet werden und fehlende Sensibilität

Manche Arbeitgeber:innen, Dozent:innen oder auch Kolleg:innen sind einfach nicht nett oder in der heutigen Zeit und bei eurer Generation angekommen. Wenn du kleingemacht wirst, dich nicht ernst genommen und respektiert fühlst, ist das falsch, egal in welcher Position dein Gegenüber ist. Wenn Führungspositionen nicht mit Wertschätzung und einem Empfinden für Mitarbeitende oder Studierende ausgeübt werden, kann das gerade auch zu Beginn der Ausbildungszeit das Gefühl auslösen, »nichts sagen zu dürfen« oder »überflüssig« zu sein.

Viele von uns kämpfen sowieso immer wieder mit dem Impostor-Syndrom und haben das Gefühl, »Hochstapler:innen« zu sein. Dann sind verunsichernde oder kleinmachende Verhaltensmuster oder Aussagen zusätzlich irritierend und herausfordernd. Deine Kompetenz und Anwesenheit ist immer wichtig und wertvoll, auch zu Beginn deiner Ausbildungszeit, wenn du vieles das erste Mal machst oder dich ganz neu damit beschäftigst und lernst. Du darfst Anfänger:in sein, mit der Zeit dazulernen und dich einbringen. Ich ermutige dich dazu, deine Fähigkeiten und Stärken zu entdecken, denn die hast du. Du darfst sie über die Zeit schärfen und immer sicherer werden in dem, was du tust, und deine Berufung finden.

Ich kenne zudem einige Studierende und Auszubildende, die immer wieder benennen, dass die Lehrinhalte und der Umgang miteinander oder die Kultur im Unternehmen nicht aktuell und zeitgemäß sind. Gendersensibilität und ein klares Bewusstsein von Marginalisierungen, Diskriminierungen und Stigmatisierungen sind noch nicht in allen Ausbildungs-

und Studiengängen angekommen. Und auch das Thema mentale Gesundheit wird noch viel zu wenig berücksichtigt. Das kann frustrieren, wütend stimmen und den Spaß am Berufseinstieg nehmen.

Ich ermutige euch dazu, euch immer für mehr Sensibilität einzusetzen, wenn ihr die Kraft dazu habt. Ihr dürft das auf eurem Weg und auf eine für euch stimmige Weise machen. Wenn Konflikte anhalten und Gespräche mit deinen Vorgesetzten, Dozent:innen oder Kolleg:innen nicht zur Klärung beitragen und dich nachhaltig verunsichern, darfst du dich jederzeit an deine Ausbildungsberater:innen, Berufsschullehrer:innen oder Beratungsstellen für Studierende wenden. Du darfst dir Vertraute suchen, mit deinem Umfeld sprechen und deinen Eindruck schildern.

Gerade als Minderheit in einem Unternehmen oder Studienfach können Diskriminierungen auftreten. Du musst da nicht alleine durch und auch nicht alleine mit deinen Sorgen bleiben. Du darfst dich für dich einsetzen und auch Unterstüzer:innen um Hilfe bitten.

Dein Nein ist wichtig

Gerade das »Nein« von weiblich gelesenen Personen und Minderheiten wird in unserer Gesellschaft noch viel zu wenig akzeptiert. Je nachdem, in welchem Umfeld du gerade arbeitest, studierst und lebst, können dir solche Verhaltensweisen und Themen begegnen. Ich kann nicht mitzählen, wie oft mir in meinem Leben bereits auf mein »Nein« erwidert wurde: »Komm, stell dich nicht so an, du bist so empfindlich.« Wenn ich nochmals »Nein« sagte, diesmal bestimmter, bekam ich ein »Du bist so kompliziert oder anstrengend« zu hören. Solche Abwertungen und Grenzüberschreitungen sind keine

Seltenheit, und lange Zeit habe ich mir beide Aussagen sehr zu Herzen genommen. Ich dachte, dass meine Bedürfnisse oder ich selbst »zu kompliziert«, »zu anspruchsvoll« oder auch »zu sensibel« seien. Viele junge – vor allem weiblich gelesene – Menschen kennen die vielen »Zus«. Doch deine Grenzen oder du selbst sind nie irgendetwas »zu«. *Nein ist ein ganzer Satz!* Du bist genau richtig und darfst Grenzen und Bedürfnisse haben.

Wenn du das Gefühl hast, dass deine Grenzen nicht akzeptiert werden, darfst du diese laut und deutlich vertreten und für dich einstehen. Das kostet Kraft und Mut. Sich mit anderen zusammenzutun und dir immer wieder bewusst zu machen, dass dein »Nein« wichtig und wertvoll ist, ist unabdingbar. Gerade in einem neuen Umfeld und beim Jobeinstieg fällt es uns manchmal schwer, Nein zu sagen. Um Nein zu sagen, braucht es Power. Die Übung **Fists of Anger** auf Seite 130 kann dir dabei helfen, angestaute Wut rauszulassen und deine Energie für dich einzusetzen, um dein Nein klar und selbstbewusst zu vertreten.

Du darfst deinen Standpunkt sicher und klar vertreten! Und wissen, dass deine Grenzen wichtig sind. Dein Nein hat Power!

Lange Arbeitstage

Ich höre immer wieder von Jugendlichen, dass ihr Ausbildungsstart enttäuschend ist und eine ganz schöne Umgewöhnung. Auch wenn der Schulalltag zeit- und lernintensiv ist, die Ausbildung bringt es oft auf das nächste Level. Vor dir liegen Vierzigstundenwochen, du musst eventuell sogar im Schichtdienst arbeiten – mit dem Ausblick, das ein Leben lang zu tun. Gleichzeitig lernst du für die Berufsschule und hast auch noch weniger Urlaubstage als früher Ferien. Das alles stellt eine riesige Veränderung dar. Gerade nach einer anfänglichen Euphorie und Neugierde auf den ersten Job und die neue Tätigkeit setzt nach einigen Monaten bei vielen eine gewisse Ernüchterung und manchmal auch Enttäuschung ein. Ich kenne viele Auszubildende, die vor allem darunter leiden, dass sie abends so müde sind, dass sie weniger Energie und manchmal auch Lust haben, sich noch zu verabreden. Das kann das Lebensgefühl insgesamt trüben.

Das alles darf sich erst mal blöd anfühlen und ist okay. Meistens gewöhnen wir uns nach einiger Zeit an die neue Realität und können uns darauf einstellen. Das kann gut ein paar Monate oder auch länger dauern, bis du in der neuen Situation wirklich angekommen bist und deinen Umgang damit raushast. Auch dein Körper kann sich an die neuen Zeiten und Anforderungen gewöhnen, wenn du gut für ihn sorgst und dir Pausen einplanst, die dich auftanken lassen (siehe Seite 121).

Studiumsbeginn

Wenn du dich für ein Studium entschieden hast – egal ob in einem Dualen Studiengang oder als Vollzeitstudium –, werden deine Woche und dein Semester sehr wahrscheinlich durchgetaktet und voll sein. Bachelor- und auch Masterstudiengänge sind mittlerweile so stark strukturiert und von außen vorgegeben, dass sich viele Studierende dauerhaft gestresst und gerade am Anfang des Studiums überwältigt fühlen. Es prasseln so viele neue Informationen und

Inhalte auf dich ein. Ich kenne ehrlicherweise keinen Studierenden, der gerade am Anfang des Studiums nicht leicht geschockt vom Lernpensum war und dachte: »Das Abi war ja nichts dagegen.« Im Studium anzukommen, braucht einen Moment, und das zweite und dritte Semester ist für viele schon weitaus eingespielter und dadurch leichter. Meistens gibt es nach dem vierten Semester sogar einen »Aha-Moment«, in dem sich alle Puzzleteile langsam zusammenfügen und es *praktisch anwendbarer* und damit anders interessant für uns wird. Bis dahin sind oft Durchhalten und Dranbleiben angesagt, und das kann gerade in der Prüfungszeit schwerfallen und sich anfühlen, als hätten wir »keine Wahl«. Ich weiß noch, wie oft ich einfach nur abbrechen wollte oder Sorge hatte, dass ich es nicht schaffe. Beides ist verständlich und ein Zeichen von zu viel Stress. Du darfst Entlastung und liebevolles Verständnis für dich finden, anstatt dich klein- oder schlechtzumachen und dich auch mit anderen Studierenden zusammentun. Alle Übungen in diesem Buch können dich dabei unterstützen.

Zweifel an der eigenen Wahl

Manchmal beginnen wir etwas und merken nach einiger Zeit, dass es nicht der richtige Weg für uns ist. Die Entscheidung zu fällen, mit einem Studium oder einer Ausbildung aufzuhören, ist für viele junge Menschen schwierig und geht oftmals mit dem Gefühl »zu versagen« oder »zu früh aufzugeben« einher. Wir alle sind dazu konditioniert, »Dinge durchzuziehen«. Kein Studium und keine Ausbildung machen ständig Spaß. Doch wenn du anhaltend das Gefühl hast, dass der Ausbildungsbereich oder der Studiengang, für den du dich entschieden hast, nicht dein Weg ist, und du darunter über einen längeren Zeitraum leidest, dann ist es wichtig, dass du das ernst nimmst und deine Empfindungen zulässt. Du darfst dich respektieren und in dich hineinhören. Es kann helfen, dich zu fragen, *was es genau ist, was dir fehlt, sich nicht stimmig anfühlt* oder *dir zu schaffen macht.* Auch herauszufinden, ob der Stress dich zweifeln lässt oder es wirklich das Fach oder Arbeitsgebiet ist, kann helfen. Frag dich, *was dich dabei unterstützt, deine Situation zu verändern.* Eine Ausbildung oder dein Studium zu wechseln ist auf alle Fälle möglich, wenn du das möchtest. Du darfst stimmige Entscheidungen für dich treffen und die Situation klären und dich unterstützen. Praktika oder ein Freiwilligenjahr können dir dabei helfen, in andere Bereiche und Tätigkeiten hineinzuschnuppern, dich dabei kennenzulernen und Perspektiven zu entwickeln. Du darfst dich und deine Stärken ernst nehmen und wissen, dass es »kein Versagen« oder »falsches Aufgeben« ist, wenn du dich entscheidest, einen Weg zu verlassen, um einen anderen einzuschlagen. Dieser Schritt ist mutig und kostet immer Kraft. Manchmal bringt er uns an ganz andere Ziele, schenkt uns Erfahrungen, die wir sonst nicht gemacht hätten, und trainiert uns dabei, mit Herausforderungen umzugehen. Dein Selbstvertrauen kann wachsen, wenn du dich ernst nimmst und deine Entscheidungen respektierst. Und ich weiß, das ist leichter gesagt als gefühlt und getan.

Du darfst zu dir und deinen Entscheidungen stehen und dich mit deiner Situation auseinandersetzen. Bewusst mit etwas aufzuhören, ist nicht immer nur ein Ende, sondern manchmal auch ein wichtiger Anfang.

Die Entscheidung zu treffen, einen Ausbildungs-
weg zu wechseln, kann sich superhart anfühlen.
Viele tragen diese Situation lange mit sich und empfinden
Zweifel und Sorgen. Dich in deinem Alltag wahrzunehmen und unterstützende Fragen zu stellen, kann dich in
deinem Entscheidungsprozess bestärken.

Du darfst mit dir in Auseinandersetzung gehen und
dir proaktiv und offen zuhören und auch mit anderen
darüber sprechen:

✦ Beobachte dich für einen längeren Zeitraum, sind die
   Zweifel anhaltend da oder kommen und gehen sie im
   Zusammenhang mit Stress und Unlust?

✦ Nimm wahr, ob du Begleiterscheinungen wie anhaltende Niedergeschlagenheit, Antriebslosigkeit,
   Probleme, morgens aufzustehen, Schlaflosigkeit und
   auch Interesselosigkeit für eigentlich »schöne Dinge«
   hast. Das alles können Anzeichen dafür sein, dass
   wir zu lange durchhalten und in einer Situation
   perspektivlos verharren.

✦ Frag dich, was du dir wünschst und was dir in deinem
   Studiengang oder deiner Ausbildung fehlt?

✦ Geh mit deinem Umfeld ins Gespräch und suche
   dir Vertrauenspersonen, bei denen du deine Sorgen,
   Zweifel und Überlegungen offen an- und aussprechen
   kannst. Das hilft uns, uns zu sortieren und weniger
   allein mit unserem Druck zu sein.

✦ Stell dir vor, du hättest bereits eine gute Entscheidung
   für dich getroffen, du kannst es in beiden Varianten
   (beenden und bleiben) ausprobieren und für mehrere
   Tage so tun, als ob du die Entscheidung bereits lebst.
   Beobachte dich: Wie fühlt es sich für dich an? Was geht
   dir durch den Kopf? Was meldet dir dein Körper zurück?

Leistungsdruck

Sowohl die Ausbildung als auch das Studium gehen mit jeder Menge Lernstoff und dichten Prüfungszeiten einher. Gerade die Semesterenden sind hart. Unter Kommiliton:innen und Ausbildungskolleg:innen herrscht manchmal ganz schön viel Konkurrenzkampf. Ungesunde soziale Vergleiche führen oft zu einem »Besser-schlechter-Denken«. Das passiert meist ganz subtil und ist eher an der Atmosphäre untereinander erkennbar als an offener Ausgrenzung wie noch in Schulzeiten. Wenn dir gerade Sätze wie »Hast du auch schon so viel gelernt, ich hänge ja die ganze Nacht noch am Schreibtisch und habe bereits das halbe Buch durchgearbeitet.« oder auch »Boah, ich hatte nur eine 1,7.« bekannt vorkommen, dann kann es schwerfallen, dich davon abzugrenzen. Gerade wenn du mitten im Lernstress hängst und nicht weißt, wo dir der Kopf steht. Auch Bemerkungen wie »Siehst du die, die haben es überhaupt nicht verstanden.« gepaart mit Lachen können einfach nur *toxisch* sein und über die Dauer anstrengen. Wir alle treffen manchmal solche Aussagen, aber anhaltende, konkurrierende Vergleiche und abwertende Bewertungen sind eine Folge von *Konkurrenz- und Egokämpfen* und dürfen klar von dir als solche identifiziert werden. Das ist nicht so einfach, doch superwichtig und der erste Schritt, um dich von *toxischem Verhalten* abzugrenzen und dann für dich zu sorgen.

Auch Dozent:innen und Professor:innen können manchmal ganz schön ungesunde Aussagen treffen. Wenn du Kommentare von Lehrbeauftragten erhältst wie: »Ihr müsst das schaffen. Gerade darf es nichts anderes in eurem Leben geben außer der Uni.«, dann ist das schlicht und einfach falsch. Es ist ein Ausdruck ihrer Haltung, die nicht deine Haltung sein muss. Bei so vielen Veranstaltungen, Fächern, Seminaren und Tutorien ist das schlichtweg unmöglich, und du darfst deine Zeit und Prioritäten einteilen.

Gerade wenn du neben der Uni oder auch deiner Ausbildung einen Nebenjob ausüben musst, um dich überhaupt finanzieren zu können, können VERGLEICHE mit anderen, die nicht arbeiten müssen, ganz schön nerven und frustrieren. Auch nach der Schulzeit halten unterschiedliche Lebensrealitäten an oder verstärken sich durch die vielen und diversen Kommiliton:innen sogar noch. Du darfst hier achtsam mit dir sein, um deine Lebenssituation und deinen Einsatz wissen und von ganzem Herzen Anerkennung und Wertschätzung für dich haben. Kein Mensch hat deine identische Lebenssituation. Du darfst den Blick weg von den anderen zurück auf dich richten und dir Danke sagen. Und zwar für alles, was du für dich tust.

An dieser Stelle ist es Zeit, dir selbst DANKE zu sagen und deine Stärke zu fühlen. Denn du wendest so viel Zeit, Kraft und Ausdauer für alles Mögliche auf. Es ist Zeit, das wertzuschätzen und dir zurückzumelden. Und dafür zeige ich dir einen SELBSTBESTÄRKUNGS-FLOW.

Deine Stärke fühlen

1 Komm hüftweit zum Stehen. Stemm deine Hände an deine Hüftgelenke und beginne für dich zu atmen. Das ist die **Power Pose.** Spür nach, wie sich deine Präsenz anfühlt. Du darfst deine Größe fühlen und anerkennen. Du darfst Raum einnehmen.

2 Atme ein und streck beide Arme lang über den Kopf. **Berghaltung mit gestreckten Armen.**

3 Atme aus und komm in die **stehende Vorbeuge.** Beug deine Beine so, wie es für dich gut ist.

4 Setz deine Hände vor dir am Boden auf und trete mit jeweils einem Fuß nach dem anderen zurück in dein **Brett.** Atme ein und halte hier für einen kurzen Moment. Fühl deine Kraft.

5 Atme aus und schieb dich in den **Herabschauenden Hund.** Bleibe hier für 2–3 Atemzüge.

6 Atme ein und tritt mit deinem rechten Fuß zwischen deine Hände, der linke Fuß bleibt hinten aufgestellt. Atme aus, richte deinen Oberkörper dabei nach oben auf, heb deine Arme über den Kopf. **Krieger 1.** Atme hier für einen langen Atemzug ein und aus.

7 Dreh bei der nächsten Ausatmung deinen linken Arm, deine linke Hüfte und linken Fuß zu deiner linken Seite auf, sodass deine linke Fußaußenkante seitlich steht, drücke fest in den Boden. Deine Arme sind weit über deinen gesamten Schritt gespannt. Dein Blick bleibt nach vorne über deinen rechten Arm gerichtet. **Krieger 2.** Atme hier für 2–3 Atemzüge und fühle deine Stärke.

8 Mit der nächsten Ausatmung fächerst du deine Arme Richtung deines rechten Fußes, dein Oberkörper und deine Hüfte fließen mit, richte deinen linken Fuß wieder nach vorne aus, stell deine Hände am Boden auf, rahme deinen rechten Fuß damit. **Low Lunge.** Atme ein.

9 Atme aus und führ deinen rechten Fuß zu deinem linken. **Brett** (siehe Seite 233). Atme.

10 Atme ein und tritt diesmal mit deinem linken Fuß nach vorn zu deinen Händen, hilf hier gerne mit deinen Händen nach und mach es dir leichter. Dein rechter Fuß bleibt hinten aufgestellt. Atme aus, richte deinen Oberkörper auf und heb deine Arme weit über den Kopf. **Krieger 1** (siehe Seite 234, nur gespiegelt). Atme hier für einen langen Atemzug.

11 Atme aus und drehe deinen rechten Arm, deine rechte Hüfte und den rechten Fuß zu deiner rechten Seite auf, sodass deine rechte Fußaußenkante jetzt seitlich steht, drück fest in den Boden. Deine Arme sind weit über deinen gesamten Schritt gespannt. Dein Blick bleibt nach vorne über deinen linken Arm gerichtet. **Krieger 2** (siehe Seite 234, nur gespiegelt). Atme hier für 2–3 Atemzüge und fühle deine Stärke.

12 Mit der nächsten Ausatmung fächerst du deine Arme Richtung deines linken Fußes, dein Oberkörper und deine Hüfte schwingen mit, richte deinen rechten Fuß wieder nach vorne aus, stell deine Hände am Boden ab, rahme deinen linken Fuß damit. **Low Lunge** (siehe oben, nur gespiegelt). Atme.

13 Führ mit deinem nächsten Einatemzug deinen rechten Fuß nach vorne, stell ihn neben deinen linken. Lass den Kopf hängen. **Stehende Vorbeuge.** Atme aus.

14 Atme ein und strecke deine Arme über einen weiten Bogen nach oben über deinen Kopf, richte dich dabei zum Stehen auf. **Berghaltung mit gestreckten Armen** (siehe Seite 233).

15 Atme aus und führe deine Hände wieder an deine Hüftgelenke. **Power Pose** (siehe Seite 233). Spür kurz nach. Du kannst so oft, wie du möchtest, wieder bei 1 beginnen und den Flow wiederholen.

16 Leg deine Handflächen aneinander und reib sie, bis Wärme entsteht. Leg sie auf deine Brust und sag dir »Danke«. Atme gleichmäßig weiter. Spür nach und lass dein Danke und deine Kraft in deinem ganzen Körper ankommen. Du kannst dir vorstellen, dass sie sich als warmes, strahlendes Licht in dir ausbreiten. Wiederhole das so lange, bis du dein Danke und deine Power spüren kannst.

Du darfst dir jederzeit DANKE sagen, deine eigenen Prioritäten definieren, für dich entscheiden, wie du deine Kraft investieren willst, und auch Grenzen setzen.

Prioritäten setzen

Am Anfang unseres Studiums und der Ausbildung geben wir oft alles. Wir investieren in unsere Zukunft, strengen uns an, meistern unseren Haushalt, treffen uns mit Freund:innen, lernen, machen Sport und erwarten von uns, alles mit der gleichen Kraft und vor allem Motivation zu tun. Die meisten von uns haben gelernt, dass Verpflichtungen und Lerninhalte oberste Priorität haben. Dann kommen Familie und Freund:innen, unser Aussehen, und erst ganz zum Schluss ist irgendwann Zeit für uns und Erholung. Unser *Monatszyklus* und auch Schwankungen im *Tages-Energielevel* sind dabei meist gar nicht mitbedacht und respektiert. Viele von uns haben diese »Prioritätenliste« von klein auf verinnerlicht.

In deinem aktuellen Lebensabschnitt sämtliche Anforderungen und Aufgaben zu managen, ohne dich dabei komplett zu vergessen, kann heraus- und auch überfordern.

Wir können nicht alles auf einmal und vor allem nicht alles mit gleichem Energieeinsatz machen. Das anzuerkennen und zu respektieren ist wichtig und fällt vielen von uns schwer. Gerade wenn es so unzählige tolle Möglichkeiten gibt, wir permanent aktiv sein oder auch etwas verpassen könnten und sehen, was andere so tun.

Prioritäten für uns zu setzen hilft uns dabei, unsere Zeit- und Energieressourcen einzuteilen, klarer »Ja« und »Nein« zu sagen und wichtige Dinge abzuarbeiten. Doch um das tun zu können, müssen wir uns erst mal über unsere Prioritäten bewusst sein und uns erlauben, eigene haben zu dürfen.

Deine eigenen Prioritäten zu entdecken, darf Spaß machen und kann vor allem guttun, wenn dich immer wieder das Gefühl überkommt, »alles gleich gut und intensiv machen zu müssen«.

Inspiration für mehr Prioritäten-Klarheit

Schreibe zu den folgenden Prompts:

WAS IST MIR AKTUELL WICHTIG UND HAT BEDEUTUNG FÜR MICH?

_____

_____

_____

_____

_____

IN WAS MÖCHTE ICH MEINE ENERGIE INVESTIEREN?

_____

_____

_____

_____

_____

_____

WELCHE ZIELE MÖCHTE ICH IN DEN KOMMENDEN MONATEN FOKUSSIEREN?

_____

_____

_____

_____

_____

_____

_____

_____

Wenn du deine Antworten gefunden hast, kannst du einen Schritt weitergehen und dich fragen, in welchen konkreten Handlungen und Tätigkeiten deine Prioritäten und auch Ziele sichtbar werden. _Was bringt dich deinen Prioritäten und Zielen im Alltag näher? Welche noch so kleine Handlung kann für dich im Alltag regelmäßig umsetzbar sein?_

Du kannst, wenn es dir hilft, einzelne Handlungen und deine Prioritäten farblich in deinen Wochenplan oder Monatskalender eintragen. Streich dir dabei IMMER DIREKT ZEIT mit ein – für dich, für Verabredungen mit Freund:innen und deiner Familie oder um kreativ zu sein. Auch das darf Priorität für dich haben. Du kannst dir außerdem den folgenden Reminder an deinen Spiegel schreiben: »Pausen müssen nicht erst verdient werden.« Denn auch das vergessen wir in Ausbildungszeiten und bei all dem Lernpensum oft.

Prokrastination und Motivationslöcher

Deine Motivation und Ausdauer, aber auch dein Interesse über eine so lange Zeitspanne wie die Ausbildungs- oder Studienzeit aufrechtzuhalten, kann unglaublich schwerfallen, und deine Produktivität und Motivation müssen wirklich nicht immer gleich aussehen. **Prokrastination** ist für viele von euch ein begleitendes Phänomen im Uni- und Ausbildungsalltag. Dahinter stehen oft *zu viel Stress, Selbstzweifel, die Angst zu versagen* oder auch *Fehler zu machen*. Gerade in Ausbildungszeiten sind Versagensängste immer wiederkehrende Alltagsbegleiter, denn ihr müsst so viele Prüfungen meistern und »euch immer wieder beweisen«.

Aufgaben über einen längeren Zeitraum aufzuschieben, knabbert zusätzlich an unserem Selbstwertgefühl, und Versagensängste werden, je länger wir darin verharren, größer. Viele von uns durchleben solche Phasen, und du darfst spüren, dass du dich unterstützen, deine Stärken entdecken und deine Motivation und auch Selbstdisziplin wiederfinden und »dranbleiben« kannst. Du darfst beim Lernen Tools für dich finden, die dir dabei helfen.

Ich stelle dir im Folgenden ein paar bestärkende vor, die ich mir selbst bereits am Anfang meines Studiums oder auch in der Schulzeit gewünscht hätte. Sie alle helfen uns dabei, uns nicht ganz so schwer mit all dem zu tun.

1. Tool: Plane Motivationslöcher mit ein

Motivationslöcher zu empfinden ist völlig normal und menschlich. Unsere Motivation ist keine Konstante. Bei den vielen vorgegebenen Prüfungen und externen Leistungsansprüchen kann dieses Bewusstsein oft in Vergessenheit geraten. Dir

»Motivationslöcher« zu erlauben und direkt miteinzuplanen, wenn du an deine Prüfungsvorbereitung gehst, kann rechtzeitig entlasten und Lücken schaffen, die nach hinten raus einen wichtigen Unterschied machen. Denn konstant Vollgas zu geben, überlastet uns auf Dauer.

2. Tool: Trau dich anzufangen – Die 5-Minuten-Regel

Gerade das Anfangen fällt schwer. Committe dich für 5 Minuten, die Tätigkeit zu machen, vor der du Angst hast oder dich drückst. Ganz egal, was es ist, ob lernen oder aufräumen, beginne für 5 Minuten und bleibe für die vollen 5 Minuten dabei. Entscheide, nachdem die 5 Minuten vorüber sind, ob du weitermachen oder aufhören möchtest. Das ist der Trick. Wenn du nach den 5 Minuten entscheiden solltest, für heute aufzuhören, ist das auch in Ordnung. Du wirst merken, dass du das viel seltener tun wirst, als du denkst! Und genau das stärkt dein Selbstvertrauen.

3. Tool: Finde dein Warum

Deine Wünsche und Intentionen hinter einem Ziel oder einer Aufgabe zu kennen und **intrinsisch motiviert** (aus dir selbst heraus) zu sein, kann einen Riesenunterschied beim Lernen machen. Dich immer wieder an *dein Warum* (Seite 166) zu erinnern, dieses in den Fokus zu nehmen oder es auch neu zu finden, kann Antrieb schenken. Es hilft dir außerdem dabei, etwas zu verkörpern, statt irgendetwas bloß zu machen, weil »du es machen musst«. Im Yoga wird dieser Unterschied als *Being* anstatt *Doing* beschrieben. Frag dich immer wieder: Warum will ich das machen? Wozu kann es mir und auch anderen dienen?

Ich weiß noch, wie oft ich mir vorgenommen habe, früher mit dem Lernen anzufangen. Neue Gewohnheiten, vor allem Lerngewohnheiten, zu etablieren, kann so schwerfallen. Eine wunderbare Methode, um diese in deinen Alltag einzubauen, ist das von unter anderem S. J. Scott und James Clear vermittelte Konzept des **Habit Stackings**. Beim Habit Stacking knüpfen wir eine neue Handlung an eine schon bestehende Gewohnheit an. Wir stapeln diese wie Puzzleteile aneinander und entwickeln dadurch mit der Zeit und Wiederholung neue Gewohnheiten. Du kannst die neue Handlung *vor* oder auch *nach* einer bereits *automatisierten Tätigkeit* ausüben. Setz dafür deine Lernzeit beispielsweise direkt vor deine Zahnputzzeit und lerne an jedem Tag (oder den meisten ☺) 60 Minuten. So entwickelt sich mit der Zeit eine neue Gewohnheit, und es fällt viel leichter, sich dafür zu verpflichten und nicht alles auf den letzten Drücker zu lernen.

5. Tool: Plane deinen Monatszyklus mit ein und entwickle Zyklusbewusstsein

Unser Monatszyklus wird in allen Ausbildungseinrichtungen, sowohl der Schule als auch allem, was danach kommt, noch komplett ignoriert. Doch wenn du eine menstruierende Person bist, hast du einen Zyklus, und dieser bringt Veränderungen innerhalb der einzelnen Phasen mit sich, die unter anderem einen Einfluss auf deine Kraft, Motivation und Leistungsfähigkeit haben. Deinen Zyklus mit all seinen Veränderungen zu kennen und zu wissen, in welcher Zyklusphase du gerade bist, kann dir im Hinblick auf deine Motivation, aber auch bei deinem Selbstbewusstsein helfen und dich bestärken. Zu wissen, dass du in der Zeit vor und während deiner Menstruation beispielsweise weniger Energie und andere

Bedürfnisse hast als während des Eisprungs und der follikulären Phase, kann dich dabei unterstützen, diese miteinzuplanen und Motivationslöcher seltener dir und deiner »Unfähigkeit« zuzuschreiben. Du kannst dir besondere Rituale in der Zyklusphase der Menstruation einbauen, wie beispielsweise bewusste Journalingsessions oder einen unterstützenden Zyklustee genießen und dich auch durch sanftes Yoga unterstützen. Unterschiedliche Phasen zu haben ist mehr als okay und ganz natürlich! Unsere Gesellschaft ist von patriarchalen Strukturen geprägt, die unseren Zyklus ignorieren. Es ist Zeit, das zu verändern!

6. Tool: Erinnere dich daran, dass du Dinge durchziehen kannst

Damit wir über einen längeren Zeitraum an unseren Zielen dranbleiben, brauchen wir ein gewisses Maß an *Selbstdisziplin*, *Vertrauen* und *Ausdauer*. Du darfst dich daran erinnern, dass du Talente, Entschlusskraft und Power hast. Mir selbst haben *Lerndates mit mir* und die konstante Erinnerung an *mein Warum* (siehe Seite 166) geholfen. Und ich sage bewusst Dates, denn es dürfen Verabredungen mit dir sein, die Spaß machen und schön sind. Was brauchst du, um gut lernen zu können? Wann ist deine absolut favorisierte Lernzeit am Tag? Was versorgt dich dabei liebevoll? Vielleicht ein schöner, ruhiger Ort, Blumen, Musik? Was erinnert dich an dein Warum und deinen inneren Antrieb?

Du darfst dich erfolgreich fühlen, an dich glauben und wissen, dass du dich auf dich verlassen kannst.

Boxatmung –
Sama Vritti Pranayama

Manchmal halten Prokrastination, Leistungsdruck
und Versagensängste über einen längeren Zeitraum an.
Die folgende Breathworktechnik unterstützt dich
in solchen Zeiten.

1. Setz dich aufrecht hin und verlängere deine Wirbelsäule nach oben, heb deinen Blick. Du kannst die Augen schließen oder deinen Blick auf einen Fixpunkt richten.

2. Atme tief durch die Nase ein und kraftvoll durch geöffnete Lippen aus. Gerne mit einem lauten Seufzen.

3. Beginne für 4 Atemzüge durch die Nase einzuatmen. Fülle deinen Bauch.

4. Halte deinen Atem für 4 Atemzüge.

5. Atme für 4 Atemzüge durch die Nase aus. Lass deinen Bauch leer werden.

6. Halte wieder für 4 Atemzüge.

7. Wiederhole diesen Atemrhythmus für 5–10 Minuten. Lass deinen Atem dann los.

8. Frag dich jetzt offen und bestärkend: Was hilft mir dabei, mir zu vertrauen? Was gibt mir Kraft, um für meine

Ziele einzustehen? Atme gleichmäßig für dich weiter, lass deine Intuition antworten.

9 Leg die Handflächen aneinander und reib sie, bis Wärme entsteht. Leg sie auf deinen Oberkörper und sag dir Danke. Spür kurz nach, wie du dich fühlst.

Du hast Power und kannst dir vertrauen. Du darfst all die Ersten Male erleben und deinen Berufseinstieg oder Studienbeginn liebevoll begleiten.

Die BOXATMUNG lässt Freiraum in dir entstehen, reguliert dein Nervensystem und schenkt dir dadurch neue Kraft. Und die brauchen wir, wenn wir Dinge umsetzen und durchziehen wollen. Wenn wir zur Ruhe kommen, können wir unsere **Intuition**, unseren **Antrieb** und **unser Warum** stärker wahrnehmen. Genau diese dürfen dich in dem ganzen Lebensabschnitt der »ersten Male« und Neuanfänge neben all den Erfahrungswerten leiten und begleiten.

5.
GEFÜHLE UND ANDERE BEGLEITER

Immer mehr junge Menschen geben an, sich seelisch belastet zu fühlen und mit ihrer *mentalen Gesundheit* zu struggeln. Und das ist nicht verwunderlich, denn unsere mentale Gesundheit findet immer noch viel zu wenig Platz in unserer Gesellschaft, in der Schule und unseren Ausbildungssystemen. Doch wir müssen Platz dafür finden! Denn erst wenn wir wissen, wie es uns geht, was wir brauchen und wie unsere Seele funktioniert, können wir wirklich gut für uns sorgen. Dieses Bewusstsein kann eine Veränderung bewirken, nach der viele von uns sich seit Langem sehnen.

Deine Seele darf Platz finden. Gerade in dieser aufregenden Zeit. Meine Intention für dieses Kapitel ist daher, mehr Bewusstsein und Verständnis für unsere mentale Gesundheit und seelische Belastungen zu schaffen.

ELEA (20)
SIE/IHR

Mir wurde schon öfter gesagt, dass ich ja viel ausprobiert habe und wie schön es ist, dass ich jetzt meinen Weg gefunden habe. Ausprobieren klingt irgendwie so *nett* und *aufregend*, das war es aber nicht immer. In den Momenten, in denen ich mich »ausprobiert« habe, gab es ständig einen großen Beigeschmack von Versagen und eine große Portion Enttäuschung.

Im Nachhinein kann ich für mich sagen, dass ich mich ausprobieren musste. Ich habe in den zwei Jahren nach meinem Abitur in der Gastronomie gearbeitet, viel Zeit mit meinen Freund:innen verbracht und überlegt, was ich in meinem Leben erreichen will. Aber irgendwann hatte ich das Gefühl, mich nicht mehr weiterzuentwickeln. Ich dachte, dass alle meine Freund:innen und Bekannten eine Idee und Vorstellung davon hatten, was sie machen wollten, oder schon mit einer Ausbildung oder einem Studium angefangen haben. Nur ich, dachte ich, habe mich seit meinem sechzehnten Lebensjahr nicht mehr sonderlich weiterentwickelt. Ich weiß jetzt, mit zwanzig Jahren, dass das nicht stimmt. Aber auch das zu realisieren hat viele kleine sowie große Hindernisse gebraucht und etwas Hilfe von außen.

Ich bin im Februar 2022 nach Mainz gezogen, um dort zu studieren, da war ich neunzehneinhalb. Ich dachte, ich fange jetzt das *richtige Erwachsenenleben* an und dass ich alles, was vorher passiert ist, hinter mir lasse und nun ein neuer Mensch werde.

Alle meine Freund:innen und anderen Bekannten waren so stolz auf mich und haben mir immer gesagt, dass sie glauben, dass mir das *soooo* guttun würde. Ich habe mir mein neues Leben im Kopf ausgemalt, wie ich studiere, welche Leute ich kennenlerne, einfach alles. Doch in Mainz angekommen, habe ich mich so alleine gefühlt wie noch nie. Ich hatte das Gefühl, als wäre ich in einem schlechten Film gelandet. Ich konnte nichts mehr zuordnen und war auch nicht mehr die Person, die ich kannte. Ich hatte das Gefühl, als hätte mir jemand die Luft abgeschnürt und mir jegliche Lust weggenommen. Als würde ich in ein großes, dunkles Loch fallen. Das hat mir Angst gemacht.

Ich wollte dennoch stark sein und es schaffen, da alle davon ausgingen, dass es mir guttun würde. Das tat es aber nicht.

Ich habe meinen Eltern gesagt, dass ich dort nicht bleiben möchte, ich wusste, dass sie nicht glücklich über meine Entscheidung waren. Aber auch ich war enttäuscht von mir, und das war das schlimmste Gefühl, dass ich meinen eigenen Erwartungen nicht entsprechen konnte.

Meine Eltern meinten immer, dass ihre Studienzeit die tollste Zeit ihres Lebens war und dass ich nie wieder so frei sein werde, dass sie gerne noch mal studieren würden. Ich glaube, diese Sprüche kennen wir alle. Erst als ich entschieden hatte, abzubrechen, und mich so schlecht gefühlt habe, haben mir meine Eltern erzählt, dass sie in ihrem Studium ebenfalls lernen mussten zu scheitern und dass sie sich oft auch fehl am Platz gefühlt haben. Ich muss sagen, es war erleichternd zu hören.

Was ich mit diesem Text sagen möchte, ist, dass es normal ist, sich verloren zu fühlen und Angst zu haben. Und es ist gut, Nein zu sagen, wenn man merkt, dass man nicht glücklich ist, auch wenn es nicht das ist, was alle von einem erwarten. Ich habe mich oft mit diesem Gedanken allein gelassen gefühlt, aber je mehr Menschen ich gesprochen habe, desto einleuchtender war es, dass jeder diese Gefühle in der ein oder anderen Form hatte oder hat.

Damit will ich es nicht runterspielen, doch es tut manchmal einfach gut zu hören, dass man nicht alleine ist.

WENN UNSERE SEELE
SCHREIT

U nsere seelische Gesundheit wird in den meisten Ausbildungs- und Studiengängen noch weitestgehend ignoriert. Ihr müsst leisten und funktionieren. Doch Fakt ist: Wir alle haben eine Seele, und die meisten, wenn nicht gar alle von uns, erleben im Laufe ihres Lebens seelisch herausfordernde Zeiten oder auch Symptome wie Panikattacken, Schlaflosigkeit, innere Unruhe, Konzentrationsschwierigkeiten oder starke Selbstzweifel. Das Leben ist herausfordernd, beinhaltet Hürden, Verunsicherungen, Verluste und Enttäuschungen genauso wie Zeiten der Freude, voller Schönheit sowie Leichtigkeit. Das alles macht uns menschlich.

Gerade wenn wir viele Veränderungen und Belastungen auf einmal erleben, Sorgen um die eigene Zukunft haben und Vertrautes »wegfällt«, kann es uns manchmal den Boden unter den Füßen wegreißen und emotional überlasten. Wenn dann noch Verunsicherungen und Stress im Alltag dazukommen oder wir etwas machen, worin wir keinen Sinn erkennen oder »hinter dem wir nicht stehen«, können sich die genannten **Symptome** bilden. Sie alle sind ein Versuch unserer Seele, uns auf etwas hinzuweisen: dass es uns nicht gut geht, uns etwas fehlt oder wir mit dem Verarbeiten von Stress, verunsichernden (oder auch traumatischen) Erfahrungen und Sorgen nicht hinterherkommen und unsere Ressourcen langsam aufgebraucht sind.

Seelische Erkrankungen sind immer noch mit wahnsinnig vielen Stigmata verbunden, und viele junge Menschen haben das Gefühl, »dass mit ihnen irgendetwas nicht stimmt«, »sie zu sensibel sind« oder »es nicht gut genug hinbekommen«, wenn sich Symptome oder auch seelische Erkrankungen entwickeln. Doch nichts an dir ist falsch! Du bist auch kein »Problem, das gelöst werden muss«, wenn es dir nicht gut geht und deine Seele aufschreit. Erst in den letzten Jahren verändert sich das Bewusstsein für das Thema mentale Gesundheit langsam, und immer mehr Künstler:innen und Sportler:innen sprechen über ihre seelische Erkrankung und tragen dadurch zur Entstigmatisierung bei. Diese Entwicklung ist wichtig und kann uns alle entlasten.

Du darfst deine seelische Gesundheit genauso ernst nehmen wie deine körperliche. Wir bekommen von Beginn an beigebracht, unsere Zähne zu putzen, uns ausreichend zu bewegen und ausgewogen zu ernähren, damit wir körperlich wohlauf bleiben. Die Wellnessbranche boomt, und die Zahnfee kommt in die Kitas, doch ich wünsche mir seit Langem eine »Zahnfee« für unsere emotionale Gesundheit in Kitas und Schulen. Denn wenn wir von klein auf lernen würden, uns um unsere Seele genauso gut zu kümmern wie um unsere Zähne, würden wir uns besser unterstützen und vor allem schambefreiter durchs Leben gehen können. Und genau dafür dürfen wir alle einstehen!

> Du darfst deine emotionale Gesundheit genauso ernst nehmen und pflegen wie alles andere an dir! Deine Seele braucht liebevolle Fürsorge und will gesehen werden.

Du kannst bei dir anfangen und deine seelische Gesundheit pflegen, indem du regelmäßig bei dir eincheckst und dich fragst, wie es dir *wirklich geht*.

Mental Health Check-in

Die folgende Übung ist ein Tool, das dich dabei
bestärken kann, einen MENTAL HEALTH CHECK-IN bei dir
zu machen. Ich sage in Therapiesessions immer:
»Das ist unser Zähneputzen für die Seele.«

1 Komm in einen bequemen Sitz. Leg deine Hände
entspannt auf deinen Beinen ab. Wenn du dich wohl-
und sicher dabei fühlst, schließe sanft deine Augen.

2 Beginne deinen Atem wahrzunehmen und
verlängere ihn nach und nach.

3 Frag dich fürsorglich und wertungsfrei: »Wie geht es
mir gerade seelisch?«, »Wie geht es mir körperlich?«,
»Wie schlafe ich?«, »Wie entspannt und sicher fühle
ich mich?«, »Wie ängstlich und besorgt bin ich?«,
»Wie viel Freude und Dankbarkeit fühle ich im Alltag?«,
»Wie verbunden fühle ich mich mit mir und anderen?«

4 Lass alle Antworten und Empfindungen zu dir kommen.
Du kannst hierbei gerne eine Skala von 0–10 nutzen,
wenn es dir hilft (0 = wenig vorhanden bis 10 = viel vorhanden).

5 Frag dich jetzt: »Was würde mir guttun und mich unterstützen?« Atme. Alle deine Bedürfnisse, alle deine
Einfälle sind genau richtig.

6 Sag dir liebevoll Danke.

Regelmäßig liebevoll bei dir einzuchecken und dich zu fragen, wie es dir seelisch geht und was dich unterstützt, stärkt dein Bewusstsein für dich und deine emotionale Gesundheit. Wir sehen unsere Seele nicht, daher ist es wichtig, uns immer wieder daran zu erinnern, dass wir eine haben. Du kannst die Übung als Ritual in deinen Alltag integrieren. Wenn du merkst, dass du dich belastet fühlst, darfst du dich jederzeit dazu entscheiden, dich zu unterstützen, und etwas Entlastendes für dich zu tun!

Wenn es dir nicht gut geht, du mit Panikattacken, Essstörungen, Schlaflosigkeit oder anhaltender Niedergeschlagenheit und Erschöpfung zu kämpfen hast, dann ist das kein Zeichen von Schwäche. Und auch nicht, dass »irgendetwas falsch an dir ist«.
Du darfst dich und deine Seele ernst nehmen, dich unterstützen und auch unterstützen lassen. Uns selbst einzugestehen, dass es uns nicht gut geht, kostet immer Kraft und Mut. Manchmal fällt vor allem der ERSTE SCHRITT in eine Therapie schwer. Ich kenne viele junge Menschen, die nicht wissen, wo sie anfangen sollen, nach einem Therapieplatz zu suchen, oder von den langen Wartezeiten abgeschreckt sind, und das ist so verständlich. Gerade wenn die Kraft fehlt. Vielleicht hast du auch negative Erfahrungen mit Psychotherapeut:innen gemacht und bist zusätzlich verunsichert. Auch das erleben manche von uns. Du darfst dir für die Suche Unterstützung aus deinem Umfeld holen und musst diesen Schritt nicht alleine gehen und darfst bei Erstgesprächen immer auf dein Bauchgefühl hören. Manchmal haben wir Angst vor der Reaktion unseres Umfelds oder schämen uns dafür, dass es uns seelisch nicht gut geht. Dich deinem Umfeld anzuvertrauen, ist ein Zeichen von Stärke und schafft

immer auch die Möglichkeit zu einem besseren Verständnis. Die folgenden Ressourcen und Adressen können dich dabei unterstützen.

THERAPIEPLATZ FINDEN:

Über die **Terminservicestelle** kannst du ein erstes Gespräch, die so genannte *psychotherapeutische Sprechstunde*, bei einer Psychotherapeutin oder einem Psychotherapeuten vereinbaren, du erreichst sie unter **116117** (bis 18 Jahre suchst du nach Kinder-und Jugendlichen-psychotherapeut:innen; ab 18 kannst du nach Erwachsenenpsychotherapeut:innen, den sogenannten Psychologischen Psychotherapeut:innen suchen).

Auch die folgenden Webseiten stehen dir zur Verfügung:

✦ www.psych-info.de   ✦ www.therapie.de

MENTAL BREAKDOWNS – TRIGGERWARNUNG

Viele von uns kennen »Mental Breakdowns«. Das Gefühl, wenn alles zu viel wird, uns alles entgleitet, wir auf dem Bett liegen oder der Unitoilette sitzen und einfach nur noch weinen können. Diese Momente sind ein absolutes Alarmzeichen unseres Körpers. Oft gehen sie auch mit Herzrasen, Atemnot, starker innerer oder auch motorischer Unruhe und Schlaflosigkeit einher. Auch lebensmüde Gedanken, Wahrnehmungsstörungen und ein vermehrter Rückzug können Begleiterscheinungen und absolute Alarmzeichen sein.

Nervenzusammenbrüche sind eine Reaktion auf stark belastende Lebenserfahrungen und ein Zeichen von Überlastung. Sie signalisieren uns, dass wir viel zu lange über unsere Grenze gegangen sind oder immer noch gehen. In Ausbildungszeiten passiert das schnell. Deine Lehrpläne sind so vollgepackt, dass selbst deine Freizeit oft mit einem gewissen Lernpensum einhergeht, um alles schaffen und mithalten zu können. Wenn dann noch Trennungen oder Verluste, Stress mit Freund:innen oder angespannte Situationen in der WG, mit Dozent:innen oder auch Familie dazukommen, kann das Ganze kippen. Ebenso können Unfälle, Übergriffe oder andere stark verunsichernde Erfahrungen Auslöser für *Nervenzusammenbrüche* sein.

Das Wichtigste ist in solchen Situationen absolute Ruhe, Unterstützung und eine Reduktion von Stressoren und Triggern.

Es ist wichtig, dass du dir selbst den Raum gibst, zur Ruhe zu kommen und dich wieder sicher zu fühlen. Genau das kann schwerfallen, wenn unser Nervensystem überaktiviert und im »Kampf-oder-Fluchtmodus« ist. Du darfst dir in solchen Situationen professionelle Unterstützung holen, denn genau die kann hierbei helfen. Die oben genannten Adressen, vor allem die Terminservicestelle (siehe Seite 255), ist in solchen Situationen eine gute erste Anlaufstelle genauso wie das Krisentelefon (siehe Seite 255).

Du darfst dich ernst nehmen und an erste Stelle stellen!

Die folgende kurze Breathwork sorgt dafür, dass dein Nervensystem entspannt. Du kannst sie regelmäßig nutzen, um STRESS ABZUBAUEN und dich zu beruhigen. Besonders abends tut sie gut.

Loslassen

1 Finde eine bequeme Position für dich in Rückenlage. Streck deine Beine lang aus, wenn du dich dabei sicher und wohlfühlst. Sonst stelle sie gerne etwas weiter als hüftweit auf und lass die Knie aneinanderfallen.

2 Platziere deine Hände auf deinen Rippen und beginne, in deine Hände zu atmen. Spür nach, wo du Anspannung festhältst, atme in die angespannten Körperstellen und lass dich mit jedem Ausatemzug tiefer in den Boden sinken. Lass dir Zeit und nutze jeden Atemzug, um Anspannung loszulassen.

3 Nimm jetzt einen tiefen Atemzug in deinen Bauch, dann einen tiefen Atemzug in deinen Brustkorb, du kannst hierbei durch Mund oder Nase einatmen. Beginne deinen Bauch und Brustkorb mit der Einatmung weit und dreidimensional werden zu lassen. Stell dir vor, du atmest nach vorne, hinten und zu beiden Seiten. Lass dir dabei Zeit. Halte kurz.

4 Atme jetzt durch Mund oder Nase lang und gedehnt aus. Mach deinen Atem für dich hörbar. Lass jeden Muskel los, atme vollständig aus, bis du »leer« bist.

5 Wiederhole Schritt 3 und 4 15–20 Mal, lass deine Atmung dabei länger werden. Wenn du zu Gedanken wanderst, ist das überhaupt nicht schlimm, und du kannst jederzeit zu deinem Atem zurückkehren.

6 Lass deine Atmung los und spür für einen Moment nach. Nimm deinen Körper wahr.

7 Zieh deine Beine nun an deinen Körper und umgreife deine Knie, mach dich klein und rund. Schaukel, wenn du magst, hin und her. Atme für einen kurzen Moment.

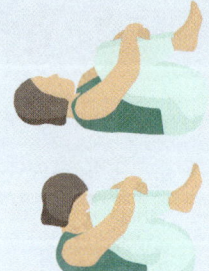

8 Dreh dich mit den Knien umarmt auf eine Seite und spür nach, wie du dich fühlst.

9 Sag dir Danke!

ZUKUNFTSÄNGSTE UND HOFFNUNGSLOSIGKEIT

So viele junge Menschen leiden unter *Zukunftsängsten* und *Hoffnungslosigkeit*. Die letzten Jahre waren hart, und ihr werdet permanent mit Krisen und schrecklichen Nachrichten konfrontiert. Online zu gehen und Freund:innen, Influencer:innen und gleichzeitig Kriegsgeschehen, andere Gewaltakte sowie eine »brennende Umwelt« zu sehen, überfordert, und wir alle brauchen einen bewussteren Umgang mit Medien und all diesen wichtigen Themen. Gleichzeitig habt ihr persönliche Herausforderungen und manchmal auch Krisen zu bewältigen oder macht euch Sorgen um eure eigene Zukunft. Das ist so unglaublich viel auf einmal, aber du bist mit Zukunftsängsten nicht alleine. Wirklich viele Menschen leiden darunter! All diese Ängste auszuhalten, ohne das Gefühl zu haben, etwas ändern zu können, macht mit der Zeit hoffnungslos.

Hoffnungslosigkeit zu empfinden ist einfach nur fürchterlich für uns. Sie nimmt uns die Kraft und auch Lust, Dinge zu tun oder gleich morgens aufzustehen. Selbst Unternehmungen, die wir eigentlich mögen, können sich durch sie manchmal freudlos anfühlen. Hoffnungslosigkeit nimmt uns den Glauben an uns und manchmal auch ans Leben und entmutigt uns. Denn wenn wir uns so fühlen, fehlen die Perspektive und Zuversicht. Und beides benötigen wir, damit wir Antrieb und Freude empfinden.

Wenn wir uns hoffnungslos fühlen, brauchen wir Ermutigung und das Vertrauen, dass wir trotz bestehender *Weltschmerz-* und auch persönlicher *Schmerzthemen* wieder Zuversicht finden werden und etwas dafür tun können.

Doch wie kann das klappen?

Anne Lamott, eine US-amerikanische Schriftstellerin, schreibt dazu die wunderschönen und passenden Worte:

»Courage is fear that has said its prayers.«

Es ist nämlich absolut mutig und braucht manchmal eine Perspektive, die über uns hinausgeht, um neue Zuversicht und Hoffnung zu finden und mit Ängsten umzugehen. Mir selbst hilft es, bei Zukunftsängsten und Hoffnungslosigkeit »in Handlung zu kommen« und einen bewussten Umgang damit zu wählen. Denn in Handlung zu kommen und etwas proaktiv für die Themen und Bereiche, um die wir uns sorgen – oder auch für uns selbst – zu tun, stärkt unser **Selbstwirksamkeitserleben**. Und genau das brauchen wir, um uns nicht *ohnmächtig* und *hilflos* zu fühlen. Viele haben an diesem Punkt das Gefühl, nichts bewirken zu können oder egoistisch zu sein, wenn sie sich um sich kümmern, obwohl es anderen schlechter geht. Doch dich um dich selbst zu kümmern ist nie egoistisch und schließt andere auch nicht aus. Du kannst dich *für dich* und *andere* einsetzen, beides steht nicht in Konkurrenz zueinander, und du darfst dir für beides Zeit nehmen.

Mit anderen über deine Sorgen und Hoffnungslosigkeit zu sprechen oder über Themenbereiche und Schieflagen aufzuklären kann beispielsweise ein »Aktivwerden« sein und Bewusstsein schaffen. Und ich zeige dir jetzt noch weitere Tools, die dich dabei unterstützen können.

Tools im Hinblick auf Zukunftsängste und Hoffnungslosigkeit

1. Mach dir deinen Medien- und Nachrichtenkonsum bewusst

Darauf zu achten, *was* du konsumierst, dir anschaust, anhörst und durchliest, *wann* du es tust und in *welchem Umfang*, ist in unserem Zeitalter absolut wichtig und unabdingbar. Wir alle werden mit einer Flut an Nachrichten und Informationen konfrontiert. Das kann oft bedrückend oder auch einfach zu viel sein. Du darfst Push-Benachrichtigungen und News-Ticker, aber auch Profile bewusst stummschalten, dein Handy ab und an in den Flugmodus switchen, nicht gleich morgens online gehen und Apps zeitlich begrenzen. Auch deine Stimmung und dein Energielevel beim »Online-Sein« zu beobachten, kann wertvoll sein und dich unterstützen.

2. Lass dich inspirieren und ermutigen

Es gibt so viele tolle Plattformen, Podcasts, Bücher, Künstler:innen und Menschen, die inspirieren und Hoffnung schenken. Such dir eine Handvoll Menschen aus, die dir durch ihre Worte, Lebensgeschichte, Musik und Gedichte Kraft geben und dich ermutigen oder auch trösten. Auch in unserem Podcast findest du bestärkende Folgen zum Thema Zukunftsängste und Weltschmerz.

3. Lass dich umarmen!

Bei Körperkontakt schütten wir **Oxytocin** aus. Das ist unser Bindungshormon. Es schenkt uns Sicherheit und Wohlgefühl und gibt uns dadurch Kraft. Auch dich selbst wirklich in den Arm zu nehmen und dich liebevoll zu berühren, schüttet

Bindungshormone aus und stärkt dich dadurch. Manchmal kommen wir uns dabei doof vor, aber du darfst deinen Körper ernst nehmen und solche Tools für dich nutzen (siehe Seite 93).

4. Werde aktiv!

Du darfst aktiv werden. Es gibt so viele Organisationen, Initiativen, Vereine und Plattformen, die sich für eine bessere und nachhaltige Zukunft sowie Lösungen für Weltkrisen einsetzen. Aktiv zu werden und sich einer solchen Organisation anzuschließen, kann im Hinblick auf Zukunftsängste absolut guttun. Bestes Beispiel dafür ist die *Fridays-for-Future*-Bewegung. Du darfst hier deine Art und Weise der Unterstützung finden. Auch Bewusstsein für dich zu kreieren oder in deinem Umfeld voranzutreiben ist ein wichtiger Schritt und eine tolle Art von Aktivismus. Deine Stimme zählt und kann Veränderung bewirken (mehr Inspiration dazu findest du in Kapitel 6).

> **Wir brauchen einander. Ängste und Sorgen zu teilen und darüber zu sprechen, kann ermutigen und entlasten. Krisenzeiten wollen gemeinsam bewältigt werden. Und dazu braucht es Communitys.**

Ich hoffe, diese Tipps bestärken dich, wenn du merkst, dass Zukunftssorgen und Weltschmerzthemen aufkommen oder dich lähmen. Und denk dran: Du bist nicht alleine damit und musst sie auch nicht passiv aushalten! Wir alle kennen genau diese Ängste und Sorgen und dürfen uns gegenseitig bestärken.

DEPRESSIONEN

W ir alle kennen Phasen, in denen wir uns »down« fühlen, am Leben und an uns zweifeln und der Antrieb einfach fehlt. Auch wenn Depressionen sich ähnlich anfühlen, sind sie mehr als ein vorübergehendes Stimmungstief. Und sie sind auch mehr als vorübergehende Traurigkeit. Sie sind eine ernst zu nehmende seelische Erkrankung, die uns in ein Loch stürzen lässt und ziemlich Angst machen kann. Denn anders als bei Stimmungstiefs gehen Depressionen nicht einfach weg, wenn wir uns Gutes tun, eine Pause gönnen oder positive Vorsätze ergreifen (auch wenn all diese Maßnahmen guttun können). Depressionen sind ein Ausdruck unserer Seele, dass wir leiden, uns die Kraft, Zuversicht und Hoffnung schon seit Längerem fehlt und sich das große Ganze einfach überdauernd sinnlos anfühlt.

Diese Erfahrung kann erschütternd, verunsichernd und schmerzhaft sein. Denn oft haben wir Angst, dass dieser Zustand nie wieder aufhört und weggeht oder immer wieder kommt. Gerade das ist oft zusätzlich beängstigend und quälend. Manchmal braucht es auch seine Zeit, bis wir erkennen, dass wir an und unter Depressionen leiden. Was vor allem daran liegt, dass noch viel zu wenig in der Öffentlichkeit über Depressionen in der Kindheit und Jugend gesprochen und aufgeklärt wird.

Depressionen gehen immer noch mit Stigmata einher, die ein gewisses Bild der Erkrankung vermitteln – wie beispielsweise, dass wir bei jeder depressiven Episode nur im Bett liegen und gar nichts mehr machen. Das kann der Fall sein. Doch Depressionen können sich ganz unterschiedlich anfühlen und auch zeigen. Nicht immer ziehen wir uns komplett zurück. Depressionen sind äußerlich oft nicht zu erkennen, auch wenn sie innerlich so präsent sind wie ein »großes schwarzes Loch« oder »ein dickes Nilpferd, das auf der Brust sitzt«. Das macht besonders einsam, fordert heraus und fühlt sich manchmal an, als würden wir »alleine in einem geschlossenen Raum sitzen und nicht mehr herauskommen«. Wenn du das Gefühl hast, unter Depressionen zu leiden, und durch eine schwierige Zeit gehst, dann ist es wichtig und wertvoll, dir therapeutische Unterstützung zu suchen und dich deinem Umfeld anzuvertrauen. Du bist damit nicht alleine! Auch wenn es sich manchmal so anfühlt.

Neben ANGSTSTÖRUNGEN gehören DEPRESSIONEN zu den am meisten auftretenden seelischen Erkrankungen von jungen Erwachsenen und Jugendlichen. Und das ist nicht verwunderlich. Denn ihr steht unter so viel Druck, erlebt Trennungen und Verluste, müsst zig Anforderungen auf einmal erfüllen und gleichzeitig auch noch euren eigenen Weg finden und werdet dabei von unserer Gesellschaft so wenig gesehen. Depressionen haben ganz unterschiedliche Auslöser, und noch sind die genauen Ursachen unklar. Es gibt jedoch verschiedene Theorien darüber, welche Faktoren die Entstehung einer Depression begünstigen. Dazu zählen anhaltende Einsamkeit, seelische Belastungen, mangelndes Selbstvertrauen und Stress.

Sich Unterstützung zu holen, ist stark und wichtig! Uns allen steht Hilfe zu und wir alle dürfen liebevoll unterstützt werden.

Die folgenden Adressen und Kontakte sind Anlaufstellen, an die du dich anonym und ganz unverbindlich wenden kannst, wenn du das Gefühl hast, unter einer Depression zu leiden. Du erhältst dort kostenfrei und direkt Unterstützung:

✦ https://www.deutsche-depressionshilfe.de/unsere-angebote

✦ https://www.der-weg-nach-vorne.de/#welcome

✦ TelefonSeelsorge 0800/1110111

✦ https://www.nummergegenkummer.de/kinder-und-jugendberatung/kinder-und-jugendtelefon/
  Telefonnummer 116111

Neben Psychotherapie können Yoga und Breathwork dich unterstützen. Einige Studien konnten nachweisen, dass Yoga bei Depressionen durch die Regulation von Stress anhand von Bewegung, Atmung und Fokussierung helfen und Symptome abmildern kann. Beides kann eine gute *zusätzliche Hilfe* neben psychotherapeutischer Unterstützung sein, die du ganz unabhängig praktizieren und nutzen kannst. Kraft dafür aufzuwenden und dich dazu durchzuringen, kann während depressiver Episoden sehr schwerfallen. Dich selbst aber weiterhin zu versorgen, und das darf eine klitzekleine Handlung sein, kann eine große Wirkung erzielen, weil du dir zeigst und dich spüren lässt, dass du dich nicht aufgibst.

Feueratmung – Kapalabhati

Die folgende Atemübung ist für dich. Sie hilft dir dabei, Kraft zu schöpfen und deine Energie zu aktivieren. Wenn du bewusst tief für dich atmest, tankst du jede Menge Sauerstoff, und das darf dein Treibstoff in diesen Zeiten sein. Du darfst für dich atmen und deinen Atem nutzen, um dich zu versorgen!

Diese Atemtechnik erzeugt – wie der Name verrät – Hitze in deinem Körper. Durch die schnelle Sauerstoffzufuhr bildet dein Körper Energie, sodass du dich danach wach, kräftig und frisch fühlst.

1 Komm in einen Sitz mit gekreuzten Beinen oder setz dich auf deine Fersen. Balle beide Hände zu Fäusten, leg eine auf deinen Bauchnabel und staple die andere davor.

2 Atme durch die Nase ein und scharf durch die Nase aus. Zieh bei der Ausatmung deinen Bauchnabel stoßweise in Richtung deiner Wirbelsäule. Deine Hände führen die Bewegung. Konzentriere dich einzig und allein auf deine Ausatmung, die Einatmung

kommt ganz von selbst. Das kann am Anfang ungewohnt und schwierig sein. Lass dir dafür Zeit und probier dich einfach aus. Nach einiger Wiederholung kommst du in einen Flow.

3 Wiederhole das zu Beginn 50 Mal. Du kannst mit der Zeit mehrere Runden machen oder auch bis 100 Ausatemzüge steigern. Du kannst jederzeit auch durch geöffnete Lippen ausatmen. Bei der Übung kann dir durch die schnelle Sauerstoffzufuhr schwindelig werden. Du darfst jederzeit Pausen machen und von vorne beginnen oder auch aufhören, wenn du merkst, dass es dir heute nicht guttut. Spür am Ende kurz nach.

Mach diese Atemtechnik nicht, wenn du deine Periode hast. Dann braucht dein Körper, insbesondere dein Bauch, Ruhe. In der Zeit kann dir die Atemtechnik auf Seite 119 helfen.

Deinen STOFFWECHSEL IN DEPRESSIVEN PHASEN zu unterstützen, ist supersuperwichtig. Das ist leichter gesagt als getan, denn gerade das Aufstehen und überhaupt Kraft für Bewegung zu finden, fällt meistens schwer. Doch morgens kurz aufzustehen, dir Wasser ins Gesicht zu spritzen, dich ein wenig zu bewegen und etwas zu essen, kann mit der Zeit eine wichtige Veränderung bringen, weil dein Körper die Signale und Nährstoffe bekommt, die er braucht, um weiterhin Serotonin und Dopamin zu produzieren. Und beide Neurotransmitter sind für uns notwendig, um überhaupt Energie zu haben. Dein Körper braucht dich, und du brauchst Dopamin und Serotonin, um wieder zu Kräften zu kommen! Du schaffst das, ich glaube an dich!

ESSSTÖRUNGEN

Essstörungen sind häufige Begleiter in Übergangsphasen. In eine neue Stadt zu ziehen, niemanden zu kennen, mit etwas völlig Neuem, wie einer Ausbildung oder einem Studium, zu beginnen und mit Leistungsdruck zurechtzukommen, kann uns ganz schön aus der Bahn werfen. Auch Feedback von anderen über uns, unsere Persönlichkeit, unsere Lebensgestaltung oder auch über unser Aussehen kann verunsichern. Kommentare zu unserem Körper sind dabei nie okay, sondern übergriffig und einfach anmaßend.

Essstörungen werden in unserer Gesellschaft noch ziemlich falsch gedeutet und oft missverstanden. Natürlich haben Schönheitsideale und dadurch verursachte Verunsicherungen mit dem eigenen Aussehen und Körper einen negativen und ursächlichen Einfluss auf die Entstehung einer Essstörung. Doch meist sind diese nur die Spitze des Eisbergs.

Essstörungen sind meiner Erfahrung nach immer der Versuch, mit einer lang anhaltenden Belastungsphase, wiederkehrenden Verunsicherungen und unseren Gefühlen umzugehen. Wenn alle unsere Bewältigungsstrategien »aufgebraucht« sind und wir immer noch das Gefühl haben, »alles entgleitet uns« und trotzdem »alles hinbekommen zu müssen«, entsteht innere Anspannung, die wir lösen wollen. Gerade wenn wir gelernt haben, alles – oder sogar uns – »unter Kontrolle haben zu müssen« und bloß nicht »zu viel zu sein«.

Essstörungen sind immer der Versuch, ein Ventil für angestaute Gefühle zu finden und wieder *Kontrolle und Sicherheit* zurückzuerlangen.

Nicht zu essen, uns mit Essen zu trösten oder zu bestrafen, zu erbrechen oder auch zu steuern, was wir essen und wie unser Körper aussieht, vermittelt uns ein vorübergehendes Gefühl von Macht und Kontrolle und dadurch Sicherheit. Und auch das Bild, das in unserer Gesellschaft mit »schlank und dünn sein« verbunden wird, gibt uns ein Gefühl von Sicherheit und Selbstwirksamkeit in unserer leistungsorientierten Gesellschaft.

Kommt dann noch das Feedback von anderen wie »Du siehst aber gut aus, du hast so abgenommen, wie schaffst du das nur, so diszipliniert zu sein.« hinzu, fühlt sich das erst mal gut an. Andersrum löst das Feedback »Hast du zugenommen?« Beschämung, Verunsicherung und Versagensgefühle aus.

Das alles macht nach einiger Zeit ganz schön Druck. Und Essstörungen werden schnell zu *negativen Abwärtsspiralen.* Denn wir können nicht anhaltend nicht bzw. reduziert essen und erbrechen, ohne darunter zu leiden. Unser Selbstempfinden, die Beziehung zu uns selbst und unser Körper leiden darunter. Unser Körper braucht Nahrung, um überleben zu können, und wechselt nach kurzer Zeit in einen »Überlebensmodus«, wenn er zu lange auf Sparflamme laufen muss. *Unser Körper ist immer für uns,* er reduziert den Verbrauch seiner Energie, um uns zu schützen. Wir nehmen nicht mehr ab, nehmen vielleicht sogar zu, obwohl wir wenig oder fast gar nichts essen. Wir fühlen uns dick und hässlich, haben Heißhunger, essen und fühlen uns schuldig, erbrechen oder machen übermäßig Sport oder geben uns ganz auf und haben unfassbar große Scham- und Versagensgefühle. Und wir hassen uns für all das. Das führt dazu, dass nach einiger Zeit eine erneute Verunsicherung und das Gefühl, wieder die Kontrolle zu verlieren, entstehen können. Daraus ergibt sich in kurzer Zeit ein ziemlicher Teufelskreis aus Selbstzweifeln, Selbstgeißelung und Verunsicherung.

Wir alle, und besonders weiblich gelesene Personen, werden mit der Idee großgezogen, dass wir uns auch »beim Essen unter Kontrolle« haben müssen. Kontrollverluste beim Essen zu erleben, die oft als Copingstrategie von Gefühlen und als Trost oder Bestrafung dienen, ist verunsichernd genug. Dann noch mit gesellschaftlichen Idealen und Abwertungen konfrontiert zu sein, ist einfach nur ungerecht und falsch und zusätzlich verunsichernd.

Um aus einer Essstörung »auszusteigen«, ist es wichtig, die Funktion und den Versuch »Sicherheit und Kontrolle zu erleben« dahinter zu verstehen und mit der Zeit zu lernen, diese wieder in uns und unseren Fähigkeiten zu finden und die Beziehung zu uns zu stärken. Uns selbst zu vertrauen und zu erlauben, auch mal loslassen zu dürfen, und nicht alles unter Kontrolle haben zu müssen oder auch wütend und traurig sein zu dürfen, ist für viele von uns eine schwierige und doch so wichtige Erfahrung. In einer Welt, die uns nicht erlaubt, *alle unsere Gefühle zu fühlen und zu zeigen*, ist dieser Schritt das Revolutionärste, was du für dich tun kannst.

Psychotherapie, Yoga und Breathwork, aber vor allem auch Verständnis und Mitgefühl für dich und ein Bewusstsein für diese negativen Narrative können helfen, um aus dieser verunsichernden und negativen Spirale auszusteigen und dich auch wieder sicher – in und mit dir – zu fühlen. Das ist ein langer und oft anstrengender Weg. Denn gegen uns selbst zu kämpfen ist oft leichter, als zu glauben, dass wir für uns einstehen dürfen, vor allem, wenn wir es jahrzehntelang nicht anders beigebracht bekommen haben.

> **Du darfst für dich einstehen und Sicherheit in dir und deinem Körper finden. Du darfst dir vertrauen und alle Gefühle – auch Wut, Trauer, Verunsicherung und Verzweiflung – empfinden. Sie alle gehören zu dir, und es ist okay, dich so zu fühlen. Du darfst dich versorgen!**

Wenn du merkst, dass du gerade in eine ESSSTÖRUNG schlitterst oder auch **Zwänge** und **vermehrte Gedanken** und **Sorgen** ums Essen, dein Aussehen oder Gewichtszunahmen entwickelst, darfst du dir unbedingt Unterstützung suchen. Zeitnah professionelle Hilfe in Anspruch zu nehmen, ist hilfreich und wichtig. Gerade bei einer beginnenden Essstörung kann das einen großen Unterschied machen. Dein Nervensystem und Stoffwechsel stellen sich blitzschnell auf die Verunsicherung und das »Hungern« (auch wenn du immer wieder isst) ein. Dadurch wird es innerhalb kurzer Zeit immer schwieriger, aus Zwängen und Handlungsmustern auszusteigen. Wenn du dir externe Hilfe wünschst, ist das gut und wichtig und ein Zeichen von Selbstfürsorge. Hier sind ein paar Anlaufstellen, an die du dich jederzeit und teilweise auch anonym wenden kannst und durch die du kostenfreie Unterstützung bekommst:

✦ https://www.bzga-essstoerungen.de/

✦ https://www.anad.de/beratung/

✦ https://essstoerungen-onlineberatung.de/angebote-fuer-betroffene/

PANIKATTACKEN

Panikattacken werden durch eine akute Stressreaktion in unserem Körper ausgelöst. Unser Körper schaltet blitzschnell in den »Kampf-oder-Fluchtmodus« (siehe Seite 72) und beschleunigt alle Prozesse, um uns zu retten. Panikattacken lösen heftige körperliche Reaktionen wie einen rasenden Herzschlag, Engegefühl, Gestresstsein, plötzliche Hitze oder Kälte, das Gefühl, »sofort raus- oder wegzuwollen«, Hyperventilation oder das Gefühl, »keine Luft zu bekommen«, aus. Auch Ohrenrauschen, Schwindel und Zittern können dabei auftreten. Oft begleiten uns bereits im Voraus Gedanken wie: »Was, wenn ... und ich nicht ...« Die meisten davon sind uns nicht bewusst. Unser Nervensystem, Gehirn und Körper speichern alle Gefahreninformationen ab und alarmieren uns automatisch. Dadurch verstehen wir uns oft selbst nicht, stellen uns infrage und verurteilen uns für unsere »unangemessene oder übertriebene Panik« und versuchen, sie zu unterdrücken. Das verschlimmert die *Hilflosigkeit* und Panikreaktion oft. Panikattacken zu erleben ist einfach furchterregend. Wenn du Panikattacken kennst, dann möchte ich dir als Erstes zusprechen, dass es okay ist, Angst vor Panikattacken zu haben und diese nie wieder erfahren zu wollen. Panikattacken können in ganz unterschiedlichen Situationen auftreten, und das macht sie oft so unberechenbar für uns. Manche von uns spüren sie bei oder auch vor Prüfungsleistungen oder wenn allgemein der Gedanke aufkommt, »scheitern zu können«. Andere beim Bus- und U-Bahn-Fahren oder an vollen Orten, auf Partys oder in Situationen, in denen wir das Gefühl haben, »die Kontrolle zu verlieren«. Aber auch in Ruhemomenten, wenn der Stress nachlässt, können Panikattacken ausgelöst werden. Dabei dienen sie als Ventil unseres Körpers und Nervensystems bei zu viel Stress.

In Momenten der Panik ist es wichtig, dich selbst daran zu erinnern, dass du Power hast und dass es okay ist, Ängste zu empfinden und diese klar zu adressieren und dein Nervensystem zu beruhigen (siehe Seite 275). Sag dir als Erstes »Ich fürchte mich« und benenne dein Gefühl. Dadurch gibst du dir die Möglichkeit, darauf zu reagieren und deinen furchteinflößenden und beklemmenden Gedanken die Macht zu nehmen.

Dir bewusst zu machen, was in deinem Körper und Gehirn vor sich geht, wenn du Angst empfindest, und das Gegenteil davon zu tun, kann helfen und bestärken. Sag dir: »Ich bin alarmiert, mein Körper flieht.« Dein Körper braucht jetzt sofort das Zeichen, dass du in Sicherheit bist und keine Gefahr droht. Das ist leichter gesagt als getan und fühlt sich je nach Heftigkeit und Intensität der Panik manchmal unmöglich machbar für uns an. Der erste Impuls, den wir haben, um wieder Sicherheit herzustellen, ist, die Situation zu verlassen. Unser Nervensystem beruhigt sich hierbei meistens schnell. Doch gleichzeitig speichert es bei jeder Wiederholung »Gefahr berechtigt, Situation vermeiden« ab. Dadurch wird die Angst mit der Zeit und jeder Wiederholung größer und größer und immer weniger kontrollierbar für uns. Das macht hilflos. *Du darfst bei dir bleiben und mit der Furcht umgehen.* Ich zeige dir gleich verschiedene Techniken, die dir dabei helfen können. Denn wenn wir leben wollen und unser Leben vor allem genießen können wollen, müssen wir durch die Panik hindurchgehen und lernen, wieder zu vertrauen. In manchen Situationen gibt es keinen anderen Weg, als mitten durch die Schwierigkeiten hindurchzugehen. Panikattacken stellen solche Situationen dar. Ich weiß, dass das schwer ist, und würde dir auch gerne eine leichtere Lösung anbieten können. Aber du bist mutig und hast Kraft und darfst am Leben teilhaben. Und zwar so, wie es dir Spaß macht und gut für dich ist.

Du darfst über deine Panikattacken sprechen!
Und über alles, was damit zusammenhängt.
Und zwar so, wie es dir guttut und dich bestärkt.
Nichts an dir ist falsch!

Als Allererstes ist es wieder wichtig, dich zu validieren (siehe Seite 93). Benenn dir:»Ich fürchte mich, und das ist okay. Ich bin bei mir und unterstütze mich jetzt.«
Zu atmen und dich auf deinen Atem zu konzentrieren,

kann während einer Panikattacke als erster Schritt zu schwerfallen und zusätzlich Panik triggern, weil wir die Enge in der Brust wahrnehmen.

Die 5, 4, 3, 2, 1 Übung kann hier ein unterstützendes erstes Tool sein.

Die 5, 4, 3, 2, 1 Übung

Sie wurde von Yvonne Dolan entwickelt und hilft uns dabei, bei Panik, Angst und starker Aktivierung unseres Nervensystems ins *Hier und Jetzt* zurückzukommen, uns zu orientieren und dadurch sicherer zu fühlen.

1. Sag dir dafür *5 Dinge, die du sehen kannst*. Beginne mit »Ich sehe ...« und zähl dir alles laut oder leise auf. Dann *5 Dinge, die du hören kannst*. Sag dir »Ich höre ...«, zähl dir alles auf. *5 Dinge, die du sensorisch wahrnehmen (nicht fühlen) kannst* (zum Beispiel den Boden unter deinen Füßen, deinen Pulli, die Haare auf deinen Schultern etc.), sag dir »Ich spüre ...«, und zähl dir alles auf.

2. Sag dir dann *4 Dinge*, die du sehen, hören, sensorisch wahrnehmen kannst.

3. Reduziere dann auf jeweils *3 Dinge*.

4. Dann auf *2*.

5. Und zuletzt auf jeweils *1 Sache*.

Du kannst die Übung so lange nutzen, wie es dir guttut und bis du merkst, dass du dich beruhigter fühlst.

Grounding

**Auch GROUNDING-ÜBUNGEN können dir helfen
und Sicherheit spenden:**

1 Spür in den Kontakt zwischen dir und dem Boden. Mach
dir dafür jede klitzekleine Stelle deiner Füße bewusst
und spür nach, wo und wie sie Kontakt zum Untergrund
haben. Atme, lass dich tiefer in den Boden sinken, als
würdest du dich im Boden verankern.

2 Wenn du sitzt, mach dir zusätzlich den Kontakt zwischen
dir und deiner Sitzfläche bewusst. Wo liegt dein Rücken
auf? Wo dein Gesäß? Spür nach.

3 Wenn dein Kopf zur Panik oder zu angstmachenden
Gedanken wandert, lenke deine Aufmerksamkeit
zurück auf deine Füße und den Boden. Verlängere jetzt
bewusst deine Ausatmung. Lass sie länger als deine
Einatmung werden.

4 Lass dich mit jedem Ausatemzug tiefer in die Sitzfläche
oder den Boden sinken und sag dir: »Ich bin sicher.
Ich bin gehalten.«

Nach den Übungen kannst du versuchen, dich wieder
mit deinem Atem zu verbinden und beispielsweise
die 4-7-8 ATEMTECHNIK (siehe Seite 278) nutzen. Diese
stelle ich dir gleich im Anschluss vor.

Prüfungsängste

Prüfungsängste – ob mit oder ohne Panikattacken – sind richtig, richtig fies und verunsichernd. Viele von uns kennen sie bereits aus der Schulzeit, und auch in Uni- und Ausbildungsprüfungsphasen können sie uns das Leben richtig schwer machen. Verantwortlich dafür sind meistens *Stress* und *Leistungsdruck* sowie die *Angst zu versagen*. Während Prüfungsphasen wirst du mit erhöhtem Zeit- und Performancedruck konfrontiert. Denn du musst zusätzlich zu den langen Uni- und Arbeitstagen, deinem Haushalt und deinem Privatleben auch noch Prüfungsvorbereitungen on top meistern und einplanen. Bei der Menge ist das herausfordernd, und oft fehlt das Gefühl, sich »in Ruhe auf alles gut vorbereiten zu können«. Doch eine gute Vorbereitung gibt uns Sicherheit. Wird dann noch der Schlaf zugunsten von Lernzeit gestrichen, erholen wir uns immer weniger. Sich unvorbereitet und zusätzlich noch erschöpft zu fühlen, ist eine besonders blöde und meist auch verunsichernde Kombi, um in eine Prüfungsphase zu gehen. Unser **sympathisches Nervensystem** wird daueraktiviert, und unser **Parasympathikus** kommt zu kurz. Wir schütten mehr Stresshormone aus und werden immer unruhiger und ausgelaugter. Auch *Blackouts* bei Prüfungen können so entstehen und extrem »ausknocken«.

Wenn du jetzt also kurz vor einem Prüfungsmarathon stehst und dich fragst, warum du dich so müde, erschöpft und völlig überlastet fühlst oder auch an dir und deinen Fähigkeiten zweifelst, dann lass dir von Herzen gesagt sein: Das ist ziemlich verständlich bei den vielen Anforderungen, die du bewältigst. Und das schon so lange.

Atemübung bei starker Anspannung und Ängsten – 4-7-8 Atmung

Neben den eben gezeigten Übungen hilft auch die
4-7-8 ATMUNG, wenn du dich ängstlich, unruhig oder panisch
fühlst. Du kannst sie jederzeit machen, auch im Stehen.
Alles, was du dafür brauchst, bist du selbst.

1 Atme für 4 Atemzüge ein.

2 Halte deinen Atem, zähl dabei bis 7.

3 Atme für 8 Atemzüge aus.

4 Wiederhole das so oft, wie du magst.
Nach 2–3 Minuten merkst du bereits einen Effekt.

Wenn du bereits sehr starke Anspannung und Angst spürst,
kann es schwerfallen zu atmen und besonders die lange Pause und
die Ausatmung zu halten. Denk dir hierbei *Pause* anstatt *halten*.
Du kannst auch gerne mit 3-4-5 beginnen und dann immer weiter
bis auf 4-7-8 ausdehnen. Dein Atem vertieft sich dabei nach einiger Wiederholung ganz von allein. Du darfst dir bei der Übung Zeit
lassen und brauchst nichts auf Druck herbeiführen.

Nicht ein- oder durchschlafen zu können, stundenlang wach zu liegen, zu grübeln oder auch gar keinen erholsamen Schlaf mehr zu finden, strengt an. Wir brauchen Schlaf, um zu regenerieren und Energie zu haben. Aber auch für die Verarbeitung aller aufgenommenen Reize und Erfahrungen ist er wichtig. Phasenweise haben wir so viel Stress, dass wir nachts schlecht abschalten können oder auch einfach »über unseren Müdigkeitspunkt hinaus arbeiten«. Ich kenne so viele Schüler:innen, Studierende und Auszubildende, die bis spätabends oder sogar nachts noch lernen, um alles zu schaffen. In solchen Momenten wird unser Nervensystem stark gefordert. Oft kreisen die Gedanken dann noch, wenn wir eigentlich schlafen wollen. Dein Nervensystem braucht seine Zeit, um loszulassen. Und das können wir vor allem *tagsüber* und *vor dem Einschlafen* trainieren. Die folgenden Tipps helfen dir dabei.

SCHLAFHYGIENE

Tipp

1. Finde tagsüber regelmäßig Entspannung. Dein Nervensystem darf konstant lernen, loszulassen und Ruhe zu finden. Dann klappt es abends auch leichter, diese Erfahrung abzurufen. Yoga und Breathwork können dir dabei helfen.

2. Verbringe tagsüber möglichst wenig Zeit im Bett. Dein Bett darf mit Schlaf und Erholung assoziiert sein und nicht mit Arbeit, Essen und Fernsehen. Denn all das sind »wache Momente«.

3. Ich weiß, superschwer: Aber leg dein Handy bereits zwei Stunden vor dem Schlafen weg. Unser Nervensystem braucht Momente des Verarbeitens und nicht des »Neu Aufnehmens«.

4. Trink eine Stunde vor dem Schlafengehen Hopfen-, Lavendel-, Baldriantee oder sprüh dir etwas Lavendelöl auf deine Handgelenke und in deinen Raum. Diese Heilpflanzen sind sogenannte Adaptogene und beruhigen.

5. Verbringe immer wieder Zeit in der Natur und an der frischen Luft, das erdet und beruhigt.

6. Atme vor dem Schlafengehen tief und bewusst in deinen Unterleib und entspanne deinen Körper. Auch die Übung auf Seite 257 kann dich beim Einschlafen bestärken.

Es ist völlig normal und okay, ab und zu nicht gut zu schlafen. Auch unser Schlaf muss kein Performance-Akt werden, der irgendwelche Noten von uns erhält. Gerade während deiner Lebensphase kommt Schlaf manchmal auch aus schönen Gründen zu kurz. Aber bei Schlaflosigkeit durch zu viel Anspannung darfst du dir nach und nach Gutes tun und deinen Weg finden. Probiere die Tools und Tipps gerne aus, und ich hoffe, du kannst bald gut und sicher schlafen.

Du darfst dich jederzeit fragen und für dich entdecken, was dir beim Abschalten, Ruhe finden und Erholen hilft. Dein Schlaf darf dich stärken und regenerieren lassen!

HÜRDEN, VERLUSTE UND ENTTÄUSCHUNGEN

M anchmal erleben wir Verluste und Enttäuschungen, Pläne gehen nicht auf, oder wir stehen vor neuen Herausforderungen. Gerade solche Zeiten haben die Eigenschaft, dass wir an uns und unseren Fähigkeiten zweifeln, anstatt »einfach« zu benennen, dass dies eine schwierige Situation ist, die uns herausfordert. Wir alle erwarten so viel von uns, und im Alltag ist manchmal wenig Raum vorhanden, um Sorgen zu teilen oder sich gegenseitig zu bestärken. Auch über *Verluste* und *Trauer* wird in unserer Gesellschaft noch wenig offen gesprochen, aber gerade in trauernden Phasen ist es schrecklich, alleine damit zu sein. Du darfst deine Trauer und deinen Schmerz benennen und auch darüber reden. Sich mitzuteilen und solche Herausforderungen gemeinsam durchzustehen, gibt Kraft und verbindet. Denn Hürden, Enttäuschungen und Verluste gehören zu unserem Leben, und wir alle erfahren sie und müssen damit nicht alleine bleiben.

Ich bewundere eure Generation, denn ihr findet den Mut, immer offener über die herausfordernden Zeiten im Leben zu sprechen. Das ist absolut bestärkend und ermutigend!

Aber gesellschaftlich darf sich hier noch jede Menge tun und vor allem auch in unseren Ausbildungssystemen ankommen, dass keine:r von uns in seelisch belasteten Zeiten das Gleiche leisten muss wie zu anderen Zeiten! Und dass das vollkommen menschlich und erlaubt ist.

Unsere mentale Gesundheit muss in allen unseren Systemen Platz finden, und du kannst damit starten, indem du dich selbst jeden Tag daran erinnerst, dass deine mentale Gesundheit von Bedeutung ist und du dich proaktiv für sie einsetzen kannst. Es ist so unfassbar wichtig, dich um deine seelische Gesundheit zu kümmern und auch mit den schwierigen Situationen und Gefühlen so umzugehen, dass es dich entlastet, bestärkt und auf deinem Lebensweg unterstützt.

Es muss dir nicht immer gut gehen, und du darfst dir sicher sein, dass nichts an dir falsch ist, wenn du diese Momente erlebst. Du hast die Stärke und tiefes Mitgefühl in dir, um mit Hürden, Verlusten und Enttäuschungen umzugehen, und darfst liebevoll mit dir sein! Gerade wenn es dir nicht gut geht. Ich hoffe, dass dich dieses Kapitel ermutigt hat, an dich zu glauben und zu wissen, dass deine Seele genauso kostbar und richtig ist wie alles andere an dir.

Ich zeige dir zum Abschluss dieses Kapitels einen BODENFLOW, denn genau der kann guttun, entlasten und dir dabei helfen, einfach mal loszulassen und wieder bei dir anzukommen.

Ruhe finden

1 Komm ins Liegen. Streck deine Beine lang und die Arme weit über den Kopf, atme ein, spann den Körper an, halte einen Moment, atme aus, lass alles los.

2 Zieh deine Knie zu dir ran, greife sie und mach dich klein und rund wie ein Päckchen. Schaukel auf deinem unteren Rücken liebevoll hin und her und gib dir selbst eine Massage. Lass deinen Atem dabei mit jeder Bewegung fließen.

3 Versetze deine Hüfte leicht nach rechts und lass deine Beine zur linken Seite fallen, leg sie auf Hüfthöhe ab, **liegender Twist**. Streck die Arme weit zu beiden Seiten. Atme. Lass dich mit jedem Ausatemzug tiefer in den Boden sinken. Bleib hier für 2–3 Minuten.

4 Führ deine Beine wieder zur Mitte und mach dich noch mal rund. Hüpf mit deiner Hüfte diesmal zur linken Seite und leg deine Beine rechts auf Hüfthöhe ab, **liegender Twist.** Streck die Arme lang. Atme, lass dich schwer werden und in den Boden sinken. Bleib wieder für 2–3 Minuten.

5 Komm zurück zur Mitte und stell deine Beine diesmal hüftweit auf dem Boden auf. Wenn es für dich angenehm ist, können deine Arme gestreckt bleiben. Spür den Kontakt zwischen dir und dem Boden, lass deinen Körper mit jeder Ausatmung tiefer sinken, gib alle Anspannung an den Boden ab. Du darfst darauf vertrauen, dass du gehalten bist. Der Boden ist immer unter dir, egal wo du bist, stehst, gehst, sitzt oder liegst.

6 Führ deine Arme zu den Seiten deines Körpers, drück in die Füße und Arme, heb dein Becken in die Höhe, deine Schultern bleiben auf dem Boden aufliegend,

komm in die **Brücke.** Greif deine Hände und Finger unter deinem Rücken oder lass die Arme seitlich neben deinem Körper und dreh die Handflächen nach oben. Öffne dein Herz. Atme 5 Mal tief ein und aus. Lass dich weit werden.

7 Führ deine Hüfte zurück zum Boden, zieh die Knie zur Brust und mach dich noch mal klein und rund, schaukel von links nach rechts (siehe Seite 283). Lass dich atmen.

8 Streck die Beine jetzt lang aus, lass die Hände und Arme neben dir oder auf deinem Körper ruhen. Lass deinen Atem los. **Savasana.** Tiefenentspannung.

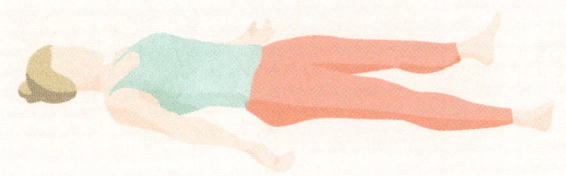

Dieser Yogaflow am Boden beruhigt dein Nervensystem, er erdet dich und schenkt dir dadurch Sicherheit und die Möglichkeit loszulassen. Denn erst wenn wir uns sicher fühlen, können wir wirklich loslassen. Und du darfst dich sicher fühlen. Auch in herausfordernden Zeiten!

Im Yoga nehmen wir die Pose SAVASANA ein, um Sicherheit zu üben, um abzugeben, zu vertrauen, loszulassen, Gleichgewicht herzustellen und zu regenerieren. Übersetzt bedeutet Savasana »übermächtig, krafttätig« und wird als Tiefenentspannung oder auch »Totenstellung« bezeichnet. Wenn wir alles abgeben, bleibt uns nur noch übrig zu vertrauen, und genau das können wir in dieser Pose bewusst üben. Du darfst vertrauen und alle deine Sorgen abgeben!

6.
AUFBLÜHEN

Dieses abschließende Kapitel soll dich nochmals ermutigen, dir zu vertrauen und alle Erwartungen, die unsere Gesellschaft und unser Leistungssystem an dich stellen, abzuschütteln und für dich und andere einzustehen. Zu unserer eigenen Größe und auch Ideen zu stehen, kann Angst machen. Und diese mit der Welt und anderen zu teilen noch mehr. Doch du hast wunderschöne Begabungen, Fähigkeiten, eine Geschichte, Erfahrungswerte und eine Stimme, die du für dich und andere einsetzen kannst. Wir brauchen dich genau so, wie du bist. Du und deine Art machen die Welt zu einem besseren Ort. Wir alle vergessen manchmal, welche Bedeutung wir auf diesem Planeten haben und wie wichtig wir sind. Ich liebe Beyoncés Lied »Bigger«. Die Worte in dem Lied sind so wahr und echt, und ich hoffe, du kannst sie für dich fühlen. Du darfst dein Licht scheinen lassen und auf deine Art, mit deinen Fähigkeiten und Begabungen in dieser Welt sichtbar werden. Und ich freue mich darauf, mehr von dir zu sehen. Von uns allen.

JOHANNA (20)
SIE/IHR

Der größte Fehler, den ich im Hinblick auf die Zeit nach dem Abitur gemacht habe, war meine Erwartungshaltung. Damit meine ich jetzt nicht, dass jede Vorstellung von dieser Phase falsch war, sondern einfach nur, dass ich mich habe verleiten lassen, sie mir besonders idealisiert und in den buntesten Farben auszumalen – was auch absolut nachvollziehbar ist, denn so geht es uns doch allen, oder?

Von jeder Seite bekommst du zu hören, dass das Leben nach der Schule erst so richtig anfängt und dass die Zeit auf jeden Fall die beste deines Lebens wird. Erwartungsdruck vorprogrammiert.

Als ich 15 Jahre alt war, hatte ich eigentlich absolut keinen Kontakt zu Älteren, die mir von ihrem Leben nach der Schule erzählt hätten. Alles, worauf meine Idee von meinem 18-jährigen Ich beruhte, waren Serien, die Vorstellung, dass man mit dem Abi auch automatisch die »Young, wild and free«-Einstellung in die Hand gedrückt bekommt, und natürlich der Traum von einem Leben, in dem ja alles perfekt laufen MUSS, da ich es doch endlich selber bestimmen kann. Was mir aber wirklich wichtig geworden ist und jetzt schon zu den wertvollsten Erinnerungen gehört, sind eigentlich gar nicht die Dinge, die einen unabhängig machen, sondern das, was einem in dieser wahnsinnig verrückten, tollen, herausfordernden und anstrengenden Lebensphase Halt gibt. Denn die Unabhängigkeit ist so ganz ohne Stundenplan und drohende Klassenarbeiten plötzlich da. Manchmal liebst du sie, manchmal verfluchst du sie, aber eigentlich gehört sie einfach von da an dazu, ziemlich ungefragt.

Viel wichtiger ist allerdings, was da sonst noch so ungefragt bleibt, wenn man anfängt, seinen eigenen Weg zu gehen. Sowohl, was für Menschen einem immer noch nah sind als auch, wie man sich selbst treu bleibt. Ganz ohne Kitsch und Kalendersprüche, sondern einfach nur das Fundament, auf dem man all diese neuen Erfahrungen macht und sich langsam, aber sicher seine »neue Welt« aufbaut. Denn die wird eben das ein oder andere Mal ordentlich wackeln, ganz egal, wie ideal man sich doch alles ausgemalt hat, wie gut man alles durchgeplant hat oder ob alle einen für die eigenen Ideen beglückwünschen und vielleicht sogar beneiden.

Es macht nämlich viel mehr Spaß, Dinge auszuprobieren und sich mal in die eine oder andere Richtung zu werfen, wenn man sich bewusst ist, dass das Ergebnis von diesen Anläufen – sei es ein erster Studiengang, eine ganz andere Freundesgruppe als früher oder vielleicht eine Zeit im Ausland – keinem »Ganz oder gar nicht«-Prinzip folgt.

Wenn du dich verrennst, gehst du einfach wieder zurück auf Start, ganz ohne irgendetwas zu verlieren. Im Gegenteil, du weißt jetzt einfach, in welche Richtung du dein Fundament nicht weiter ausbauen willst.

Du bist schon längst vollständig

In all den vorangegangenen Kapiteln habe ich dir gezeigt, wie gesellschaftliche Normen und das Leistungssystem die Beziehung zu dir und deine Einstellung zum Leben prägen. Meine Intention war es, dir zu zeigen, dass du fernab von allen Idealen schon längst vollständig und wertvoll bist. Ich wollte dir deutlich machen, dass du deine Stärken und Bedürfnisse entdecken und die Beziehung zu dir so pflegen kannst, dass du stimmige Entscheidungen für dich treffen und deine Gefühle und Gedanken dabei navigieren kannst. Jetzt ist es Zeit, in die Welt hinauszugehen, aufzublühen und zu dir zu stehen!

Viele von uns kennen das Gefühl, sich *permanent beweisen zu müssen, um sich zeigen zu dürfen und angenommen zu sein.* Und gerade in eurem Lebensabschnitt seid ihr besonders damit konfrontiert. Für BIPoC und queere Menschen oder auch andere von Diskriminierung Betroffene ist es umso schwerer und in manchen Umgebungen geradezu unmöglich.

Wir alle haben den Wunsch *gesehen, wertgeschätzt* und *respektiert* zu werden. Zu uns selbst zu stehen und uns der Welt so zu zeigen, wie wir sind, macht Angst, ist mutig und nicht immer einfach. Wir alle brauchen regelmäßige Bekräftigung und auch die Bestätigung, dass wir zu uns stehen dürfen. Oftmals suchen wir diese bei anderen, in Beziehungen, Erfolgen oder Titeln. Doch du darfst dir diese Bestätigung eigenständig geben, regelmäßig zusprechen und auch in dein Umfeld tragen. Du brauchst keinen Berufsabschluss, gute Noten oder sonstige Zertifikate und musst auch keine Normen erfüllen, um zu dir stehen zu dürfen und vollständig zu sein. Und auch deine Wunden machen dich nicht weniger wertvoll.

Du darfst dich daran erinnern, dass du liebenswert bist und gesehen werden darfst, mit allen Stärken, Ängsten, deiner Lebensgeschichte, deinen Fähigkeiten, Sorgen, deiner Individualität und deinem Körper – und zwar fernab von irgendwelchen Idealen und Normen.

Dich selbst daran zu erinnern ist eine Handlung und eine Haltung dir selbst gegenüber und in meinem Empfinden das Mutigste und Wertvollste, das du für dich und auch für andere tun kannst. Oft werden *Selbstliebe* und *Selbstakzeptanz* romantisiert dargestellt, doch beides ist alles andere als einfach und viel mehr als *Self-Care*. Sie sind Entscheidungen für dich – die dich immer wieder daran erinnern, dass du liebenswert bist und geliebt und sichtbar werden darfst.

Du hast so viele Erfahrungen auf deinem Weg bis hierher gesammelt, schöne, herausfordernde, verunsichernde, mutige, verletzende, traurige, freudige. Du hast Wissen und Kompetenzen erlangt und bist noch dabei, sie zu vertiefen bzw. neue zu erwerben. Das sind wir alle ein Leben lang. Du hast neue Leute kennengelernt, Hürden gemeistert und Verunsicherungen jongliert. Du kannst so stolz auf dich sein, darfst all das anerkennen und mit deinem Umfeld und der Welt teilen.

Du darfst zu dir stehen und dich daran erinnern, dass du aufblühen darfst! Du bist vollständig genau so, wie du bist!

Yoga, Breathwork, Journaling und all das Wissen aus der Psychotherapieforschung sowie mein Glaube haben mir dabei geholfen, mich wirklich anzunehmen, wie ich bin, und mehr und mehr zu mir zu stehen. Und dann auch andere darin zu bestärken. Genau aus diesem Grund habe ich dayā gegründet und bin Psychotherapeutin geworden. Du darfst gesehen werden und aufblühen.

Du darfst deine Erfahrungen nutzen und
deine Stärken mit uns teilen! Daraus wird Schönes
wachsen, für dich und uns alle!

Ich liebe die folgende Journaling-Übung,
um dir selbst diese BESTÄTIGUNG
zuzusprechen.

Du darfst sichtbar werden und aufblühen

Wir alle brauchen immer wieder die Ermutigung,
zu uns stehen zu dürfen.

**Schreib dir selbst einen Brief, in dem du dir
die Erlaubnis zusprichst, zu dir zu stehen.
Beginne diesen Brief mit dem folgenden Anfang:**

WENN ICH MIR ERLAUBE, ZU MIR ZU STEHEN,

DANN SEHE ICH ...

DANN FÜHLE ICH ...

DANN WILL ICH ... _____

_____

_____

_____

_____

_____

_____

Schreibe alles auf, was dir zu den jeweiligen Satzanfängen einfällt. Du darfst dabei alles, was du an dir siehst, dir für dich wünschst und dir zusprechen möchtest, aufschreiben. Sei hierbei wirklich richtig, richtig mutig und nimm die absolut selbstbestärkendste Haltung für dich ein. Auch deine Wunden und Unsicherheiten sind hier willkommen und dürfen gesehen, versorgt und angenommen werden. Stell dir vor, du würdest dich mit all deinem Mut, deinem Zuspruch, deiner Liebe und der Erlaubnis, komplett zu dir stehen zu dürfen, überschütten.

Unterzeichne diesen Brief mit deiner Unterschrift und bestärke deine Bekräftigung dadurch.

DU DARFST ZU DIR STEHEN UND DICH ANNEHMEN, WIE DU BIST. DU DARFST DICH DER WELT ZEIGEN UND SELBSTBEWUSST DURCH DEIN LEBEN GEHEN.

Auch deine Stimme darf Raum einnehmen. Deine Stimme zählt und hat Bedeutung. Du kannst andere bestärken durch das, was du sagst, tust und durch die Art und Weise, wie du lebst. Deine Handlungen und Worte sind wichtig und können einen Unterschied machen.

Du hast eine einzigartige Persönlichkeit, einzigartige Erfahrungen, Sichtweisen und Stärken. Jeder von uns hat das. Wir brauchen diese Vielzahl an Perspektiven und Erfahrungen und können uns dadurch auf wertvolle Weise ergänzen und bereichern. Das ist etwas Kostbares und Wunderbares, das wir miteinander teilen dürfen.

Manchmal vergessen wir das oder zweifeln daran, dass wir wirklich wichtig sind oder etwas bewegen können. Gerade in unserem Alltag, bei all den gesellschaftlichen Einflüssen und manchmal auch Krisen. Die Tools, die du in diesem Buch kennengelernt hast, helfen dir dabei, dich immer wieder daran zu erinnern, dass du wertvoll bist und deine Stimme Gewicht hat.

Du hast eine *innere Stimme*, die dich leitet und auch andere inspirieren und unterstützen kann.

Manche von uns erleben Verunsicherungen, wenn wir uns zu Wort melden oder unsere Erfahrungen (egal welche, schöne und verletzende) teilen. Doch für deine Erfahrungen bewertet zu werden, etwas abgesprochen zu bekommen, nicht ernst genommen oder kleingeredet zu werden, ist unrecht und falsch. Solche Erlebnisse können verunsichern und das Gefühl erzeugen, dass der eigene Standpunkt, die eigene Geschichte oder Perspektiven unwichtig sind. Viele junge Menschen kennen dieses Gefühl, und gerade weiblich gelesene

Personen und Minderheiten werden immer noch konditioniert, »sich kleinzumachen«, und bekommen weniger Raum. Daher möchte ich dich von Herzen dazu ermutigen, an deine eigene Stimme, deine Erfahrungen und auch Kompetenzen zu glauben. Deine Stimme ist immer da und verstummt nicht. Journaling und auch Yoga können dich dabei unterstützen, deine eigene Stimme immer wieder zu entdecken, Erfahrungen auszudrücken und zu verarbeiten. Sie helfen dir, deine Werte und Stärken zu erkennen, und erinnern dich daran, dass deine Stimme, Gedanken, Ideen und Gefühle zählen. Und mehr als das. Du kannst damit Wunderbares kreieren und entstehen lassen.

Du darfst deine Stimme nutzen und mit uns teilen! Wir brauchen dich mit all deinen wunderbaren Eigenschaften, deiner Intuition, deiner Kreativität, deinen Gedanken, deiner Geschichte, deinen Gefühlen und Erfahrungen!

Deine Gedanken, Gefühle, Erfahrungen und Ideen sind von WERT! Sie machen einen Unterschied und sind eine Bereicherung für dein Umfeld. Nutze die Plattformen und Möglichkeiten, die sich für dich stimmig anfühlen. Schreibe für dich Tagebuch und entdecke deine Stimme. Hör dir selbst beim Denken zu und vertrau deinem **Körperfeedback** und deiner **Intuition**. Du erlebst, fühlst und denkst nichts ohne Grund. Du darfst deine Gedanken, Worte und Handlungen so formen, dass sie dir und anderen dienen, und deine Stimme nutzen.

UNTERSTÜTZER:INNEN
AUF DEINEM WEG

W ir alle brauchen Unterstützung auf unserem Weg. In unserer »Ellenbogen- und patriarchal strukturierten Gesellschaft« kann sich das im ersten Moment kontraintuitiv anfühlen. Deine Lebensphase ist oft durch das Gefühl »alles alleine schaffen zu müssen« geprägt, und *on your own* bedeutet übersetzt »auf eigene Faust«, »alleine«, aber auch »eigenständig«. Das alles ist ein Teil von unserem Leben, ja, und das System, in dem wir leben, befeuert das Gefühl, »allein zu sein«, an vielen Stellen. Es bringt uns bei, dass wir uns beeilen müssen und andere dabei abhängen, es lehrt uns, wann wir »richtig« und wann »falsch« sind und wer von uns scheinbar wertvoll und wichtig ist und wer auch nicht. Doch du darfst unterstützt sein und kannst auch andere auf ihrem Weg ermutigen. Du musst nicht alles aus eigener Kraft schaffen, selbst wenn sich dieser Lebensabschnitt genauso anfühlt. Keine:r von uns muss diesen Weg alleine gehen oder kann das überhaupt. Wir brauchen einander. Wir dürfen dem Konkurrenzdenken und der Separierung unserer Gesellschaft trotzen und uns dem entgegenstellen.

Ich wäre nicht da, wo ich bin, und würde meine Stimme nicht so nutzen, wie ich es tue, hätte ich keine Unterstützung auf meinem Weg gehabt. Ich hatte Vorfahren, Eltern, Geschwister, Mentor:innen, Freund:innen, Partner:innen, Kolleg:innen und Begegnungen, die mir Weisheiten mitgegeben haben oder für mich eingestanden sind. Ich hatte Menschen, die an mich geglaubt haben und noch immer an mich glauben. Ich hatte Yoga und meinen Glauben und war dadurch irgendwann meine eigene Unterstützerin auf meinem Weg.

Das alles ist nicht immer schmerzlos, konfliktfrei oder schön. Unterstützung rüttelt uns manchmal wach oder lehrt uns Lektionen und ist bei Weitem nicht jederzeit »einstimmig«.

Aber Menschen in unserem Leben zu haben, die an uns glauben und für uns einstehen, ist immer wichtig und macht einen Unterschied. Es ermöglicht uns, an uns selbst zu glauben und diese Erfahrung und Unterstützung an andere weiterzugeben. Daraus bildet sich eine Kette an Wertschätzung und Annahme.

Yoga heißt »united« und hilft uns dabei, eine Einheit herzustellen, sowohl mit uns selbst als auch mit anderen. Und das bedeutet nicht, dass wir alle gleich denken, fühlen und sein müssen! Unbedingt nicht. Es bedeutet vielmehr, dass wir anerkennen und uns bewusst machen, dass wir einzigartig und trotzdem immer miteinander verbunden sind. Dass wir Einfluss aufeinander haben, uns prägen, berühren, bekräftigen, aber auch isolieren, verletzen und verunsichern können. Und genau in diesem Bewusstsein liegt eine *bestärkende Kraft*.

Du darfst DEINE STIMME entdecken und dich und andere unterstützen. Ganz egal, wann das ist, wo das ist und auf welche Art und Weise. Es darf so sein, wie es sich für dich stimmig und richtig anfühlt und für die Erfahrungswerte, für die du brennst. Der folgende Journaling-Prompt kann dich dabei inspirieren und bestärken.

Du darfst dich und andere ermutigen und für Veränderung eintreten

Führe den folgenden Prompt fort:

ICH MÖCHTE IN EINER WELT LEBEN, IN DER WIR ...

_____

_____

_____

_____

_____

_____

Schreibe alles auf, was dir einfällt, wenn du diesen Prompt liest und ihn in dein Herz nimmst. Für welche Dinge willst du einstehen? Was liegt dir am Herzen? Welche Veränderung und Werte willst du in die Welt tragen und unterstützen? Welche Erfahrungen, Menschen und Unterstützer:innen haben dich geprägt und dir auf deinem Weg geholfen?

Sieh diese Übung als Deklaration, also Verkündigung und Mitteilung, deiner Werte, Wünsche und Visionen an unsere Welt und unser Miteinander. Wir brauchen deine Perspektive auf die Welt. Dir selbst bewusst zu machen, dass andere dich bestärkt haben und du andere ermutigen kannst, ist wertvoll für deinen ganzen weiteren Weg und auch für andere. Oft unterschätzen wir, wie viel Power wir haben und dass wir einen Unterschied machen können. Deine Stärken dürfen bestärken.

Aktiv werden

Wenn wir herausgefunden haben, wofür wir einstehen wollen, können wir überlegen, auf welche Weise wir aktiv werden.

Wir können:

- Personen in unserem Umfeld Raum geben und wertungsfrei zuhören
- uns auf Sozialen Plattformen vernetzen, auf Themen aufmerksam machen und Content teilen
- mit unserem Umfeld über wichtige Themen in Austausch gehen, diskutieren und Standpunkte teilen
- eigene Stärken und Begabungen nutzen, um für Veränderung einzutreten
- Initiativen und Vereinen beitreten
- Bewusstsein für toxische Verhaltensweisen, Schönheitsideale, Misogynie und Machtmissbrauch in uns fördern und in unseren Freundschaften und Beziehung teilen
- Wissen in Form von Büchern, Podcasts und Webseiten aneignen und teilen
- auf Demos gehen, zu Spendenaktionen aufrufen, Petitionen unterzeichnen oder Jutebeutel und Buttons tragen
- uns unsere Privilegien bewusst machen, unseren eigenen Rassismus und diskriminierende Gedanken und Verhaltensweisen erkennen und umlernen
- Arbeiten von Künstler:innen, Aktivist:innen und Communitys teilen
- Ressourcen wie Bücher, Zugänge zu Zeitungen, Kleidung und Lebensmittel teilen
- (selbst-)abwertende und diskriminierende Verhaltensmuster und Gedanken erkennen, davon abgrenzen und uns entscheiden, zu uns und anderen zu stehen

- bewusst reflektieren, was wir beigebracht bekommen und welche Nachrichten wir selbst konsumieren, diese hinterfragen, ablegen oder auch annehmen
- Erfahrungswerte weitergeben

All das sind wunderbare und wertvolle Möglichkeiten, um aktiv zu werden. Du darfst deinen Weg finden, deine Werte und Stimme in die Welt zu tragen und mit anderen zu teilen.

Dir als weiße oder straighte Person bewusst zu machen, welche SOZIALE POSITION und welche Ressourcen du zur Verfügung hast, ist wichtig. Denn das kann viele bestärken und eine Veränderung in unserer Gesellschaft vorantreiben, die bitter nötig ist. Frag dich dafür:

✦ Welche Privilegien und Ressourcen kommen mir zugute? Wie kann ich sie abtreten oder auch für andere einsetzen, um ihnen Möglichkeiten und Zugang zu Ressourcen zu verschaffen?

✦ In welchen Bereichen kann ich aktiv werden, um andere zu unterstützen?

✦ In welchen Bereichen kann ich mich weiterbilden und einbringen? Als straighte Person kannst du dich beispielsweise fragen, wie du dich über die LGBTQAI+ Community bilden und sie mit deinen Ressourcen unterstützen kannst. Frag dich als weiße Person, welche BIPoC Communitys und Künstler:innen du kennst, teilen und unterstützen kannst.

✦ Wie kann ich meinen Beruf oder meine Fähigkeiten nutzen, um für mehr Gleichberechtigung einzutreten?

DU DARFST DEIN LEBEN GESTALTEN UND FREUDE FINDEN

Manchmal fühlt sich die Lebensphase nach der Schule einfach nur mühsam und auslaugend an. Und auch zu dir selbst zu stehen, aufzublühen und deine eigene Stimme zu nutzen, kann anstrengen. Vor allem, wenn wir in Strukturen leben, die all das erschweren.

Wir alle wollen Freude, Spaß und Leichtigkeit auf unserem Lebensweg finden, und genau das sollst du auch. *Freude* ist neben *Liebe* unser größter Motor und verbindet uns mit dem Leben und einander.

Wir alle lernen, Freude in Erfolgen, Reisen und dem Erreichen von Zielen »zu suchen«. Wir kennen die Momente, wenn wir am Schreibtisch sitzen, lernen, kurz online gehen und Bilder von Stränden, Coffee-Dates und Freund:innen-Gruppen sehen, die »den Spaß ihres Lebens« haben, während wir ackern. Wir alle kennen Gedanken wie: »Ich würde jetzt auch lieber ...«, »Ich wünschte, ich wäre jetzt auch ...«, »Wie schafft sie das bloß, dass sie immer Sport macht, bevor sie zur Uni geht?«, »Wie kann ich bloß auch ...«. Uns allen sind die Zweifel an uns und unserem Leben und der Frust und die Enttäuschung, die damit einhergehen, wenn sich unser Alltag von diesen Bildern unterscheidet, unser Leben nicht schnell genug vorangeht oder Hürden mit sich bringt, vertraut. An all den oben aufgezählten Dingen ist per se nichts falsch, doch wir alle brauchen einen bewussten Umgang damit, um nachhaltig Freude und auch Leichtigkeit zu finden. Und du darfst ihn für dich entdecken.

In der Psychologie wird zwischen **hedonistischem** und **eudaimonischem Glück** unterschieden. Ersteres beschreibt

»äußere Dinge, die Lust bereiten«. Letzteres empfindest du, wenn du dich mit dir, anderen und der Welt verbunden fühlst. Wenn du Übereinstimmung mit deinen Werten im Leben erfährst und dein Tun und Gestalten genießt. Du darfst Freude in deinem Sein und Tun finden. Richtig tiefe, echte Freude. Du darfst wissen, wer du bist, und Spaß daran haben, unabhängig von all diesen Bildern und irgendwelchen Ergebnissen. Du darfst im Moment präsent sein und das Gehen deines Weges genießen. Alle Tools, die du in diesem Buch kennengelernt hast, unterstützen dich dabei. Du brauchst keine stundenlangen Yogasessions oder teuren Kurse oder fancy Klamotten. Das, was du brauchst, bist du selbst. *Du darfst dich selbst wählen*, und genau dieser Schritt ist so unfassbar kraftvoll. Es kann eine noch so kleine Handlung oder auch ein kurzer Moment sein, in dem du bewusst durchatmest, deine Gedanken reflektierst und deine Empfindungen wahrnimmst und dich bestärkst. Diese Freude hält länger, sie überdauert dein Leben, schenkt dir Antrieb und steckt andere an. Sie bedeutet nicht, dass du immer »happy« und über alle Herausforderungen und Umstände glücklich sein musst, aber sie lässt dich und andere aufblühen und eine tiefere und unabhängige Ruhe finden. Und das wünsche ich dir von Herzen.

Du darfst Freude an dir und in deinem Leben finden. Du darfst wirken, durch deine Gaben, deine Fähigkeiten, deine Ideen und deine Träume. Du darfst das Leben genießen, unabhängig von irgendwelchen Ergebnissen und Erfolgen, und wissen, dass du gut und wertvoll bist.

Breath of Joy

Diese Übung ist eine leicht abgewandelte Form des
BREATH OF JOY. Du kannst sie jederzeit nutzen, um dich zu
aktivieren, neue Kraft und auch Freude zu finden.

1 Komm in die **Berghaltung, Tadasana** (siehe Seite 102). Leg deine Handflächen auf dein Herz. Hebe deinen Blick. Beginne für dich zu atmen.

2 Schließe deine Augen und spüre deine ganze Größe und Präsenz. Atme dich richtig groß. Nimm den Kontakt zwischen deinen Füßen und dem Boden wahr, lass dich selbstsicher und fest stehen. Du bist gehalten. Öffne deine Schultern. Sag dir: »Ich darf sichtbar werden. Ich bin vollständig und wertvoll. Ich darf Freude im Leben und an mir finden.« Nimm deine Kraft wahr.

3   Öffne deine Augen, streck die Arme mit der Ein-atmung weit über den Kopf, mach dich lang, halte einen Moment, beug deine Beine und schwing die Arme nach hinten und unten, als würdest du sie nach hinten werfen, atme dabei durch geöffnete Lippen laut aus. Wiederhole das 10–15 Mal. Lass deinen ganzen Körper schwingen, lass die Bewegung groß und kraft-voll werden.

4   Komm wieder in die **Berg-haltung**, diesmal mit den Händen seitlich am Körper, Handflächen nach vorne aufgedreht. Spür nach. Lass dich atmen. Da bist du, und du kannst jederzeit zu dir und deiner Freude an dir zurückkommen.

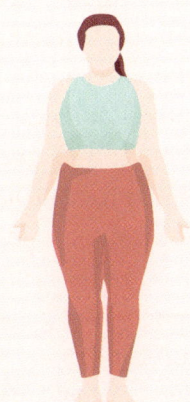

KONTROLLE ABGEBEN
UND VERTRAUEN

Die Kontrolle abzugeben, loszulassen und zu vertrauen, kann unfassbar herausfordern und all unsere Kraft brauchen. Das wirkt manchmal widersprüchlich, denn das Wort *loslassen* assoziiert in den meisten von uns einen Vorgang, der mit Entspannung zu tun hat. Dabei ist es eine der willensstärksten und entschlossensten Handlungen, die wir für uns tun können.

Um loszulassen, müssen wir uns auf das Leben einlassen, vertrauen und unsere Verletzlichkeit akzeptieren. Das ist für viele von uns superherausfordernd und zu vertrauen ist ein Prozess, der beim Gehen wachsen darf.

Wir alle benötigen ein gewisses Maß an Kontrolle und Sicherheit, und du darfst sie in dir und auf deinem Weg immer wieder neu finden.

Dieses Buch bietet dir dafür verschiedene Hilfestellungen an. Und du darfst dir deine Rituale, Flows und Techniken und auch völlig andere Unterstützungsmöglichkeiten »zusammenstellen«. Denn dabei gibt es keine »One-fits-all-Lösung« und vor allem keine Vorgaben.

Du musst auf deinem Weg nicht immer die perfekten Antworten kennen und darfst dich auch beim Gehen und Ausprobieren ins *Machen* verlieben, dich überraschen lassen und Herausforderungen oder Verluste und Enttäuschungen verdauen. Du musst niemanden kopieren und darfst deinen ganz eigenen Weg gehen, und zwar so, wie es sich für dich richtig anfühlt.

Wir alle können immer nur unser Bestes geben, mit den Mitteln, dem Erfahrungsschatz und Wissen, die wir aktuell zur Verfügung haben und so wie es gerade für uns möglich ist. *Und dabei gibt es kein Richtig und kein Falsch.*

Jetzt ist Zeit zum Loslassen und Empfangen. Denn wenn wir loslassen, können wunderbare Dinge zu uns kommen, mit denen wir überhaupt nicht gerechnet und die wir auch nicht eingeplant oder erwartet haben.

Manches braucht Zeit und darf sich entwickeln. Und nur weil es jetzt noch nicht sichtbar ist, heißt es nicht, dass es nicht da ist oder möglich sein wird. Gerade wenn wir zur Ruhe kommen, können wir ganz neue Perspektiven einnehmen oder auch *Dankbarkeit* und *Leichtigkeit* empfinden.

Zum Abschluss dieses Buches möchte ich dir genau dafür meine absolut liebste Yogahaltung mit auf deinen Weg geben. Ich habe sie von Beginn an geschätzt und bin so dankbar dafür, dass es sie gibt und dass ich sie beigebracht bekommen habe. Denn ich selbst kenne es, wie ich dir im Intro verraten habe, nur allzu gut, »festzuhalten« und »selbst machen zu wollen«. Du darfst dein Leben empfangen und darauf vertrauen, dass es Gutes bereithält.

Dein Glaube darf wie ein Anker sein, wenn dein Vertrauen ins Wanken kommt. Du kannst jederzeit zu ihm zurückkommen und diesen Entschluss fassen.

Der LIEGENDE SCHMETTERLING wird oft am Ende einer Yogastunde als Alternative zu SAVASANA (Seite 285) unterrichtet – denn er steht fürs Loslassen und Empfangen. Und genau das wünsche ich dir für deinen ganzen Lebensweg: Du darfst loslassen und empfangen, dass du gut und wertvoll bist. Du darfst aufblühen und bei dir ankommen. Immer wieder neu.

Der liegende Schmetterling – Supta Baddha Konasana

1 Komm bequem zum Liegen. Streck dich lang aus und dreh deine Fußsohlen zueinander, sodass sie sich berühren und deine Knie jeweils angewinkelt zu den Seiten gleiten. **Liegender Schmetterling.** Du kannst so viele Kissen, wie du möchtest, unter deine Knie, deinen Kopf oder Oberkörper stapeln und es dir so richtig bequem machen.

Dein Körper und deine Hüftbeuger dürfen entspannt sein und loslassen. Wähle den Abstand deiner Füße zu deinem Unterleib so, wie es sich für dich bequem, sicher und entspannt anfühlt.

2 Reibe deine Hände, bis Wärme entsteht, und leg eine Hand auf dein Herz und eine auf deinen Bauch. Wandere mit deiner Aufmerksamkeit zu deinem Atem und lass dich mit jedem Ausatemzug tiefer in den Boden sinken. Gib alles ab und komm bei dir an. Du kannst gerne bei der Einatmung bis 6 und bei der Ausatmung bis 8 zählen.

3 Bleibe hier für 3–5 Minuten. Du darfst loslassen, dich sicher fühlen, vertrauen und empfangen. Diese Haltung hilft deinem Nervensystem, deinem Körper und deiner Seele dabei.

4 Unterstütze deine Knie, um aus der Position langsam rauszukommen, und mach dich, wenn du magst, klein wie ein Päckchen. Schaukel ein wenig auf deinem unteren Rücken von rechts nach links. Leg dich zum Abschluss gerne auf deine Lieblingsseite. Sag dir Danke.

Du kannst diese Pose jederzeit einnehmen, wenn du dir Entspannung und Vertrauen wünschst oder Sorgen, Anspannung und Druck abgeben möchtest. Du musst nicht perfekt sein und auch nicht alles perfekt wissen, denn du bist schon längst gut, genau so, wie du bist.

NACHWORT

Ich hoffe, dass dieses Buch dir gezeigt hat, dass du wichtig bist, dass deine Sicht, deine Erfahrungen und deine Begabungen zählen! Dass dein Wert unabhängig von all deinem Tun und vor allem deiner Leistung oder irgendwelchen Erfolgen Bestand hat. Dass du mitfühlend, zusprechend, tröstend und bestärkend mit dir und anderen sein darfst und auch kannst. Ich habe dieses Buch entwickelt, um dir Tools zu zeigen, durch die du *echt* mit dir sein kannst. Fernab von irgendwelchen Normen und Idealen oder auch eigenen Ansprüchen. Denn wir alle kennen und haben sie und dürfen sie immer wieder ablegen und mit ihnen umgehen lernen.

Ich hoffe, dass meine Worte dich dazu inspiriert haben, deine berufliche Wahl als Chance zu sehen, etwas in unserer Gesellschaft, für dich und für andere zu bewegen. Wir alle suchen unseren Platz in der Welt!

Dein Beruf ist mehr als nur irgendein Job, und du lebst aus gutem Grund. Wenn sich das manchmal anders für dich anfühlt oder du daran zweifelst und dir unsicher bist, wünsche ich dir von Herzen, dass du dieses Buch aufschlägst und dich an die folgenden Worte erinnerst und sie tief in dein Herz und mit auf deinen Weg nimmst:

Du bist wertvoll und wichtig. Deine Erfahrungen, deine wunderschönen Gaben und Talente zählen. Du zählst! Deine Stimme ist von Bedeutung, und du darfst sie jederzeit in einer für dich stimmigen Form einsetzen. Du darfst deine Talente entdecken und immer wieder bei dir ankommen. Ganz egal, wo du bist und wohin du gehen wirst, du hast immer dich an deiner Seite und darfst dich jederzeit ermutigen, trösten und bestärken. Du darfst zu dir stehen und für dich da sein!

Das ist alles andere als überheblich oder arrogant. Denn wenn Selbstsicherheit aus Mitgefühl und Liebe zu dir und anderen entsteht, kann daraus Großartiges wachsen und eine Bewegung in Gang gesetzt werden, die wir alle brauchen und auf die diese Welt wartet. Liebe ist stärker als Angst und Scham.

Wir brauchen dich. Du bist wunderschön, und niemand in der Welt hat deine Kombination aus Erfahrungen, Begabungen, Sichtweisen, Visionen und Gedanken. Nicht alle werden deinen Weg vielleicht verstehen, gut finden oder nachvollziehen können, aber darauf kommt es auch gar nicht an. Es wird immer jemanden geben, der dich oder deine Entscheidungen infrage stellt oder nicht gutheißt. Das Einzige, was zählt, ist, dass du weißt, *warum* du deinen Weg gehst, und dass du immer bei dir bist und jederzeit zu dir zurückfinden kannst! Und genau daraus kann Wunderschönes entstehen!

Du darfst dir nah sein, dich kennen und voller Liebe, Wertschätzung, Mitgefühl, Ermutigung und Zuspruch auf deinem ganz eigenen Weg begleiten. Es geht nicht darum, wo du ankommst, sondern wie du dich beim Gehen fühlst. Und ich hoffe von ganzem Herzen, dass Yoga, Breathwork, Journaling und dein Glaube dich dabei begleiten und bestärken.

Yoga und mein Glaube haben mir durch so manche herausfordernde Zeit im Leben geholfen und mich in meinen schlimmsten Verlusten getröstet. Wenn ich Yoga praktiziere, habe ich das Gefühl, ich bin gehalten. Yoga gibt mir die Möglichkeit und den Raum, meine Erfahrungen zu verarbeiten. Und das wünsche ich dir auch von ganzem Herzen.

Ich glaube an Wunder und durfte schon einige in meinem Leben erfahren. Ich wünsche dir von Herzen, dass du dir erlaubst, an Wunder zu glauben!

Ich glaube an dich und deine ganz persönlichen Fähigkeiten und Erfahrungen.

Und wünsche dir das Allerallerbeste für deinen Weg. Deine Träume dürfen größer sein als deine Ängste.

Trag deine Stimme in die Welt hinaus, denn daraus wird Schönes wachsen.

In Liebe,

deine

DANKSAGUNG

Ich bin unendlich dankbar für diese Erfahrung. Es war ein langer Traum von mir, dieses Buch schreiben zu dürfen und euch dadurch hoffentlich zu bestärken. Ich danke als Erstes euch, all den jungen Menschen, die so mutig ihren Weg gehen. Ich danke allen, die mich bereits ein Stück auf ihrem Weg mitgenommen haben, und auch denen, die ihre Erfahrungswerte mit mir und euch in diesem Buch geteilt haben. Ihr seid großartig, und ich schätze euer Vertrauen, eure Erfahrungen und Worte und lerne so viel durch und mit euch. Es ist schön, dass es euch gibt!

Ich danke LYX für die Chance, dieses Projekt gemeinsam umzusetzen, und eure bedingungslose Unterstützung in dem ganzen Prozess. Danke Alexandra und Ulrike. Ihr wart eine große und ermutigende Hilfe für mich!

Ich danke meinem Mann und meiner Familie, ihr habt mir den Rücken unglaublich freigehalten und gestärkt. Danke, dass es euch gibt und ihr immer an mich glaubt. Ich danke unserem Sternenkind. Schön, dass du einen Teil dieses Prozesses miterlebt hast. Wir lieben dich.

Danke an meine wunderbare Mutter und meine Oma. Ihr seid so unfassbar starke Vorbilder für mich. Ihr habt mich immer inspiriert, mich zu emanzipieren, für mich einzustehen und an meine Stärken und das Leben zu glauben. Euer Glaube an Gott hat mich tief berührt.

Ich danke meiner besten Freundin Yvonne: Danke, dass du lange vor mir an meine Stimme geglaubt hast – ich werde diesen Moment und deinen Satz im Restaurant auf der Schanze immer erinnern. Du ermutigst mich immer wieder und jubelst mir zu, auch in den dunklen Zeiten. Danke für dich und unsere Freundschaft! Ich liebe dich.

Ich danke meiner Freundin Sandra: danke, dass du immer an mich glaubst und mich bestärkst.

Danke an dich, Elena, dass du diesen ganzen Buchprozess durch deinen Blick so sehr unterstützt hast.

Danke an all die tollen und mutigen Menschen, die mich auf meinem Weg begleiten. Ich schätze unsere Verbindung sehr! Ihr seid toll.

Danke Ronja für all deine Bestärkung und deine Erfahrungswerte als Autorin, dein Wissen hat mich sehr gestärkt.

QUELLEN & EMPFEHLUNGEN

Alle Informationen, die du in diesem Buch findest, stammen aus Quellen und von Autor:innen, Kolleg:innen und Wissenschaftler:innen, die ich auf meinem Weg sehr geschätzt habe und daher mit euch teilen möchte. Die Bücher, Podcasts und Seiten sollen eine weitere wundervolle Inspiration für dich sein, um dich mit einigen Themen noch vertieft auseinanderzusetzen, wenn du Lust darauf hast oder Antworten suchst.

Natürlich können diese nur einen Teil aus dem umfangreichen Wissensschatz, den es mittlerweile gibt, abbilden. Ich wünsche dir viel Spaß beim Weiterlesen, Recherchieren und Entdecken.

Bücher:

Yoga, Breathwork, Journaling & Selbstentwicklung

Entdecke deine innere Stärke: Wahre Heimat in dir selbst und Verbundenheit mit anderen finden – Brené Brown

Healing through words – Rupi Kaur

The Power of Breathwork. Simple Practices to Promote Wellbeing – Jennifer Patterson

Self-Care Collection. Atemtherapie: Richtig atmen – besser leben – Nathalia Westmacott-Brown

Breath – Atem. Neues Wissen über die vergessene Kunst des Atmens – James Nestor

Girlvana: Self-Love, Yoga, and Making a Better World –
A Handbook – Ally Maz

Journal to the Self – Twenty-Two Paths to Personal Growth – Open
the Door to Self-Understanding by Writing, Reading, and Creating a
Journal of Your Life – Kathleen Adams

Journal Therapy for Calming Anxiety, 366 Prompts to Help Reduce
Stress and Create Inner Peace – Kathleen Adams

Selbstmitgefühl: Wie wir uns mit unseren Schwächen versöhnen
und uns selbst der beste Freund werden – Kristin Neff

Verkörperter Schrecken: Traumaspuren in Gehirn, Geist und Körper
und wie man sie heilen kann – Bessel van der Kolk

The Female Factor – Making women's health count – and what it
means for you – Dr. Hazel Wallace

Notiz an mich: Ich bin genug – Sabine Steindor

Drei Fragen: Wer bin ich? Wohin gehe ich? Und mit wem? –
Jorge Bucay

Ikigai: Gesund und glücklich hundert werden – Héctor García &
Francesc Miralles

Vielleicht solltest du mal mit jemandem darüber reden –
Lori Gottlieb

All that you deserve – Jacqueline Whitney

Wenn der Körper nein sagt: Wie chronischer Stress krank macht –
und was Sie dagegen tun können – Dr. Gabor Maté

Embodiment. Die Wechselwirkung von Körper und Psyche
verstehen und nutzen – Maja Storch, Benita Cantieni, Gerald
Hüther und Wolfgang Tschacher

Anti-Rassismus & soziale Gerechtigkeit

Was weiße Menschen nicht über Rassismus hören wollen aber
wissen sollten – Alice Hasters

Die Gesellschaft der Anderen – Naika Foroutan & Jana Hensel

exit RACISM: rassismuskritisch denken lernen – Tupoka Ogette

Mythos Bildung: Die ungerechte Gesellschaft, ihr Bildungssystem und seine Zukunft – Aladin El-Mafaalani

Sister Outsider: Essays – Audre Lorde

Sister Outsider: Nicht Unterschiede lähmen uns, sondern Schweigen – Audre Lorde

Feminismus für alle – bell hooks

Mehr als binär – Alok Vaid-Menon

Eine Frau ist eine Frau ist eine Frau: über trans Sein und mein Leben – Phenix Kühnert

Unlearn Patriarchy – Lisa Jaspers, Naomi Ryland, Silvie Horch + viele weitere tolle Menschen

Jung, besorgt, abhängig: Eine Generation in der Krise – Ronja Ebeling

Podcasts:

Danke, gut. Der Podcast über Pop und Psyche mit Miriam Davoudvandi

hayat mit Helen Fares

How to build a happy life von The Atlantic mit Arthur Brooks und Rebecca Rashid

On Being mit Krista Tippett

Out and About mit Aljosha Muttardi & Studio Bummens

Let it out mit Katie Dalebout

We can do hard things mit Glennon Doyle

Seelenschnack mit Hannah Nele Uehlinger & Annalena Thomas

Wellness with Ella von Curly Media mit Ella Mills

Seiten:

Berufsorientierung

mutacademy.de
planet-beruf.de/schuelerinnen
schuelerpilot.de
berufstest.zeit.de
abi.de/orientieren/was-will-ich-was-kann-ich/selbsterkundung/
berufswahlfahrplan-hintergrund
abi.de
zukunftsberufe.info
whatchado.com/de
praktikumsjahr.de
aubi-plus.de/wegweiser/moeglichkeiten/
web.arbeitsagentur.de/berufenet/berufsfelder
letsact.de

Mentale Gesundheit

mhfa-ersthelfer.de
u25-deutschland.de/helpmail-gemeinsamstatteinsam
wearedaya.de
dare2care.de

Studien:

Matko K, Bringmann HC, Sedlmeier P. Effects of Different Components of Yoga: A Meta-Synthesis. OBM Integrative and Complementary Medicine 2021; 6(3): 030; doi:10.21926/obm. icm.2103030.

Gothe NP, Khan I, Hayes J, Erlenbach E, Damoiseaux JS. Yoga Effects on Brain Health: A Systematic Review of the Current Literature. Brain Plasticity, vol. 5, no. 1, pp. 105-122, 2019

Elstad T, Ulleberg P, Klonteig S, Hisdal J, Dyrdal GM, Bjorndal A. The effects of yoga on student mental health: a randomised controlled trial. Pages 573-586 | Received 25 Jun 2020, Accepted 24 Oct 2020, Published online: 11 Nov 2020

Grossman P, Niemann L, Schmidt S, Walach H. Mindfulness-based stress reduction and health benefits. A meta-analysis. J Psychosom Res. 2004 Jul;57(1):35-43. doi: 10.1016/S0022-3999(03)00573-7. PMID: 15256293 DOI: 10.1016/S0022-3999(03)00573-7

Radhika D, Anisha T, Tanvi B. Effects of yoga on brain waves and structural activation: A review. Complement Ther Clin Pract. 2015 May;21(2):112-8. doi: 10.1016/j.ctcp.2015.02.002. Epub 2015 Mar 9.

Simon NM, Hofmann SG, Rosenfield D, et al.. Efficacy of Yoga vs Cognitive Behavioral Therapy vs Stress Education for the Treatment of Generalized Anxiety Disorder – A Randomized Clinical Trial. JAMA Psychiatry. 2021;78(1):13-20. doi:10.1001/jamapsychiatry.2020.2496

Thirthalli J, Naveen GH, Rao MG, Varambally S, Christopher R, Gangadhar BN. Cortisol and antidepressant effects of Yoga. Indian Journal of Psychiatry 2013 Jul; 55 (Suppl 3): Pages 405-8. DOI 10.4103/0019-5545.116315

Gard T, Noggle JJ, Park CL, Vago DR, Wilson A. Potential self-regulatory mechanisms of yoga for psychological health. hypothesis and theory article, Front. Hum. Neurosci., 30 September 2014, Sec. Brain Health and Clinical Neuroscience Volume 8 – 2014 | https://doi.org/10.3389/fnhum.2014.00770